NAPOLÉON, CHEF DE GUERRE

Ouvrages du même auteur
voir p. 381

JEAN TULARD
de l'Institut

NAPOLÉON, CHEF DE GUERRE

TALLANDIER

Cet ouvrage est publié sous la direction de Denis Maraval

Cartographie : © Florence Bonnaud

© Éditions Tallandier, 2012
Éditions Tallandier, 2 rue Rotrou – 75006 Paris
www.tallandier.com

SOMMAIRE

Avant-propos 11

Première partie

LA PRÉPARATION DE LA GUERRE

Chapitre premier – Les précurseurs 17
Chapitre II – Napoléon et l'administration de la guerre.... 27
Chapitre III – L'état-major 37
Chapitre IV – Maréchaux et généraux 43
Chapitre V – Le soldat 53
Chapitre VI – Les soldats étrangers 69
Chapitre VII – L'armement 77
Chapitre VIII – Le renseignement 85
Chapitre IX – Les cartes 95
Chapitre X – Le financement de la guerre 103
Chapitre XI – Une armée dans l'armée, la Garde 111

Deuxième partie

LA GUERRE

Chapitre premier – Le corps d'armée 123
Chapitre II – Les manœuvres 131
Chapitre III – La bataille 153
Chapitre IV – Après la bataille 165
Chapitre V – Les prisonniers de guerre 175
Chapitre VI – Un million de morts ? 181
Chapitre VII – La paix 187

Troisième partie

LA DÉFAITE

Chapitre premier – La guerre psychologique 197
Chapitre II – La guerre maritime 211
Chapitre III – La guerre économique 229
Chapitre IV – La guérilla et la contre-guérilla 239
Chapitre V – La bataille pour la postérité 255

Conclusion 273

Annexes
  I. Les batailles de Napoléon 281
  II. L'art de la guerre selon Napoléon 297
     1. Le recrutement 299

SOMMAIRE

2. L'infanterie 303
3. La cavalerie 313
4. L'ordre de bataille 321
5. La guerre offensive 325
6. La retraite de Russie 341

Bibliographie 351
Index des noms de personnes 369

TABLE DES CARTES

Campagne d'Allemagne (1805-1806) 133
Iéna et Auerstaedt (14 octobre 1806) 136
Friedland (14 juin 1807) 138

AVANT-PROPOS

Il a été écrit plus de livres sur les campagnes de Napoléon que sur ses institutions. On pourrait le déplorer, car si l'héritage du Consulat est parvenu jusqu'à nous, seulement altéré par une volonté décentralisatrice, il ne reste rien des conquêtes impériales si ce n'est quelques traces de l'influence du Code civil sur certaines législations européennes et plusieurs monuments à la gloire de la Grande Armée.

Le génie militaire de l'empereur a plus fasciné que son génie politique. Si de multiples anthologies de ses principes guerriers ont été proposées au lecteur, plus rares sont celles reprenant ses interventions au Conseil d'État, pourtant admirables de finesse et de bon sens. Pelet de la Lozère et Thibaudeau ont eu peu de continuateurs.

Le militaire l'emporte toujours en prestige sur le civil, même si finalement celui-ci a le dernier mot.

Écrire un nouveau livre sur les batailles de Napoléon, face à une immense bibliographie, serait une entreprise redondante et inutile. Pas un combat qui n'ait échappé à l'œil vigilant des Pigeard, Sokolov, Garnier, Cosseron, Bey, Naulet, Molières, Zins, Tabeur et Griffon de Pleineville sous la forme de livres ou d'articles dans *La Sabretache*, *Tradition Magazine*, *Gloire et Empire* ou *Napoléon Ier*, sans oublier les synthèses de Tranié et Carmigniani, Hourtoulle et Joffrin.

La stratégie et la tactique de Napoléon ont inspiré de pénétrantes études de Stéphane Béraud, Martin Motte, Bruno Colson, Michel de Jaeghere et Jérôme Graselli. Chaque maréchal a son biographe et les colonels leur dictionnaire grâce à Danielle et Bernard Quintin. Enfin, Jean-Yves Guiomar et David A. Bell ont lancé l'idée que « la guerre totale » était née sous la Révolution et l'Empire.

En prenant appui sur tous ces travaux, n'était-il pas tentant de proposer un panorama aussi complet que possible de cette épopée guerrière, de montrer comment Napoléon préparait la guerre, la façon dont il la menait et pourquoi il fut finalement vaincu par l'Angleterre ?

Ce livre s'y est essayé.

Première partie

LA PRÉPARATION DE LA GUERRE

Une guerre doit se préparer. Plus que tout autre, Napoléon ne l'a pas ignoré. C'est même là que se révèle la première facette de son génie : l'organisation.

Du ministre de la Guerre au simple soldat, tout a été prévu : le financement, l'armement, les transports, les vivres. Aucun détail n'est négligé.

Au moment d'entrer en campagne, Napoléon connaît tous ses régiments qu'il a sur livrets, les forces de l'adversaire lui ont décrits ses espions, le terrain sur lequel il va évoluer, renseigné par des cartes détaillées.

Les opérations ont été conçues dans le secret de son cabinet. Il reste à les exécuter. C'est au tacticien de jouer.

Chapitre premier

LES PRÉCURSEURS

Les principes de la guerre napoléonienne ne sont pas sortis tout formés du cerveau de l'Empereur. Celui-ci a eu des maîtres et des précurseurs.

Qu'a-t-il appris à l'École militaire de Paris ? Il y entre en octobre 1784 comme cadet-gentilhomme. Il en sort fin septembre 1785. Séjour bien rapide pour acquérir une formation militaire approfondie. Les matières enseignées comprenaient les mathématiques, la géographie et l'histoire, la grammaire française, la grammaire allemande, l'art de la fortification, le dessin, l'escrime, la danse. Ségur y a fait ajouter un cours de morale et de droit.

Les exercices englobaient le maniement du fusil, le service des places, les principes de la marche. La théorie était sacrifiée.

Au sortir de l'école, Bonaparte est affecté à Valence au régiment d'artillerie de La Fère. Un an de formation et le voilà lancé dans la carrière des armes. C'est à peine s'il a eu quelques cours d'équitation et il sera toujours médiocre cavalier. Pas le temps d'acquérir une culture militaire[1].

Les lectures ? Bonaparte prenait des notes qu'il avait gardées et qui nous ont été conservées. Ses notes, comme ses ébauches d'essais ou de romans, sont diverses mais peu portées sur l'art de la guerre. On découvre un jeune officier passionné par l'Orient au point d'écrire un conte, « Le masque prophète ». La Corse occupe l'essentiel de ses pensées. Rousseau et Raynal lui inspirent le fameux discours sur la question proposée par l'académie de Lyon : « Quelles vérités et quels sentiments importe-t-il le plus d'inculquer aux hommes pour leur bonheur ? »

Et sur les questions militaires ? Il rédige un règlement pour la police et le service du bataillon des gardes nationales volontaires et un projet de constitution de la calotte du régiment de La Fère. Il faut qu'il en ait été très content puisqu'il les garde même devenu empereur. En bon artilleur, il prend de nombreuses notes en lisant le mémoire du marquis de Vallière sur les principes de l'artillerie à propos des avantages des pièces longues qui portent plus loin et tirent plus juste. Il lit aussi l'ouvrage de Surirey de Saint-Rémy, paru en 1697, *Mémoires d'artillerie*. Lectures obligatoires pour un artilleur[2].

Il n'a pu ignorer les idées de Frédéric II de Prusse : « La guerre n'a pas pour but l'occupation ou la défense d'un territoire mais l'écrasement des forces ennemies. »

---

1. A. Chuquet, *La Jeunesse de Napoléon*, t. I, ch. IV, « L'École militaire ».
2. Textes dans F. Masson, *Napoléon inconnu*, t. I et t. II.

Il retient le principe d'une guerre courte et totale. Il a eu également connaissance d'un autre propos du grand Frédéric : « Celui qui se fait battre en appliquant les principes a tort. Celui qui est victorieux en les négligeant a raison. » Il lit d'ailleurs, en décembre 1788, une *Vie* du souverain prussien et il ira, après Iéna, le 26 octobre 1806, s'incliner sur son tombeau. Enfin, à Sainte-Hélène, pour tromper son ennui, il dictera un *Précis des guerres de Frédéric II*[3].

Que loue-t-il chez le grand roi ? « Des soldats bien organisés, bien disciplinés, très mobiles, indépendamment de garnisons, de dépôts et de tous les moyens accessoires pour entretenir une armée de 120 000 hommes en activité et pour réparer les pertes. »

Ce qu'il critique ? L'ordre oblique, dont on lui attribue l'invention, ce qu'il conteste. Qu'est-ce que l'ordre oblique ? « Les uns disent que toutes les manœuvres que fait une armée, soit la veille, soit le jour d'une bataille pour renforcer sa ligne sur sa droite, son centre ou sa gauche, soit même pour se porter derrière l'ennemi, appartiennent à l'ordre oblique. » Et d'observer que tout général au moment d'attaquer renforce ses colonnes d'attaque, en sorte que lui, Napoléon, ne voit aucune originalité dans cette version de l'ordre oblique.

---

3. Le *Précis des guerres de Frédéric II* figure dans le tome XXXII de la *Correspondance de Napoléon* (édition du Second Empire). Les citations en sont extraites. Voir aussi annexe 2.

« D'autres disent que l'ordre oblique est cette manœuvre que le roi faisait exécuter aux parades de Potsdam par laquelle deux armées étaient d'abord en bataille parallèlement. Celle qui manœuvre se porte sur une des ailes de son adversaire, soit par un système de colonnes serrées, soit par un système de colonnes ouvertes, et se trouve tout à coup, sans que le général ennemi s'en soit aperçu, sur une de ses ailes, l'attaque de tous côtés sans que l'on ait le temps de le secourir. »

Mais, observe Napoléon, cette manœuvre est particulièrement risquée car elle viole deux principes : « Ne faites pas de marches de flanc devant une armée qui est en position [*erreur que commettront les Austro-Russes à Austerlitz*] et conservez avec soin et n'abandonnez jamais votre ligne d'opération » [*ce sera justement le cas des Prussiens à Iéna*].

En réalité, cet ordre oblique que l'on prête à Frédéric II n'a jamais été propre qu'à faire « la réputation de quelques adjudants-majors ». La formule est cruelle : pour Napoléon, Frédéric II n'a manœuvré que par des lignes et par le flanc, jamais par des déploiements.

Napoléon n'est pas l'héritier de l'ordre oblique prêté à Frédéric II, mais il est tributaire du génie militaire du roi de Prusse. Celui-ci a modifié les conditions de la guerre : il sonne le glas des sièges, privilégie la rapidité et pose le principe d'une double concentration, celle des hommes et des feux. Ce que fera à son tour Napoléon, tout en se défendant d'avoir été inspiré par Frédéric II mais sans cacher son admiration.

Napoléon n'a pu ignorer les théoriciens de son temps. Et, en premier lieu Guibert (1743-1790).

Celui-ci est un stratège de salon et non un grand capitaine victorieux sur les champs de bataille. Il est resté à un grade modeste, se limitant au rôle de théoricien. Si Clausewitz va devenir l'oracle des guerres de masse, Guibert demeure le stratège des guerres limitées où évoluent des armées de métier. Sa réflexion est alimentée par le désastre français à Rossbach (1757) face à Frédéric II. Et il écrit dans une période, 1772-1790, où la France n'a été engagée dans aucune guerre importante sur le continent. C'est précisément la peur d'une sclérose du système militaire français qui inspire son œuvre maîtresse, *Essai général de tactique*, parue en 1772[4].

Guibert constate que les moyens techniques nouveaux entraînent une révision de la tactique destinée à supplanter l'ordre ancien. Il observe que les restrictions budgétaires imposent la recherche d'une armée moins onéreuse. Il s'interroge sur les avantages de l'armée de métier, plus apte à s'adapter aux techniques nouvelles mais dangereuse pour la liberté. Que penser de la milice de conscription, proche du peuple mais au rendement inférieur, semble-t-il, à l'armée de métier ? Et jaillit au début de l'ouvrage cette réflexion prophétique qui annonce la Révolution et l'Empire : « Supposons qu'il s'élevât en Europe un peuple qui joignît à des vertus austères et à une milice nationale

---

4. Guibert, *Écrits militaires*, éd. du général Menard (1977). Les citations qui suivent en proviennent.

un plan fixe d'agrandissement, qui ne perdît pas de vue un système qui, sachant faire la guerre à peu de frais et subsister par ses victoires, ne fût pas réduit à poser les armes par des calculs de finance, on verrait ce peuple subjuguer ses voisins et renverser nos faibles constitutions comme l'Aquilon plie de frêles roseaux. » C'est la guerre napoléonienne alimentée par le Domaine extraordinaire...

Peignant un État idéal où de la félicité publique naîtrait la paix universelle, un État où les sujets seraient citoyens, Guibert conclut : « Ô ma patrie ! Ce tableau ne sera peut-être pas toujours un rêve fantastique. Tu peux le réaliser, tu peux devenir cet État fortuné ! »

Guibert ne se limite pas à des considérations philosophiques, il analyse l'ordonnance de l'infanterie, détruisant le préjugé qui croit accroître la force d'une troupe en augmentant sa profondeur (idée reprise par Napoléon) ; il insiste sur la puissance du feu et surtout sur les évolutions et la formation en colonne. Passant à la cavalerie, il observe que, dans une armée disciplinée, elle n'est que la seconde arme parce que « la perfection de l'art ouvre une carrière bien plus vaste aux opérations de l'infanterie », tandis que « la cavalerie n'est propre qu'à une seule action et à un seul terrain ». Là encore, Napoléon rejoint Guibert : il utilise surtout la cavalerie pour précipiter la débandade d'une armée déjà défaite.

Un long développement est consacré aux troupes légères, mais c'est surtout sur l'artillerie que Guibert porte son attention ; elle est la troisième arme mais une arme décisive : il ne la faut pas nombreuse, mais elle doit être d'une grande mobilité. Napoléon n'a jamais oublié qu'il fut à l'origine un artilleur.

La seconde partie de l'ouvrage est vouée à la grande tactique. Après avoir tracé les principes qui régissent la constitution d'une armée, reste à la commander et à la faire évoluer dans de grandes manœuvres – marches, ordre de bataille, ordre parallèle contre ordre oblique – et Guibert n'oublie pas l'art de la fortification. Il insiste sur la façon dont le maréchal de Saxe gagne ses batailles avec les jambes de ses soldats, ce dont Napoléon se souviendra. Il recommande de ne pas morceler son armée (erreur qui faillit être fatale, à Marengo), mais de manœuvrer au contraire avec la masse entière.

Napoléon n'a pas ignoré Guibert. Il le cite, dans une note de lecture sur *L'Espion anglais*, comme s'il n'en avait qu'entendu parler. En réalité, il ne pouvait pas ne pas l'avoir lu, même si la veuve de Guibert exagère lorsqu'elle prétend, dans une réédition de 1803 de l'*Essai général de tactique*, que Bonaparte en avait toujours un exemplaire sur lui lors de ses campagnes.

À Sainte-Hélène, Napoléon parcourt en novembre 1816 la *Tactique* de Guibert dont Las Cases nous dit qu'elle « l'attache fort ». Mais il n'est plus question alors d'être influencé par lui.

D'après Colin dans *L'Éducation militaire de Napoléon*, l'auteur qui aurait inspiré Napoléon serait surtout Bourcet qui écrivit un *Précis de la guerre de montagnes*[5]. Bourcet avait

---

5. J. Colin, *L'Éducation militaire de Napoléon*, p. 92.

fait la guerre de Sept Ans et dirigé des brigades topographiques opérant sur la frontière des Alpes. Il plaide pour deux armées : l'une pour l'offensive, l'autre pour la défensive, prête à entreprendre d'autres opérations en cas d'échec ou de modification des mouvements de l'armée offensive.

Bourcet invente, selon J. Colin, le projet à plusieurs branches, et l'on devait retrouver dans les plans présentés par Bonaparte au Comité de salut public en 1794 et 1795 la même idée de préparation d'une opération offensive avec diversions et mouvements répondant aux dispositions de l'adversaire.

Le maître de Bonaparte débutant a été incontestablement Du Teil, commandant de l'école d'artillerie d'Auxonne. C'est de lui qu'il a appris l'usage du canon révolutionné par Gribeauval et dont l'objet était de détruire une partie du front adverse pour y assurer une trouée par laquelle pouvait s'engouffrer l'offensive.

Bonaparte a-t-il lu Le Roy de Grandmaison, né en 1715 et mort en 1801, qui fut le théoricien de la « petite guerre », comprenons le harcèlement de l'ennemi par des troupes légères[6] ? Grandmaison l'avait pratiquée sur le terrain avec les fusiliers de La Morlière, le régiment des volontaires de Saxe ou les hussards de Bercheny. Il fut plusieurs fois blessé dans des escarmouches. La petite guerre est la guerilla pratiquée par des troupes régulières.

En 1756, Grandmaison écrit son ouvrage sur la petite guerre afin de théoriser ce type de combat : prendre par

---

6. *La Petite Guerre*, rééd., ISC, 2002.

surprise un poste ennemi, dresser une embuscade, créer l'insécurité dans le camp adverse. Douze ans plus tard, appelé à servir en Corse, il se trouva confronté au maquis. Il réussit à prendre la région du Nebio.

Est-ce la raison de l'apparente absence d'intérêt de Bonaparte pour Grandmaison ? Artilleur, Bonaparte dédaignait ce qui n'était que coups de main et embuscades. Il ne comprendra rien à la guerre d'Espagne.

Feuquières et Folard aussi ont pu alimenter la réflexion du jeune officier sans qu'on trouve dans ses écrits et ses propos une influence sensible de ces théoriciens.

N'oublions pas les Anciens, de César (sur lequel il reviendra à la fin de sa vie) à Machiavel. Plus récemment, il a dû avoir connaissance des Mémoires de Montecuccoli, « généralissime des troupes de l'empereur », parus en 1746, et des *Rêveries, mémoires sur l'art de la guerre* qui analysent en 1756 les manœuvres de Maurice de Saxe.

Le génie militaire de Napoléon est le fruit de nombreuses lectures et de réflexions favorisées par la vie de garnison qu'il a connue jusqu'en 1793, quand il n'était pas en Corse. Mais ce génie s'est aussi développé dans l'action bien qu'il paraisse pourtant formé dès la première campagne d'Italie.

Les principes qui l'inspirent relèvent autant du bon sens – un mot qu'il emploie souvent – que de savantes lectures[7]. Il note dans ses dictées de Sainte-Hélène : « L'art de la guerre est un art simple et tout d'exécution, il n'a

---

7. Napoléon, *Vues politiques* (éd. Dansette), p. 250-252. Les citations qui suivent viennent de cette anthologie.

rien de vague, tout y est bon sens, rien n'y est idéologie. »
Devant Gourgaud, il affirme : « L'art de la guerre ne
demande pas de manœuvres compliquées ; les plus
simples sont préférables. Il faut surtout avoir du bon
sens. » Il complète : « Il faut être lent dans la délibération
et vif dans l'exécution. »

Le bon sens n'exclut pas les leçons du passé et préfère
l'histoire à la théorie : « Faites la guerre offensive comme
Alexandre, Annibal, César, Gustave-Adolphe, Turenne, le
prince Eugène et Frédéric. Lisez, relisez l'histoire de leurs
quatre-vingt-trois campagnes, modelez-vous sur eux ;
c'est le seul moyen de devenir grand capitaine et de surprendre les secrets de l'art. Votre génie, ainsi éclairé, vous
fera rejeter les maximes opposées à celles de ces grands
hommes. »

Chapitre II

NAPOLÉON ET L'ADMINISTRATION
DE LA GUERRE

Napoléon prend ses décisions seul avant, pendant et après les campagnes.

Quand il est à Paris, le centre des décisions est aux Tuileries, dans ce qu'on appelle le cabinet intérieur. C'est là qu'il prend connaissance des bulletins de police, des journaux, des lettres à signer, c'est là qu'il dicte à ses secrétaires, c'est là que sont conservés les fameux livrets et tout d'abord les livrets de la guerre qui lui permettent d'avoir à tout moment une idée précise des forces dont il dispose.

Il y a le livret par régiments. Écoutons son secrétaire Fain : « Chaque régiment se présentait au rang de son numéro ; il avait son feuillet[1]. » Sur ce feuillet sont indiqués les noms du colonel et des officiers supérieurs, les combats auxquels a participé le régiment, sa place dans

---

1. Fain, *Mémoires*, p. 77 et suivantes.

la division et l'armée, le nombre des malades et des blessés, l'origine des soldats.

À ce livret par régiments s'ajoute un livret par divisions militaires : les noms du général qui commande, de son chef d'état-major, des commandants de place, des forces mobiles et de celles qui ne le sont pas, les spécialisations, les vétérans, les compagnies départementales, les arsenaux.

Existait encore un livret du personnel avec les états de service de tous les généraux. L'artillerie avait son propre livret. Enfin, observe Fain, « il y avait un livret où les opérations de la levée des troupes étaient suivies par département. C'était le livre noir des préfets [*qui avaient la responsabilité de la conscription*]. Le compte des réfractaires et des déserteurs y formait une sorte de thermomètre politique ».

Chaque semaine, le ministre de la Guerre remettait une feuille sur laquelle étaient inscrits tous les ordres de marche, jour du départ et jour d'arrivée, en sorte que tous les soirs Napoléon savait où couchait chaque régiment.

L'empereur ne se contentait pas d'avoir ainsi dans son cabinet son armée rangée en bon ordre. Il disposait aussi du livret des armées étrangères sur le même modèle mais avec souvent moins de précision et de fiabilité. Ces renseignements lui venaient des ambassades, des journaux des pays, d'annuaires divers, de confidences de voyageurs et surtout des rapports de ses espions.

« En Russie, les cosaques, raconte Fain, nous enlevèrent la calèche où étaient nos livrets de leur armée ; l'ennemi

28

s'y reconnut au point qu'il crut qu'on les lui avait dérobés et il eut la naïveté de nous en faire des reproches. Rien ne prouve mieux l'habileté avec laquelle notre bureau statistique avait surpris l'empreinte de la vérité. » Le bureau statistique était rattaché au ministère des Relations extérieures.

Les principaux bureaux chargés de la préparation des campagnes relevaient du ministère de la Guerre. Ce ministère, organisé par la loi du 15 mai 1791, avait été supprimé le 12 germinal an II (1er avril 1794) et remplacé par la Commission de l'organisation et du mouvement des armées de terre. Il fut rétabli le 10 vendémiaire an IV (2 octobre 1795) et confié à Aubert-Dubayet, puis à Hoche le 16 juillet 1797, au général Scherer, à Bernadotte et enfin à Dubois-Crancé à la veille du coup d'État de Brumaire.

Bonaparte y nomme, le 12 novembre 1799, Berthier, son chef d'état-major ; c'est souligner le lien entre les deux commandements. Mais la tâche est trop absorbante, notamment en raison des problèmes d'intendance. Carnot occupera la fonction du 2 avril au 8 octobre 1800, puis Berthier la récupérera.

Le 8 mars 1802, le ministère est partagé entre Guerre et Administration de la guerre. Berthier reste à la Guerre, à Dejean l'Administration de la guerre. Clarke succède à Berthier le 9 août 1807. Le 3 janvier 1810, c'est Lacuée qui remplace Dejean et il est lui-même remplacé par Daru le 20 novembre 1813.

Le ministère de la Guerre était établi rue de Varenne puis rue Saint-Dominique. L'*Almanach national* énumère ses attributions : la levée, la surveillance, la discipline et le mouvement des armées de terre, l'artillerie, le génie, les fortifications, les places de guerre, la gendarmerie, les grades, les avancements, les fournitures, vivres et fourrages, les hôpitaux militaires, les invalides.

Avec la création d'un second ministère lui sont retirés les problèmes d'intendance, les vivres, les remontes, les gîtes, les transports et les commissaires des guerres.

À la tête du ministère, sous l'autorité du ministre, est placé un secrétaire général, sorte de plaque tournante des affaires et de transmission des ordres. Se succèdent dans la fonction Collignon, ami de Carnot, Daru, alors inspecteur aux revues, puis un autre inspecteur aux revues Arcambal, ensuite Lesperut, ancien secrétaire de Berthier, mais qui est élu peu après au Corps législatif, puis à nouveau un inspecteur en chef aux revues, Denniée, qui va rester plusieurs années, et enfin Fririon, lui aussi inspecteur aux revues[2].

Le secrétaire général du ministère n'a pas de compétence militaire, c'est un administratif. De là ce recrutement privilégié dans le corps de l'inspection aux revues chargée, selon un arrêté du 28 janvier 1800, « de l'organisation, embrigadement, incorporation, levée, licenciement, solde et comptabilité des corps militaires, de la

---

2. Article « Inspecteur aux revues » dans *Dictionnaire Napoléon* de J. Tulard.

tenue des contrôles et de la formation des revues » sous l'autorité d'un inspecteur général.

En 1805, les bureaux du secrétaire général comprennent cinq sections : enregistrement des lois et décrets, réception des lettres des ministres, bureau particulier du ministre, bureau des dépêches, garde des documents.

La première division, constituée par cinq bureaux, s'occupe des fonds, la deuxième des nominations, la troisième des opérations militaires, la quatrième de l'organisation des troupes, la cinquième des retraites et des pensions, la sixième de l'artillerie avec, à sa tête, le général Gassendi, conseiller d'État. De cette division relèvent également le génie sous le commandement de Dabadie, directeur des fortifications, la police militaire confiée à Besson et l'administration générale des poudres et salpêtres dirigée par trois administrateurs généraux dont Champy.

Cette organisation connaîtra plusieurs remaniements. Le ministère de l'Administration de la guerre, sous le contrôle de quatre conseillers d'État, englobe plusieurs bureaux, dont le nombre a varié : vivres, casernement, comptabilité, hôpitaux, habillement, étapes, fourrages et dépêches.

Mettons à part le service de santé formé de nombreux inspecteurs généraux : Coste, Desgenettes, Heurteloup, Percy, Larrey et Parmentier, le pharmacien des armées.

En 1806, la France est découpée en 32 divisions militaires, circonscriptions qui remontent à 1791. À l'apogée de l'Empire, elles ont pour sièges Paris, Mézières, Metz, Nancy, Strasbourg, Besançon, Grenoble, Toulon, Montpellier, Toulouse, Bordeaux, Nantes, Rennes, Caen, Rouen, Lille, Dijon, Lyon, Périgueux, Bourges, Tours, Bastia, Bruxelles, Amsterdam, Wiesel, Mayence, Turin, Gênes, Florence, Rome, Groningue, Hambourg.

Ces divisions sont d'étendue et d'importance variables. Paris, confié à un gouverneur militaire, était le siège de la première qui comprenait la Seine, la Seine-et-Oise, l'Aisne, la Seine-et-Marne, l'Oise, le Loiret et l'Eure-et-Loir. En revanche, d'autres divisions n'englobaient pas plus de trois départements. Les effectifs variaient d'une division à l'autre. Ils étaient placés sous le commandement de généraux de division. Ceux-ci avaient sous leurs ordres des commandants et adjudants de place.

L'Administration de la guerre comprend essentielle-ment trois corps dont l'organisation a été conçue et sans cesse surveillée par Napoléon. Celui-ci s'est inspiré le plus souvent de l'Ancien Régime[3].

Le service de la trésorerie est dirigé dans chaque corps d'armée par un payeur principal et dans chaque division par un payeur particulier, nommés par le ministre du Tré-sor sur proposition de Roguin, payeur général de la Grande Armée.

Les payeurs versaient la solde des troupes sur présen-tation des états arrêtés par les inspecteurs aux revues évo-qués plus haut. Ils avaient la responsabilité de l'exactitude des comptes. Souvent, les généraux gonflaient les effectifs

---

3. On suit ici J. Bourdon, « L'administration militaire sous Napoléon Ier », *Revue des études napoléoniennes*, 1917, p. 17-47.

et empochaient la différence. Le 18 mai 1808, Napoléon se plaint ainsi à son ministre du Trésor : « On me fait payer tous les soldats tués[4]. »

La solde était maigre (cinq sous par jour) et souvent mal payée. En 1805, Napoléon s'indigne avant la bataille d'Ulm : « La solde manque. Il faut qu'elle soit payée jusqu'au 1er brumaire. » Les retards étaient considérables et le soldat devait vivre sur le pays.

De l'Administration de la guerre relèvent aussi les commissaires des guerres. Ils sont, en 1812, 56 commissaires ordonnateurs et 444 commissaires des guerres, sous l'autorité de l'intendant général de la Grande Armée Villemanzy, remplacé en 1806 par Daru qui occupera la fonction jusqu'en 1811[5].

Leur statut était régi par la loi du 28 nivôse an III (17 janvier 1795) modifiée le 9 pluviôse an VIII (29 janvier 1800). En théorie, les commissaires des guerres étaient indépendants des états-majors ; dans la réalité, il n'en fut rien. Ils étaient reconnaissables à leur habit bleu céleste à collet et leurs parements écarlates à broderies d'argent. On entrait dans le corps sur recommandation. Ce fut le cas de Stendhal, protégé par Daru. Un Henry Beyle (Stendhal) sans illusions : « Si je fais bien, c'est un titre ; si je manque d'habileté, cela sera noyé dans le désordre de la guerre. »

---

4. *Correspondance* (éd. 1864) n° 13293.
5. On trouve une bonne description de l'intendance générale dans les biographies de Daru par La Barre de Nanteuil en 1966 et Bergerot en 1979.

Les commissaires des guerres n'étaient pas populaires dans l'armée. Mal rémunérés, ils étaient soupçonnés de s'enrichir au détriment de la troupe, notamment dans le domaine des vivres. Beaucoup de pertes, dans la Grande Armée, ont été dues aux problèmes d'approvisionnement, sans parler de la retraite de Russie. Une excuse pour les commissaires : les concentrations brusques et les mouvements décidés au dernier moment empêchaient la constitution de vastes approvisionnements.

L'excuse est moins valable pour l'habillement confié par le décret du 25 avril 1806 aux régiments et en particulier au capitaine d'habillement.

Chaque soldat devait posséder une grande et une petite tenue, l'habit à la française d'un côté, la veste et la capote de l'autre. Le manque et l'usure imposaient parfois l'image d'un soldat dépenaillé qui n'avait qu'un sarrau et un pantalon. Il arrive, selon une lettre de Lannes à Napoléon en novembre 1806, que les soldats n'aient que des souliers… de femmes[6] ! « Les hommes arrivent et les habits manquent », constate de son côté le roi Joseph en 1814.

Si le service de santé (chirurgiens, pharmaciens et infirmiers) relevait aussi des commissaires des guerres dont se plaignent Percy et Larrey dans leurs Mémoires, la fabrication des canons et des fusils leur échappait. Elle dépendait, par arrêté consulaire du 15 nivôse an VIII (5 janvier 1800) du premier inspecteur général de l'artillerie. Sanis joua un rôle important dans cette fonction.

---

6. Cité par Bourdon, p. 31.

Au début de l'Empire, le transport des canons était confié à des entrepreneurs, dont Breidt, qui fournissaient les hommes et les chevaux, les voitures appartenant à l'État. Vivres et fourrages furent longtemps laissés à des munitionnaires comme Vanlerberghe.

En 1807, Napoléon décida d'organiser des bataillons des équipages sous l'inspecteur général Thevenin : il y en avait 22 en 1812. Une direction générale des vivres, à la tête de laquelle fut placé le frère du ministre Maret, vit également le jour[7].

L'administration militaire englobe les bureaux parisiens et les services de l'arrière en campagne : il était logique qu'elle fût composée essentiellement de civils. Mais Napoléon souhaitait sa militarisation. Il écrivait à Dejean : « Nos armées ne seront organisées que lorsqu'il n'y aura plus un seul administrateur, que tout sera militaire. Sans quoi, nous serons à la merci de fripons comme nous en avons[8]. »

Cette administration fut moins parfaite qu'on ne l'a prétendu. Par la faute de Napoléon ? Il n'a jamais méprisé l'intendance. Au contraire, il en vérifiait méticuleusement les comptes. Le temps a sans doute manqué pour donner une meilleure assise à une organisation qui fut parfois défaillante, mais qui avait des excuses dans le contexte de l'époque.

---

7. A. Pigeard, *Le Service des vivres dans les armées de Napoléon* (thèse, 1995).

8. *Correspondance* (éd. 1864) n° 12178.

Chapitre III

L'ÉTAT-MAJOR

Comme pour les affaires intérieures, à la guerre tout passe par Napoléon et il décide de tout.

La fameuse dictée du camp de Boulogne en septembre 1805, qui va provoquer la victoire d'Austerlitz le 2 décembre, est peut-être une légende mais elle illustre cette manière d'exercer son pouvoir en solitaire. Il ne s'entoure d'aucun conseiller.

La gestation peut être difficile, principalement la nuit, où l'empereur médite sur les cartes, éclairé par une vingtaine de chandelles, déplaçant des épingles à tête de couleurs différentes pour simuler les mouvements des troupes, ou calculant les distances avec un compas. Il dort peu, souvent quatre heures, et peut être réveillé à tout moment sans rien perdre de sa fraîcheur d'esprit. Pendant que l'ennemi sommeille ou perd son temps en délibération, il réfléchit puis décide seul.

Cette méthode de travail a des avantages mais aussi des limites. Napoléon le reconnaît en 1805 : « On n'a qu'un temps pour la guerre ; j'y serai bon encore six ans, après quoi, moi-même, je devrai m'arrêter[1]. » Il décline, après 1809, plus soucieux de ses aises, somnolent, hésitant davantage bien que toujours sûr de lui.

Il faut passer de la méditation à l'exécution, coucher sur le papier les mouvements envisagés et envoyer les ordres aux troupes. De là la nécessité d'un état-major. Thiébault, dans son *Manuel général des états-majors*, définit ainsi ce dernier : « Le point central des grandes opérations militaires et administratives d'une armée, celui où, d'après les ordres du général en chef, tout se règle et s'ordonne, et d'où tout s'active et se surveille. »

L'état-major ne participe pas à l'élaboration du plan, il a mission de le faire exécuter. « Tenez-vous-en strictement aux ordres que je vous donne ; moi seul, je sais ce que je dois faire », écrit Napoléon, en février 1806, à Berthier, son chef d'état-major[2]. Et Berthier d'avouer à Soult, en mars 1807 : « Je ne suis rien dans l'armée. Je reçois au nom de l'empereur, les rapports de MM. les maréchaux et je signe les ordres pour lui. Mais je suis nul pour ce qui m'est personnel. »

Le chef d'état-major exécute ce que l'empereur ordonne en transmettant les instructions aux corps d'armée. Il ne donne pas de conseils, s'en tenant aux états de situation et aux cartes. Berthier a excellé dans ce rôle tout d'obéissance, de discrétion et de disponibilité à toute heure de la nuit[3].

---

1. Cité par Vachée, *Napoléon en campagne*, p. 7.
2. *Correspondance de Napoléon* (éd. 1863), n° 9810.
3. Derrecagaix, *Le Maréchal Berthier* (2 vol.).

Né à Versailles en 1753, Alexandre Berthier, ingénieur géographe et déjà colonel en 1789, s'est lié à Bonaparte lorsqu'il est devenu son chef d'état-major à l'armée d'Italie en 1796. Il le suit en Égypte ; il est à ses côtés le 19 brumaire. Il sera ministre de la Guerre, maréchal puis major-général de la Grande Armée où son rôle fut essentiel. Sans lui, Waterloo se transformera en défaite.

Le grand quartier général est formé de la maison militaire de l'empereur et du quartier général. La maison militaire comprend en 1809 un état-major général de quatre colonels-généraux – les maréchaux Davout, Soult, Bessières et Mortier[4] –, dix aides de camp, soit huit généraux de division – Lemarois[5], Lauriston[6], Caffarelli[7], Rapp[8], Savary[9],

---

4. Ils ne changeront pas entre 1805 et 1813.

5. Jean-Léonor-François Lemarois (1776-1836) avait servi sous Bonaparte à l'armée d'Italie. Il devient son aide de camp en 1799 ; cf. Gillot, *Un aide de camp de Napoléon : le général Lemarois* (1957).

6. Lauriston (1762-1828) est appelé par Bonaparte comme aide de camp en 1800. Il remplit plusieurs missions diplomatiques, mais sa carrière militaire n'en souffre pas. En 1814, il devient aide de camp du comte d'Artois.

7. Marie-François-Auguste Caffarelli du Falga (1766-1849) est nommé aide de camp de l'empereur en août 1805. Il sera gouverneur du palais de l'impératrice en 1813.

8. Jean Rapp (1771-1821) avait été aide de camp de Desaix avant de passer au service de Napoléon en septembre 1805. Il était auprès de l'empereur quand Staps tenta de l'assassiner à Schoenbrunn en 1809. Cf. Philippe Jehin, *Rapp, le sabreur de Napoléon* (1999).

9. Anne-Jean-Marie-René Savary (1774-1833) est appelé par Bonaparte comme aide de camp après Marengo. En septembre 1804, il est nommé chef de la légion de la gendarmerie d'élite attachée à la personne du premier consul avant de devenir ministre de la Police générale le 8 juin 1810. Cf. Thierry Lentz, *Savary, le séide de Napoléon* (1993).

Bertrand[10], Mouton[11] et Reille[12] – et deux généraux de brigade – Lebrun[13] et Gardanne[14], vingt aides de camp assistant les colonels-généraux, une administration centrale dirigée par l'inspecteur aux revues Félix[15], un corps de grenadiers à pied, un corps de chasseurs à pied, deux régiments de fusiliers, un corps de grenadiers à cheval, un escadron de vélites, un corps de dragons, un corps de chasseurs à cheval, un corps de chevau-légers polonais, un corps d'artillerie légère, un régiment de gendarmerie d'élite, deux bataillons de train d'artillerie, un bataillon de matelots, une compagnie de mamelouks et une compagnie de vétérans. Au total, une petite armée de plusieurs centaines d'hommes et un encadrement d'une grande qualité.

À côté, existe l'état-major de Berthier. Celui-ci, lorsqu'il n'est pas à Paris, délègue ses pouvoirs de ministre à Den-

10. Bertrand (Henri-Gatien) né en 1773 et mort en 1844, aide de camp de l'empereur le 14 juin 1804, spécialiste des fortifications, accompagnera Napoléon à Sainte-Hélène. Cf. Jacques de Vassal, *Bertrand* (1935).

11. Georges Mouton (1770-1838) passe aide de camp de Napoléon le 6 mars 1805. Cf. Laurent Georgler, *Georges Mouton, aide de camp de l'empereur* (1998).

12. Honoré-Joseph Reille (1775-1860) avait déjà une brillante carrière militaire lorsqu'il est appelé comme aide de camp de Napoléon à l'armée d'Allemagne le 28 mars 1809.

13. Anne-Charles Lebrun (1775-1859), fils de l'architrésorier, doit à son courage et à son père de devenir aide de camp de Napoléon après la bataille d'Eylau.

14. Charles-Mathieu Gardanne (1766-1818) fut d'abord écuyer cavalcadour de Napoléon en 1804, puis gouverneur des pages. Envoyé comme ambassadeur en Perse le 10 mai 1807, il rentre en France en 1809 pour redevenir aide de camp.

15. Dominique-Xavier Félix (1763-1839), général de la Révolution admis à la retraite au moment du Consulat, fut rappelé comme inspecteur aux revues de la Garde puis devint maître des requêtes au Conseil d'État.

niée dont on a vu le rôle au ministère. Berthier dispose de fonds spéciaux administrés par un sous-inspecteur aux revues, Dufresne. Un capitaine en retraite, Salamon, est chargé du mouvement des troupes. Le nombre des aides de camp varie : 6 en 1805, 13 en 1807, 9 en 1812. Les grades vont de colonel à sous-lieutenant.

Trois aides-majors généraux assistent Berthier. Le premier est chargé de la correspondance avec les chefs d'état-major des corps d'armée, les communications et les convois. Andréossy[16] en 1805, Hastrel[17] en 1806, Monthyon[18] en 1812 occupent la fonction. Le deuxième aide-major a sous sa responsabilité les marches et les cantonnements. C'est Mathieu Dumas[19]. Le troisième s'occupe du service topographique. La compétence de Sanson[20] est incontestable dans ce domaine.

À leur tour les armées, les corps d'armée et les divisions ont leur état-major avec un chef d'état-major.

---

16. Antoine-François Andréossy (1761-1828) fut inspecteur général de l'artillerie en 1800, ambassadeur en Angleterre en 1803 puis premier aide-major général de la Grande Armée le 30 août 1805.

17. Étienne Hastrel (1766-1846) fut appelé par Andréossy à l'état-major général de la Grande Armée en 1805.

18. François Bailly de Monthyon (1776-1850) avait été d'abord chef d'état-major de Murat. Il assura ses fonctions pendant la retraite de Russie.

19. Mathieu Dumas (1753-1837) fut en 1789 aide de camp du maréchal de Broglie puis député à la Législative. Il se cacha pendant la Terreur. Ministre de la Guerre de Joseph à Madrid, il revient en France comme intendant général de la Grande Armée en 1812. Il a laissé d'intéressants Souvenirs.

20. Le général Sanson (1756-1824) fut appelé comme troisième aide-major général chargé du service topographique en septembre 1805. Il dirigea le Dépôt de la guerre le 1er mars 1809.

Selon le colonel Willing, historien, le nombre des officiers affectés dans les états-majors monte à 1 100. Il atteint le chiffre de 2 000 en 1813[21]. On y distingue les adjudants-commandants (de deux à cinq), les officiers adjoints (chefs de bataillon ou capitaines), les aides de camp (six pour un maréchal ou un commandant d'armée), les officiers à la suite et les ingénieurs géographes.

Ajoutons-y un détachement de gendarmerie dont le chef porte le titre de prévôt, un détachement d'escorte, des guides habitant le pays occupé, des ordonnances qui servent d'estafettes et des officiers de santé.

Sont-ils moins exposés que les autres ? Il y aura 33 tués parmi les adjudants-commandants, 63 parmi les adjoints d'état-major et 118 aides de camp périront dans les combats. Les officiers les plus visibles des états-majors sont en effet les aides de camp et les ordonnances : reconnaissances, transmissions des ordres, commandement d'une troupe proche de la débandade, autant d'expositions aux balles et aux boulets.

Sous Napoléon, les états-majors restent ouverts à tous les officiers de toutes les armes, mais le favoritisme est grand pour le recrutement des aides de camp des maréchaux. En 1812 puis à Waterloo, le système fonctionnera mal, en raison des circonstances lors de la retraite de Russie et par la faute – semble-t-il – de Soult en 1815. Les conséquences en seront tirées en 1818 par Gouvion-Saint-Cyr : il fera créer un corps spécial, le corps d'état-major.

---

21. Colonel Willing, *Napoléon et ses soldats, 1804-1809*, p. 67.

Chapitre IV

MARÉCHAUX ET GÉNÉRAUX

Partant du quartier général, les ordres atteignent les maréchaux et les généraux commandant les armées, corps d'armée, divisions et brigades.

Des guerres napoléoniennes, on a surtout retenu comme figures de proue les maréchaux. Le 18 mai 1804, l'empereur avait rétabli la dignité de maréchal abolie en 1793 par la Convention. Aux *maréchaux de France* succédaient les *maréchaux d'Empire*. Dignité qui assurait un rang à la Cour, une présidence de collège électoral, éventuellement un siège au Sénat, mais nullement un commandement suprême.

Le 19 mai 1804, quatorze généraux furent promus maréchaux dans un ordre dont on ignore la raison : Berthier, Murat, Moncey, Jourdan, Masséna, Augereau, Bernadotte, Soult, Brune, Lannes, Mortier, Ney, Davout, Bessières. S'y ajoutaient quatre maréchaux honoraires appelés au Sénat : Kellermann, Lefebvre, Pérignon et Sérurier[1].

---

1. *Dictionnaire des maréchaux du Premier Empire* de J. Jourquin, *passim*.

Dans la promotion de 1804, un subtil équilibre était établi : sept avaient servi dans l'armée du Rhin et pouvaient passer pour favorables à Moreau et sept dans l'armée d'Italie, très attachée à Bonaparte.

Huit autres maréchaux furent nommés par la suite : Victor le 13 juillet 1807, Macdonald, Marmont et Oudinot le 12 juillet 1809, Suchet le 8 juillet 1811, Gouvion Saint-Cyr le 27 août 1812, Poniatowski le 16 octobre 1813 et Grouchy le 15 avril 1815. Auraient pu l'être Dupont sans sa capitulation à Baylen ; Junot, mais il fut malheureux au Portugal et désastreux en Russie avant de devenir fou ; Vandamme, défait en Allemagne ; Duroc, plutôt un confident. Lassale, surtout un cavalier, ou Reynier, trop forte tête.

De la liste disparurent Berthier devenu prince de Neufchâtel, Murat, roi de Naples, Jourdan, appelé à servir en Espagne et Bernadotte, élu prince héritier de Suède.

Sauf Brune et trois sénateurs, Kellermann, Pérignon et Sérurier, tous les maréchaux furent employés dans les campagnes. Toutefois, Moncey a surtout été pris par ses fonctions de premier inspecteur général de la gendarmerie et Jourdan fut envoyé en Espagne.

Quels commandements ont reçu les maréchaux ? Les plus hauts mais sous l'autorité de Napoléon. En 1805, lors de la campagne d'Allemagne, six maréchaux se voient confier un corps d'armée : à Bernadotte le 1er corps, à Davout le 3e, à Soult le 4e, à Lannes le 5e, à Ney le 6e et à Augereau le 7e. Seul le 2e est attribué à un non-maréchal, Marmont. Murat a le commandement de la réserve de la cavalerie, Bessières celui de la cavalerie de la Garde. Mortier a sous son autorité l'infanterie de la Garde puis un corps d'armée provisoire. Berthier occupe les fonctions de major-général. Quant à Masséna, il a reçu le commandement en chef de l'armée d'Italie et va affronter l'archiduc Charles à Caldiero, le 30 octobre 1805, sur un terrain qu'il connaît bien, avant de rejoindre Napoléon.

Ne sont pas utilisés dans cette campagne – la plus belle de Napoléon – Moncey qui a la responsabilité de la gendarmerie en France, Brune resté au camp de Boulogne, Jourdan qui a été remplacé par Masséna à la tête de l'armée d'Italie le 6 septembre 1805, les quatre sénateurs.

On retrouve les mêmes maréchaux lors de la campagne de Prusse de 1806 : Bernadotte a le 1er corps d'armée, Davout le 3e, Soult le 4e, Lannes le 5e, Ney le 6e, Augereau le 7e, Mortier le 8e. Bessières et Murat sont là aussi. Apparaît Lefebvre chargé du 10e. Masséna a mission de conquérir le royaume de Naples.

Même dispositif dans la campagne de Pologne, tandis que Lefebvre va faire le siège de Dantzig.

En Espagne, les maréchaux seront livrés à eux-mêmes, sauf entre novembre 1808 et janvier 1809. Masséna et Soult auront d'importants commandements sans vraiment briller. Seul Suchet tirera son épingle du jeu.

La guerre reprend contre l'Autriche en 1809. Oudinot, Lannes, Davout, Masséna, Lefebvre et Bernadotte commandent des corps d'armée, Bessières la réserve de la cavalerie. Berthier est toujours major-général et Marmont va gagner dans la bataille, comme Oudinot et Macdonald, son bâton de maréchal.

Dans la Grande Armée de 1812, Mortier dirige l'infanterie et Bessières la cavalerie de la Garde. Toujours des corps d'armée : le 1er commandé par Davout, le 2e par Oudinot, le 3e par Ney, le 6e par Gouvion Saint-Cyr, le 9e par Victor, le 10e par Macdonald et le 11e par Augereau. La réserve de la cavalerie est sous Murat.

L'année suivante, on retrouve les mêmes ou peu s'en faut. Davout commande toujours le 1er corps, à Victor le 2e, à Ney le 3e, à Marmont le 6e, à Poniatowski le 8e, à Augereau le 9e, à Macdonald le 11e, à Oudinot le 12e, à Gouvion Saint-Cyr le 14e. Soult et Mortier sont avec Bessières à la tête de la Garde. Cette fois, Bernadotte est dans le camp ennemi.

Lors de la campagne de France, tandis que Soult et Suchet font de leur mieux sur les Pyrénées, Napoléon dispose de Marmont, Ney, Mortier, Macdonald, Berthier, Lefebvre et Augereau à Lyon. Et les autres maréchaux ? Masséna est en disgrâce, Davout bloqué à Hambourg, Gouvion Saint-Cyr prisonnier, Bessières tué le 1er mai 1813 et Murat passé à l'ennemi.

À Waterloo, il y aura Soult et Ney mais pas Berthier, tombé d'une fenêtre dans des conditions mystérieuses.

Que valaient les maréchaux de Napoléon ?

Berthier est un parfait chef d'état-major mais médiocre sur un champ de bataille. Murat, Bessières, Lannes et Ney valent surtout pour leur courage plutôt que pour leur sens de la stratégie. Les meilleurs paraissent Davout qui

46

s'illustre à Austerlitz et à Auerstaedt, donnant de judicieux conseils à la Moskowa, Masséna, « l'enfant chéri de la victoire », brillant à Wagram mais qui s'enlise au Portugal, et Suchet qui se révèle en Catalogne. Le comportement de Bernadotte à Auerstaedt et à Wagram est très contestable.

Les jalousies entre maréchaux font des ravages. Fonçant sur Ulm, en 1805, Ney refuse de ralentir sa marche pour attendre Lannes : « La gloire ne se partage pas. » Lannes s'en prend à Soult à la veille d'Austerlitz : « Vous êtes un misérable ! » Nouvelle algarade, cette fois entre Lannes et Bessières, à Essling. Oudinot ne veut pas coordonner ses opérations avec celles de Ney. Gouvion Saint-Cyr et Macdonald ne peuvent se supporter.

C'est en Espagne que les conflits s'aggravent, loin de l'empereur. Aucune coordination dans les manœuvres entre Ney, Soult ou Masséna. De là des échecs face à Wellington. En 1814, Mortier et Marmont se disputent en pleine bataille de Paris.

Livrés à eux-mêmes lors de la campagne de 1813, les maréchaux sont généralement battus : Macdonald à Katzbach, Oudinot à Grossbeeren, Ney à Dennewitz.

Lassés, ils empêchent Napoléon de marcher sur Saint-Pétersbourg après la prise de Moscou. En 1814, c'est sous la pression de Ney, Berthier, Lefebvre et Macdonald que Napoléon se décide à abdiquer en faveur de son fils. La défection de Marmont le contraint finalement à abdiquer sans conditions.

Pas d'états d'âme lors du ralliement de la plupart des maréchaux à Louis XVIII. Au retour de Napoléon de l'île d'Elbe, ils se divisent. Marmont, Victor, Gouvion Saint-Cyr restent fidèles au roi, Davout, Soult après quelques hésitations et Ney, en dépit de fracassantes déclarations devant Louis XVIII, rejoignent Napoléon. C'est peu.

Grouchy sera le dernier maréchal à combattre, ramenant en bon ordre son armée en France.

Soult sera fait, en 1847, maréchal-général de France, titre qu'avaient porté avant lui Turenne, Villars et Maurice de Saxe. L'honneur était-il mérité pour celui que l'on surnommait alors « l'illustre fourreau » ? Ou saluait-il l'un des derniers survivants de l'épopée napoléonienne ?

Si le courage a rarement fait défaut aux maréchaux de Napoléon (Lannes et Bessières mourront au combat, Murat et Ney sauront se tenir devant un peloton d'exécution), leurs qualités de stratèges, Davout excepté, étaient limitées. À l'inverse de Davout, Berthier ou Marmont, ils ne sortaient pas des écoles militaires et s'étaient formés sur le terrain lors des guerres de la Révolution. Certains, qui n'avaient pas reçu le bâton pour diverses raisons, leur étaient peut-être supérieurs.

L'*Almanach impérial* de 1805 recense 124 généraux de division et 246 généraux de brigade. Quelques années plus tard, ils sont 157 généraux de division et 324 généraux de brigade.

Parmi les premiers : Junot, Boudet, Claparède, Clausel, Donzelot, Durosnel, Friant, Gazan, Grenier, Gudin, d'Hautpoul, Hullin, Lamarque, Lasalle, Legrand, Milhaud,

Molitor, Morand, Nansouty, Pully, Puthaud, Rapp, Reynier, Saint-Hilaire, Sébastiani, Tilly, Vandamme, Walther, etc., de la graine de maréchal. Parmi les seconds devenus plus tardivement généraux de division : Brayer, Cambacérès, frère de l'archichancelier, Lamartinière, Lanus, Lepic, Maison, qui sera maréchal, Pajol, Pouget, Rogniat, Roguet, Sarrut... Plus près des soldats que les maréchaux, ils ont connu une grande popularité.

Comment avance-t-on ? Sous l'Ancien Régime, le grade de général est un privilège de la noblesse ; en revanche, les nobles en sont exclus de 1793 à 1795. Sous Napoléon, la nomination des chefs de corps lui est réservé.

Sauf à la sortie de l'École spéciale militaire, nul ne pouvait être nommé sous-lieutenant s'il n'avait six ans de service dont quatre comme sous-officier. Les règles sont strictes. Seuls deux chefs de bataillon deviennent directement généraux de brigade : Couin, chef d'escadron dans l'artillerie de la Garde, et Jumel, envoyé à Java. Trois officiers sont nommés généraux de division sans avoir été généraux de brigade : Carnot, l'Irlandais O'Connor et Joseph Bonaparte[2].

Une qualité : la bravoure. Plus de 200 généraux sont morts dans les combats, dont plusieurs à la Moskowa[3]. Les actes de pusillanimité sont rares. Moreau, chargé de défendre Soissons, capitule trop vite, au gré de Napoléon,

---

2. Six, *Des généraux de la Révolution et de l'Empire*, p. 123.
3. Martinien, *Tableaux des officiers tués et blessés pendant les guerres de l'Empire*, p. 14 et 21.

en février 1814. Monnet de Lorbeau livre un peu trop rapidement Flessingue. Chaque fois, la sanction tombe.

Ce sont surtout les actes de désobéissance qui sont punis. Ce fut le cas pour d'Hautpoul, Merlin et Parein du Mesnil[4]. Laissons de côté les accusations de pillage ou les affaires de mœurs.

N'oublions pas les colonels immortalisés par la littérature (Chabert et Pontcarral). Bernard et Danielle Quintin en ont recensé plus de 1 500 dont 88 % d'origine française[5]. La plupart ont débuté sous la Révolution ; 6 sortent de Polytechnique, 19 de l'École spéciale militaire et 3 de l'École d'application du génie de Metz. 251 ont péri dans le cours des combats, notamment à Wagram et en Russie. L'un d'eux, Claude Prevost, fut fusillé sous l'accusation d'espionnage, le 1er février 1814.

Quelques colonels sont célèbres comme La Bédoyère, Doguereau, Testot-Ferry, Casabianca, mort en Russie, Camus de Richemont, qui fut député.

Napoléon appréciait leur bravoure : 563 reçurent un titre de noblesse, soit 35 % d'entre eux. Et 92 % des colonels portaient la Légion d'honneur[6].

De l'aveu des auteurs de mémoires, les colonels étaient dans l'ensemble aimés de leurs troupes et jouèrent le rôle de « père du régiment », selon l'expression popularisée par Coignet. Le nom de colonel avait d'ailleurs disparu

---

4. Six, *op. cit.*, p. 185.
5. D. et B. Quintin, *Dictionnaire des colonels de Napoléon*, préface.
6. Quintin, *op. cit.*

en 1793 (il venait de colonne) et Napoléon l'avait rétabli en 1803.

Les ordres venus de l'état-major de l'empereur passent donc au maréchal commandant le corps d'armée qui les répercute au général commandant la division, qui les transmet aux colonels commandant les régiments. Ils atteignent ensuite l'encadrement de la troupe, c'est-à-dire les commandants des bataillons puis les capitaines des compagnies et finalement les sous-officiers. La hiérarchie est stricte.

C'est par estafettes que sont transmis les ordres. Les dépêches sont placées dans une sabretache, sorte de sacoche plate, ou dans la ceinture. Ce sont en général des aides de camp, exposés au feu de l'ennemi qui les transportent. Les messages sont parfois chiffrés selon un procédé de substitution : un chiffre par lettre par exemple, chaque partie ayant une grille.

Les ordres sont ensuite transmis de vive voix, du capitaine au sous-officier. Lors de la bataille, il est prévu auprès du colonel de cavalerie un brigadier-trompette qui indique les commandements par des sonneries connues des cavaliers. Les ordres sont simples : charge, retraite, ralliement aux champs. Même processus pour l'infanterie avec le tambour qui sonne le réveil, la diane, les honneurs. Les tambours doivent être groupés sur deux rangs en arrière du premier bataillon de chaque régiment. Le canon joue aussi son rôle. Trois coups à intervalles égaux annoncent le début du combat.

De l'état-major au simple soldat, on le voit, tout est prévu pour l'exécution des ordres de l'empereur.

Chapitre V

LE SOLDAT

Que serait un général sans ses soldats ? Et que serait une armée sans général ? Le génie militaire de Napoléon ne réside pas seulement dans les savantes combinaisons qu'il fit effectuer à ses troupes mais dans les liens qu'il sut tisser avec ses grognards.

Il ne les choisit pas. C'est la conscription qui les lui fournit. Il n'a pas créé ce mode d'enrôlement : il l'a hérité du Directoire. Le général Jourdan, député au Conseil des Cinq-Cents, l'a fait instituer le 19 fructidor an VI (5 septembre 1798) : « La conscription militaire comprend tous les Français depuis l'âge de vingt ans accomplis jusqu'à celui de vingt-cinq ans révolus. » « En sont exemptés les hommes mariés ou veufs avec enfants. »

Les conscrits sont divisés en cinq classes de vingt à vingt-cinq ans. Les cas d'exemption pour raisons médicales sont nombreux. Certains s'imposent : la privation de la vue, la surdité, la perte d'un bras ou d'une jambe ; d'autres sont propres aux conditions de l'époque :

l'absence de canines ou d'incisives empêchant de déchirer les cartouches ou la mutilation du pouce ou de l'index par exemple.

L'instruction générale du 1er novembre 1811 précise ou rappelle que sont exemptés les ecclésiastiques, les inscrits maritimes, les ouvriers des manufactures d'armes, etc.

Le remplacement est autorisé, mais les suppléants doivent être du même département et avoir satisfait à la loi sur la conscription, être âgés de moins de trente ans, avoir une taille d'un mètre soixante-quatre au moins et n'avoir pas fait l'objet d'une condamnation. Si, dans les six mois de son arrivée sous les drapeaux, le suppléant est réformé, ou s'il déserte, le conscrit devra fournir un autre remplaçant ou servir lui-même. Le prix du remplaçant est fixé de gré à gré. Un acte notarié est généralement passé entre les parties. Il peut y avoir aussi échange de numéros.

En effet, tous les conscrits ne partent pas. Le nombre des appelés est déterminé par un décret ou un sénatus-consulte. Les appelés sont répartis par département en fonction de la population et par commune. Le maire y dresse la liste de tous les individus concernés. Si le nombre des conscrits est plus élevé que celui des appelés, il est procédé à un tirage au sort. La date en est fixée huit jours avant et l'opération se déroule au chef-lieu de canton. À chaque conscrit est attribué un numéro. Les bons numéros – excédentaires – rentrent chez eux ; les mauvais, correspondant au contingent fixé par le décret, passent devant un conseil de recrutement qui se prononce sur les exemptions et les remplacements[1].

Ce sera ensuite le départ vers le Dépôt. Soit le conscrit reçoit une feuille de route, soit il est pris en charge pour éviter toute désertion. À la caserne, le soldat touche ses effets et son armement et bénéficie d'une formation rapide, plus longue toutefois pour les cavaliers.

C'est donc, dès l'origine, une armée nationale et non une troupe de mercenaires dont dispose Napoléon. Celui-ci s'en félicite : « Ici, comme en beaucoup de choses, c'est l'appréciation du principe d'égalité qui fait la force du gouvernement et le succès des levées. Si j'exemptais un conscrit, s'il y avait un privilège pour qui que ce soit, personne ne marcherait. Les idées d'égalité qui ont fait la Révolution font une partie de la force du gouvernement », et donc de l'armée.

Si, à l'origine, le système fut bien admis, il se grippa à partir de la guerre d'Espagne et les résistances se firent de plus en plus vives à mesure que les appels d'hommes devenaient de plus en plus fréquents.

En voici le tableau, au moins pour l'Empire :

Loi du 3 germinal an XII (24 mars 1804) et décret du 8 nivôse an XIII (29 décembre 1804) (Classe de l'an XIII) ....   30 000 hommes

---

1. L'une des meilleures synthèses régionales est de G. Vallée, *La Conscription dans le département de la Charente*, 1798-1807, mais elle s'arrête avant la guerre d'Espagne.

Loi du 27 nivôse an XIII (17 janvier 1805) et décret du 8 fructidor an XIII (26 août 1805) (Classe de l'an XIV)	30 000 hommes
Décret du 8 fructidor an XIII (14 mai 1805) (Réserve de l'an XIII)	15 000 hommes
Décret du 2e jour complémentaire de l'an XIII (19 septembre 1805) (Classe XI, XII, XIII)	800 hommes
Sénatus-consulte du 2 vendémiaire an XIV (24 septembre 1805) (Classe 1806)	80 000 hommes
Décret du 10 brumaire an XIV (1er novembre 1805)(Classe an IX à XIV)	1 600 hommes
Décret du 11 juin 1806 (Classe an VIII à XIV)	2 160 hommes
Sénatus-consulte du 4 décembre 1806 (Classe 1807)	80 000 hommes
Sénatus-consulte du 7 avril 1807 et décret du 18 avril 1807 (Classe 1808)	80 000 hommes
Sénatus-consulte du 21 janvier 1808 et décret du 7 février 1808 (Classe 1809)	80 000 hommes
Décret du 1er avril 1808 (Classe 1809)	15 225 hommes
Sénatus-consulte du 10 septembre 1808 et décret du 12 septembre 1808 (Classe 1806 à 1809 et 1810)	160 000 hommes
Sénatus-consulte du 25 avril 1809 (Classe 1806 à 1809)	10 000 hommes
(Classe 1810)	30 000 hommes

Sénatus-consulte du 12 octobre et décret du
20 mars 1810.. 36 500 hommes

Sénatus-consulte du 13 décembre 1810
(Marine) .... 40 000 hommes

Sénatus-consulte du 13 décembre 1810
et décret du 3 février 1811 (Classe 1811) ... 120 000 hommes

Décret du 3 février 1811............................. 3 365 hommes

Décret du 3 février 1811 (Classe 1808) ...... 600 hommes

Décret du 3 février 1811 (Classe 1808) ...... 3 000 hommes

Sénatus-consulte du 9 février 1811 et décret
du 10 février 1811 (Classe 1811)................. 40 000 hommes

Décret du 1er juillet 1811 (Classe 1811)...... 24 619 hommes

Décret du 1er juillet 1811 (Classe 1810,
Belgique).. 422 hommes

Décret du 1er juillet 1811 (Classe 1809,
Hollande)... 600 hommes

Décret du 4 août 1811 (Classe 1810,
départements allemands) .... 3 500 hommes

Décret du 11 septembre 1811 .... 6 000 hommes

Sénatus-consulte du 20 décembre 1811
(Classe 1812).. 120 000 hommes

Décret du 14 mars 1812............................. 86 944 hommes

Sénatus-consulte du 1er septembre 1812
(Classe 1813).. 17 000 hommes

Décret du 22 septembre 1812
(Classe 1813).. 17 000 hommes

Sénatus-consulte du 11 janvier 1813
et décret du 20 janvier 1813
(Garde nationale, 1er ban) .... 100 000 hommes

(Classes 1809 à 1812) .... 100 000 hommes

(Classe 1814) .... 150 000 hommes

Décret du 11 février 1813 (Classe 1814) ...... 10 000 hommes

Sénatus-consulte du 3 avril 1813
(Gardes d'honneur) .... 10 000 hommes

(Garde nationale) .... 80 000 hommes

(Classe 1814) .... 90 000 hommes

Sénatus-consulte du 24 août 1813 .... 30 000 hommes

Sénatus-consulte du 9 octobre 1813 .... 120 000 hommes

(Classe 1813) .... 160 000 hommes

Sénatus-consulte du 15 novembre 1813 ...... 300 000 hommes

Décret du 20 novembre 1813 .... 45 000 hommes

Au total ce sont près de 2 500 000 hommes qui ont été levés[2].

S'il y a des écoles militaires pour l'encadrement (École spéciale militaire, École d'application de l'artillerie et du génie, École polytechnique, Prytanée militaire…), la formation du conscrit se fait rapidement : huit jours pour apprendre à monter et démonter le fusil, le charger et tirer. La charge se fait en douze mouvements que certains soldats, trop frustres, ont du mal à apprendre.

---

2. Tableau d'après A. Pigeard, *L'Armée napoléonienne*, p. 304.

Le temps fait parfois défaut. Les « Marie-Louise », en 1813 et 1814, furent instruits sur le terrain, nécessité oblige. En revanche, l'armée du camp de Boulogne, qui allait s'illustrer à Austerlitz, eut plusieurs mois pour s'exercer. Ce fut la meilleure armée de l'empereur.

Ces soldats qu'il n'a pas choisis, Napoléon a le souci de les prendre en main. Il a lu *L'Art de la guerre* de Machiavel qui insiste sur les liens entre le chef et ses soldats.

C'est par les revues que Napoléon s'assure, avant les campagnes, du moral et de l'équipement des hommes. Les revues ordinaires sont laissées aux inspecteurs aux revues, mais, chaque fois qu'il le peut, il utilise ce type de contact.

Il passe à pied, lentement, dans les rangs et fait recueillir les pétitions piquées aux baguettes des fusils. Elles auront toutes une réponse, généralement favorable. L'empereur goûte au pain et examine les chaussures. Rien ne lui échappe.

Coignet raconte l'une de ces revues. C'était avant la campagne de 1805 : « L'empereur fit venir beaucoup d'artillerie, des fourgons et des caissons ; il les fit ouvrir pour s'assurer si rien n'y manquait et montait sur les roues pour voir si rien n'était oublié, surtout la pharmacie, les pelles et les pioches. Il faisait l'inspection sévère, M. Larrey présent pour la pharmacie et les chefs du génie pour les pelles et les pioches. Il les menait durement si tout n'était pas complet[3]. »

---

3. Cité par A. Pigeard, *L'Armée napoléonienne*, p. 373.

À son tour, le vélite Barrès évoque une revue précédant la campagne de Prusse, en 1806 : « Les compagnies ayant été déployées sur un seul rang, les sacs à terre et ouverts devant chaque homme, et les cavaliers à pied tenant leurs chevaux par la bride, l'empereur passa à pied devant le front du rang déployé, questionna les hommes, visita les armes, les sacs, l'habillement avec une lenteur presque désespérante. Il visita de même les chevaux, les canons, les fourgons, les ambulances, avec la même sollicitude, la même attention que pour l'infanterie. Cette longue et minutieuse inspection terminée, les régiments se reformèrent dans leur ordre habituel pour qu'il vît l'ensemble des troupes et les fit manœuvrer[4]. »

Qui ne connaît la veillée d'Austerlitz ? Le 1ᵉʳ décembre 1805, Napoléon fait la tournée des bivouacs. Des soldats commencent à allumer des torches pour l'accompagner ; ils sont rapidement imités et ce sont bientôt 60 000 torches qui illuminent la nuit tandis que les acclamations montent vers Napoléon et célèbrent l'anniversaire de son couronnement. Moment privilégié, instant émouvant qui montre une véritable symbiose entre le général et son armée.

Faute de pouvoir toujours les passer en revue, en raison de leur nombre, l'empereur électrise ses soldats par ses proclamations. Celle qui précéda la première campagne d'Italie (« Soldats ! Vous êtes nus, mal nourris ; le gouvernement vous doit beaucoup, il ne peut rien vous donner… ») a probablement été arrangée après la victoire.

---

4. Barrès, *Souvenirs*, p. 64.

En revanche, la proclamation datée de la veille d'Austerlitz est authentique et fut lue aux combattants : « Soldats ! Je dirigerai moi-même tous vos bataillons. Je me tiendrai loin du feu si, avec votre bravoure accoutumée, vous portez le désordre et la confusion dans les rangs ennemis, mais si la victoire était un moment incertaine, vous verriez votre empereur s'exposer aux premiers coups, car la victoire ne saurait hésiter, dans cette journée surtout où il y va de l'honneur de l'infanterie française qui importe tant à l'honneur de toute la nation. » C'est flatter le soldat et l'associer à son chef et à la patrie. La conclusion lui promet la victoire et la paix.

La bataille gagnée, Napoléon songe toujours à remercier ses hommes. C'est le cas en décembre 1805 : « Soldats ! Je suis content de vous. Vous avez, à la journée d'Austerlitz, justifié tout ce que j'attendais de votre intrépidité. Vous avez décoré vos aigles d'une immortelle gloire... Mon peuple vous reverra avec joie et il vous suffira de dire : "J'étais à la bataille d'Austerlitz", pour que l'on réponde : "Voilà un brave[5] !" »

Ce style ardent, quasi lyrique, ces mots qui reviennent, gloire, honneur, destinée, ce ton à la fois enthousiaste et grave caractérisent toutes les proclamations de Napoléon. Celui-ci explique : « Ce ne sont pas les harangues au moment du feu qui rendent les soldats braves. Si elles sont utiles, c'est pour fournir des matériaux aux causeries des

---

5. Ces proclamations sont dans Tulard, *Proclamations, ordres du jour et bulletins de la Grande Armée* (10-18, 1964).

bivouacs. » La proclamation vise à briser l'appréhension du soldat avant le combat, elle entretient l'exaltation au lendemain de la bataille. De là ce tour déclamatoire que leur reprochait Thiers. Un général doit être charlatan, aurait pu lui répondre Napoléon.

Après la bataille sonne l'heure des récompenses. C'est une autre forme de contact entre le général et ses hommes, une autre manière de se les attacher.

La première des récompenses est la Légion d'honneur, créée le 19 mai 1802. Rappelons qu'elle concerne aussi les services civils, mais c'est au sein de l'armée qu'elle suscite le plus de convoitises. « La croix » y est plus recherchée qu'un titre de noblesse. Napoléon en fait un grand usage, donnant à ses distributions un caractère spectaculaire. La première remise de Légions d'honneur eut lieu le 15 juillet dans la nef des Invalides au terme d'une messe dite par le légat du pape. Napoléon lut à haute voix la formule du serment puis se fit attacher la première décoration sur sa poitrine par le connétable. Les récipiendaires vinrent ensuite à tour de rôle prêter serment. La scène fut immortalisée par une toile de Delbret.

Une nouvelle distribution, tout aussi spectaculaire, eut lieu le 16 août 1804, cette fois réservée aux militaires, à une demi-lieue de Boulogne.

On peut mesurer l'effet produit par la Légion d'honneur sur le soldat en lisant Coignet. Décoré, il retourne à sa caserne : « En arrivant à la porte, le factionnaire porte les armes. Je me retourne pour voir s'il n'y avait pas d'officier près de moi ; j'étais tout seul. Je vais vers le factionnaire,

je lui dis : "C'est donc pour moi que vous portez les armes ?
– Oui, me dit-il, nous avons la consigne de porter les armes
aux légionnaires." Je lui pris la main et la serrai fortement
et lui demandai son nom et sa compagnie et lui mis cinq
francs dans la main, le forçant de les prendre[6]. » La Légion
d'honneur sert également à impressionner l'adversaire. À
Tilsit, Tolstoï raconte comment l'empereur décora le plus
brave des soldats russes, un certain Lazarev :

> « Napoléon s'approcha de Lazarev qui, de ses yeux
> écarquillés, fixait obstinément son souverain, et jeta un
> regard à Alexandre, lui marquant par là que ce qu'il fai-
> sait, il le faisait pour son allié. La petite main blanche qui
> tenait la croix effleura l'uniforme du soldat. Napoléon se
> contenta d'appuyer la croix sur l'uniforme de Lazarev et,
> retirant sa main, se tourna vers Alexandre, comme s'il
> était sûr que la croix dût rester, attachée là. Et en effet,
> elle y resta attachée[7]. »

En 1814, on compte entre 33 000 et 35 000 légionnaires
dont pas loin de 80 % de militaires.

Il y a aussi l'avancement. Napoléon passe pour détester
l'intrigue et l'esprit courtisan. « Si les vieux soldats l'aiment
tant, c'est qu'ils savent qu'il les protège contre le despo-
tisme des colonels qui veulent toujours faire avancer de
jeunes protégés au détriment de vieux serviteurs car il res-
pecte un vieux soldat. Un jeune homme a de l'impétuosité,

---

6. *Cahiers du capitaine Coignet* (éd. Mistler), p. 93.
7. *Guerre et Paix*, livre II, 2ᵉ partie, ch. XXI.

un ancien militaire qui a survécu à beaucoup de batailles a un aplomb et une expérience que ne possède pas un jeune[8]. »

Encore lent en 1805, l'avancement s'accélère en raison de l'accroissement des effectifs et des pertes de plus en plus nombreuses. Mais le chiffre des officiers supérieurs s'accroît plus vite que celui des officiers subalternes. « Il en résulte qu'il est plus difficile pour le soldat d'obtenir l'épaulette ; en revanche, les chances de dépasser le grade de capitaine sont augmentées d'un tiers. » Toutefois persiste, pendant tout l'Empire, l'idée que chaque soldat a dans sa giberne son bâton de maréchal.

La faveur va à ceux qui combattent sur les champs de bataille où commande Napoléon. C'est pour cela que les soldats d'Espagne sont oubliés. Peut-être aussi l'empereur ne veut-il pas donner trop d'importance à cette guerre qu'il comprend mal.

L'avancement est plus rapide dans les états-majors que sur le terrain. Les revers permettent aussi d'accélérer les promotions. Elles valorisent ceux qui ont de l'aplomb et qui savent sortir du rang lors des passages de l'empereur.

Dans l'ensemble, ce sont les colonels qui proposent et cèdent aux pressions de leurs supérieurs hiérarchiques. De là beaucoup d'injustices mais qui seront oubliées sous la Restauration par les demi-solde.

Une faveur recherchée : l'entrée dans la Garde dont les effectifs ne vont cesser de croître. Quelques milliers à l'ori-

---

8. J. Morvan, *Le Soldat impérial*, t. II, p. 430.

gine, 40 000 en 1812. Le prestige est grand et la solde plus élevée. On y reviendra plus loin.

Enfin, Napoléon a le souci de ne pas abandonner les vétérans, les amputés, les malades. Pour eux seront réorganisés les Invalides. L'empereur veille sur le paiement des pensions, crée des emplois réservés, sait être prodigue.

Ces soldats de Napoléon sont en majorité athées ; ils ne vont pas à la messe comme les Autrichiens, n'ont pas de chapelains comme les Anglais : leur dieu c'est Napoléon.

Est-ce pour eux que l'empereur s'est créé une silhouette : le petit chapeau et la redingote grise qui le rendent si facilement reconnaissable sur un champ de bataille ? Sa présence rassure le soldat, le flatte, le stimule. À chaque apparition on crie : « Vive l'empereur ! » Même les blessés se redressent sur son passage. N'est-il pas affectueusement surnommé « le petit caporal », ou « le petit tondu », et ne célèbre-t-on pas la Saint-Napoléon à grand renfort de boissons ?

Certes, la légende a exalté cet attachement au chef de guerre, elle l'a exagéré. Mais il est réel et Chateaubriand lui-même cède à cette image idéalisée. Qui ne connaît les adieux de Fontainebleau : les braves qui pleurent de ne pouvoir suivre *leur* empereur partant pour l'île d'Elbe ? Balzac évoque admirablement cette nouvelle religion dans *Le Médecin de campagne*. Écoutons Goguelat, le « vieux de la vieille » :

« Ceux qui disent qu'il est mort ! Ah ! bien oui, mort ! on voit bien qu'ils ne le connaissent pas. Ils répètent c'te bourde-là pour attraper le peuple et le faire tenir tranquille dans leur baraque de gouvernement. Écoutez. La vérité de tout est que ses amis l'ont laissé seul dans le désert pour satisfaire à une prophétie faite sur lui, car j'ai oublié de vous apprendre que son nom de Napoléon veut dire le lion du désert. Et voilà ce qui est vrai comme l'Évangile. Toutes les autres choses que vous entendrez dire sur l'empereur sont des bêtises qui n'ont pas forme humaine. Parce que, voyez-vous, ce n'est pas à l'enfant d'une femme que Dieu aurait donné le droit de tracer son nom en rouge, comme il a écrit le sien sur la terre qui s'en souviendra toujours ! Vive Napoléon, le père du peuple et du soldat[9] ! »

Toutefois, si la confiance en l'empereur persiste, l'enthousiasme décroît. Très forte à Austerlitz, l'ardeur au combat diminue après la prise de Berlin en 1806. Les lettres des soldats traduisent une certaine lassitude. Fouché s'en fait l'écho à plusieurs reprises dans ces bulletins de police adressés à l'empereur. Après Eylau, on entend lors d'une revue les cris de « Vive la paix ! ». Le tournant se situe en Espagne : une guerre atroce où le danger est partout, où il vaut mieux ne pas tomber vivant aux mains des insurgés, où la victoire n'est jamais décisive, le feu prenant immédiatement ailleurs.

La solidarité s'estompe, la discipline se relâche, les pillages et les viols se multiplient. Goya rend admirablement dans *Les Désastres de la guerre* des combats qui se transforment en cauchemars. Et l'empereur n'est pas là

9. Le *Médecin de campagne*, ch. III, « Le Napoléon du peuple ».

pour galvaniser les énergies. Une nouvelle fois, Fouché, toujours lucide, note cette démoralisation des troupes dans la péninsule Ibérique. En 1809, l'afflux de conscrits mal formés et de soldats étrangers font perdre à l'armée de Napoléon son homogénéité. C'est le moment où la conscription devient insupportable, où les réfractaires et les déserteurs se font nombreux, où naît la légende de l'Ogre[10].

Et pourtant les « Marie-Louise » sauront se battre lors des dernières campagnes. Le prestige du chef est encore là.

Le principal atout de Napoléon fut de disposer d'une population considérée comme la plus jeune d'Europe. Mais ce qui frappe, si l'on y ajoute les contingents étrangers étudiés plus loin, c'est l'énormité des effectifs engagés. Selon Martin Motte[11] : « De 1701 à 1763, les conflits majeurs du XVIIIe siècle avaient engagé en tout 1 670 000 Français. Les seules années 1792-1795 en mobilisèrent près d'un million ; 1799 en appela encore 400 000, le Consulat 185 000 et l'Empire plus de deux millions. »

C'est un fait nouveau que souligne Clausewitz : « Une force dont personne n'avait eu l'idée fit son apparition en 1793. La guerre était soudain devenue l'affaire du peuple. Dès lors les moyens disponibles n'avaient plus de limites définies[12]. »

---

10. Étude approfondie dans Alan Forrest, *Déserteurs et insoumis sous la Révolution et l'Empire.*
11. Martin Motte, *Les Marches de l'empereur*, p. 150.
12. Clausewitz, *De la Guerre* (éd. Naville).

Martin Motte fait aussi observer qu'après les pertes subies en Russie n'importe quel souverain de l'Ancien Régime aurait négocié la paix ; Napoléon, lui, lève une nouvelle armée.

C'est à partir du moment où les pays coalisés contre la France, poussés souvent par un fort sentiment national, acceptèrent à leur tour davantage de sacrifices en hommes et en moyens que la victoire abandonna Napoléon.

Chapitre VI

LES SOLDATS ÉTRANGERS

D'abord à peu près homogène, la Grande Armée a appelé de plus en plus de soldats étrangers.

À l'origine, les départements annexés, belges, italiens, hollandais, allemands, fournissaient des conscrits dans les mêmes proportions que les départements français. S'y ajoutèrent des régiments étrangers : régiments suisses, régiments polonais, légion portugaise[1], régiment espagnol de Joseph Napoléon[2], régiments croates[3], un régiment illyrien, un bataillon de Neufchâtel, un régiment albanais[4]. C'est une sorte de légion étrangère mais de qualité inégale. Il y eut enfin les contingents fournis par les puissances alliées (Bavière, Westphalie, Danemark… et, en

---

1. P. Boppe, *La Légion portugaise, passim.*
2. P. Boppe, *Les Espagnols à la Grande Armée, le régiment Joseph-Napoléon, passim.*
3. P. Boppe, *La Croatie militaire, 1809-1813, passim.*
4. P. Boppe, *Le Régiment albanais, 1807-1814, passim.*

1812, Autriche et Prusse). Au total près d'un million d'hommes[5].

L'armée de Naples, commandée en 1805 par Gouvion Saint-Cyr, comprend une division italienne, sous le général Lecchi, une division polonaise, des troupes bavaroises sous les ordres du général de Wrede, des troupes wurtembergeoises sous ceux du général Seeger tandis que le général Harrant dirige un corps de soldats badois.

Lors de la campagne de Pologne, en 1807, la Grande Armée englobe, en dehors des dix corps d'armée commandés respectivement par Bernadotte, Marmont, Davout, Soult, Masséna, Ney, Augereau, Mortier, le prince Jérôme, Lefebvre, la cavalerie sous Murat, la réserve sous Lannes et la Garde confiée à Bessières, un corps polonais, encore en formation en avril et placé sous le commandement du prince Poniatowski. Ses trois légions ont pour généraux Kamienicki, Zayoncek et Dombrowski.

À l'écart des combats, le corps d'observation du maréchal Brune englobe deux divisions hollandaises sous Dumonceau et Gratien et deux divisions espagnoles confiées au fameux général La Romana et à O'Farill.

La diversité se fait importante lors de la campagne de 1809. Le 2e corps d'armée d'Oudinot comprend la légion portugaise, le 9e corps d'armée de Bernadotte deux divisions saxonnes, le 10e corps de Jérôme, roi de Westphalie, des soldats westphaliens et hollandais, le corps de réserve

---

5. O. Sokolov, *L'Armée de Napoléon*, p. 362.

sous Junot une division allemande[6]. C'est la Grande Armée de 1812 qui offre la plus formidable concentration de régiments étrangers. Il fallut plus d'une année à Napoléon pour la mettre sur pied.

Si les corps d'armée de Davout et d'Oudinot sont à peu près homogènes, le troisième corps de Ney inclut un fort contingent wurtembergeois commandé par le prince royal. Le 4e corps d'armée, dirigé en personne par Eugène de Beauharnais que remplacera Junot, est essentiellement italien. En revanche, le 5e corps est polonais sous le commandement du prince Poniatowski. Bavarois est le 6e corps confié à Gouvion Saint-Cyr, saxon le 7e sous Reynier qui a déjà eu sous ses ordres des Saxons en 1809, et westphalien le 8e remis un temps à Vandamme. Le duché de Varsovie, les États de Berg, de Bade et de Hesse ont fourni des contingents au 9e corps, celui de Victor. Le 10e corps englobe les Prussiens de Yorck sous l'autorité de Macdonald. Les Napolitains sont noyés dans le 11e corps d'Augereau, placé en réserve. Le corps autrichien de Schwarzenberg, renforcé de régiments polonais et hongrois, possède son autonomie[7].

Comment Napoléon pouvait-il organiser et commander des armées où les barrières linguistiques, les différences de mœurs et les sensibilités nationales étaient en apparence très fortes ?

---

6. Pigeard, *L'Armée napoléonienne*, p. 923.

7. Tableaux des corps d'armée dans F. Houdecek, *La Grande Armée de 1812*.

L'empereur a su ménager les susceptibilités. Ainsi dans le cas des régiments croates. Le traité de Schoenbrunn, en 1809, annexait à l'Empire une partie de la Croatie et de la Slovénie. Le système de la conscription aurait dû être introduit dans l'administration des Provinces illyriennes. Était-elle nécessaire ? Ne risquait-elle pas de blesser la population locale ? En effet, face à la menace turque, chaque Croate était un soldat en puissance. Marmont, gouverneur des Provinces illyriennes, signalait dans un rapport : « Le peuple de la Croatie militaire est une armée qui porte avec elle les moyens de recrutement. C'est une population belliqueuse dont l'inconstance et l'indiscipline naturelles sont contenues par des lois justes et sévères. » On conserva donc les six régiments des provinces, les encadrant par des officiers français ou issus de l'élite locale. Puis furent formés des régiments destinés à intégrer, en conservant leurs particularités, la Grande Armée qui allait attaquer la Russie. La transition fut faite en douceur[8].

Napoléon sait parler aux soldats étrangers, mais il s'en réserve le droit. À Wagram, Bernadotte, ayant adressé une proclamation aux soldats saxons qu'il commandait et auxquels il attribuait le mérite de la victoire fut désavoué dans un ordre du jour du 5 août 1809 : « Indépendamment de ce que Sa Majesté commande son armée en personne, c'est à elle seule qu'il appartient de distribuer le degré de gloire que chacun mérite. »

---

8. Détails dans Boppe, *La Croatie militaire*.

Il rappelle dans cet ordre du jour que, contrairement à l'affirmation de Bernadotte, le corps saxon n'est pas resté « immobile comme l'airain » mais a battu en retraite. Toutefois, pour ne pas « affliger l'armée saxonne », Napoléon ordonne que cet ordre du jour ne soit pas diffusé et communiqué seulement aux chefs des corps d'armée. Toujours ce souci de ménager les susceptibilités des troupes étrangères[9].

Les problèmes de langue n'étaient pas insurmontables. Outre quelques interprètes, beaucoup d'officiers étrangers parlaient le français, au moins un français approximatif leur permettant de comprendre les ordres et de les retransmettre dans la langue de leurs troupes. Le français était alors la langue européenne.

La franc-maçonnerie a souvent constitué un lien entre officiers de nationalités diverses. Les francs-maçons étaient peu nombreux parmi les Espagnols, mais Polonais, Allemands ou Italiens fraternisaient avec les frères français[10].

Le sentiment national était faible dans les petits États allemands. Avant 1813, les contingents badois, hessois ou saxons n'ont pas de revendications nationales ; ils se contentent d'obéir aux ordres. Même attitude chez les Italiens, selon le témoignage de l'un d'eux qui observe : « Ce qui compte c'est l'amour-propre, stimulant de l'honneur, de l'émulation et du courage. »

---

9. *Correspondance de Napoléon Ier* (éd. 1866), n° 15614.
10. Quoy-Bodin, *L'Armée et la franc-maçonnerie*, p. 189-227.

Dans l'ensemble, la confusion ou le désordre ont été rares, surtout là où commandait l'empereur. La discipline fut stricte. En l'absence d'un idéal politique commun régnait dans ses contingents étrangers, gagnés par la contagion, un amour, probablement sincère, pour Napoléon, au moins jusqu'en 1813. Il est le chef victorieux d'une armée à laquelle le destin de chaque soldat, sans souci d'origine, est attaché. C'est lui qui fédère cette armée composite et la magie s'exerce comme au temps de l'armée plus homogène de la première campagne d'Italie. C'est là le génie de Napoléon.

En 1813, les États de la Confédération du Rhin, malgré la désastreuse retraite de Russie, répondent encore favorablement aux demandes de Napoléon et fournissent :

Bavière	9 000 hommes
Saxe	15 000 hommes
Wurtemberg	9 500 hommes
Bade	7 000 hommes
Westphalie	8 000 hommes
Berg	800 hommes
Hesse et autres	9 300 hommes
	58 600 hommes[11]

11. Sokolov, *L'Armée de Napoléon*, p. 419.

Le royaume d'Italie envoie 28 000 soldats, le Danemark 13 000, la Pologne 25 000. C'est environ 150 000 soldats étrangers qui servent sous les drapeaux de la Grande Armée. Mais le temps des défections commence.

Le contingent du Prussien Yorck avait donné le signal le 31 novembre 1812 en signant la convention de Tauroggen par laquelle Yorck s'engageait à ne pas combattre les Russes. Dans un premier mouvement, le roi de Prusse affecta de désavouer son général, assurant Napoléon de « tout son dévouement » mais Clausewitz, Blücher et Gneisenau poussèrent Frédéric-Guillaume III à entrer en guerre contre la France. Ce sera fait le 17 mars 1813.

L'enthousiasme des contingents allemands va dès lors décliner. À la bataille de Grossbeeren, Oudinot, battu par Bernadotte, voit 10 000 Bavarois et Saxons déserter ses rangs. Le 18 octobre, à Leipzig, au cours de la bataille, les Saxons passent à l'ennemi et tirent sur la division Durutte. Ils sont suivis par leur cavalerie et par les Wurtembergeois. Les Bavarois, qui se retournent eux aussi contre la France sont défaits à Hanau, le 30 octobre. Le grand-duc de Bade abandonne Napoléon le 20 novembre. C'est la fin de la Confédération du Rhin.

Le 25 octobre 1813, l'empereur écrit à Clarke, ministre de la Guerre : « Il est constant que, dans la position actuelle des choses, nous ne pouvons nous fier à aucun étranger. Il me tarde donc d'apprendre qu'on a désarmé tous les corps qui sont compris dans le décret de ce jour. Cela nous fera des fusils en plus et des ennemis en moins[12]. »

Napoléon se résigne en effet à licencier, par décret, plusieurs régiments allemands et à transformer les Croates, suspectés de sympathie pour l'Autriche, en pionniers simplement armés de pelles et de pioches. La mesure s'étend à la garde royale espagnole et à la légion portugaise. Un article concernait les unités de Westphalie, de Bade et du Wurtemberg qui se battaient en Espagne. Elles devaient être immédiatement désarmées et envoyées en France en tant que prisonniers de guerre.

C'était une erreur. Les protestations furent nombreuses. Suchet, qui combat alors dans la péninsule Ibérique, s'indigne : « J'ai voulu connaître par moi-même l'esprit des chefs des troupes allemandes qui faisaient partie de l'armée. J'ai eu la satisfaction de trouver en eux des officiers pleins d'honneur et désireux de gloire. »

Au moment d'être désarmés, les soldats westphaliens pleurent : « Qu'on nous mène à l'ennemi et l'on verra si nous ne sommes pas décidés à sacrifier notre vie pour l'empereur Napoléon. »

En 1814, dans les régiments français restent encore des Allemands de la rive gauche du Rhin, des Hollandais, des Belges et des Italiens venus des pays annexés. Les Napolitains ont fait défection avec Murat. On trouve aussi quelques régiments suisses et les restes de la légion polonaise.

Le rêve d'une armée européenne s'est évanoui.

---

12. Sokolov, *op. cit.*, p. 420-421.

Chapitre VII

L'ARMEMENT

Pour Napoléon, l'art de la guerre est tout de mouvement : surprendre l'ennemi, le contourner, l'encercler, l'enfoncer. Cavaliers et fantassins sont essentiels dans ce type d'opération, la puissance du feu étant moins importante. La victoire devrait même se décider sans que soit tiré un coup de fusil.

L'artillerie, en raison des dégâts qu'elle suscite dans la ligne adverse, permet par la suite à Napoléon de remplacer les mouvements auxquels ses adversaires se sont habitués et ont trouvé la parade. C'est au fond la seule concession technique de l'empereur qui s'est peu intéressé aux progrès de l'armement, même à ceux du canon, lui, un artilleur. Il regarde davantage vers ce qu'ont fait avant lui César ou Turenne que vers les innovations des ingénieurs. Ce génie militaire se révèle routinier sur le plan technique. La guerre est affaire d'hommes, pas d'armement. Il suffit que les armes soient en quantité nécessaire.

Le fantassin dispose du fusil modèle 1777, corrigé en l'an IX. Sa longueur est de 1,52 m, son poids d'1,4 kg. La baïonnette a 48 cm de long et n'empêche pas le tir. Il y a des variantes : canon plus long pour les vélites, garniture en laiton pour la Vieille Garde à pied. Mais aucune amélioration n'est apportée dans la rapidité, la précision et la portée du tir[1].

L'approvisionnement en fusils est médiocre : 200 000 en 1802 contre 700 000 en 1789. Aucune inquiétude alors pour le premier consul. Il écrira par la suite : « Je ne suis point en peine pour l'armement. L'avantage c'est que le calibre français est utilisé partout, sauf en Angleterre et en Russie ; on s'alimente en fusils prussiens. »

Il devra cependant faire face à des ralentissements inquiétants dans la fabrication.

Pas de modifications sensibles dans les armes blanches de l'infanterie : briquet ou sabre, à l'exception de certains et inutiles enjolivements.

Dans la cavalerie est utilisé le fusil de dragon, modèle an IX, et le mousqueton attribué aux hussards et aux gendarmes. Un nouveau modèle de pistolet apparaît en l'an XIII, mais on reste fidèle à l'ancien jusqu'en 1809. Les lames des sabres viennent de Klingenthal tandis que les lances font leur réapparition en 1809 avec la création des chevau-légers polonais.

---

1. Description des armes de la Grande Armée dans l'article « Armement » de J. Tranié dans *Dictionnaire Napoléon*.

L'artillerie est considérée comme la meilleure d'Europe, mais elle remonte à l'Ancien Régime où elle a été constituée par Vallière et surtout Gribeauval. On aurait pu attendre des modifications de la part d'un ancien artilleur comme Napoléon.

À Auxonne, en janvier 1789, celui-ci avait pris force notes sur le mémoire du marquis de Vallière concernant les avantages des pièces longues. Il conclut alors : « La pièce courte doit opter entre tirer sur le canon ou sur la troupe. La pièce longue, moyennant le feu oblique, peut tirer sur tous les deux, toutes les fois que le canon ennemi débordera la ligne. »

Déjà Bonaparte dégage l'un des principes de sa future tactique : « Une batterie de pièces longues, capables de porter à mille toises, peut, au gré du général, réunir tous ses feux sur telle partie de la première ligne qu'il voudra, rompre cette ligne et mettre la confusion jusqu'à la seconde et troisième ligne. L'infanterie donne alors sur cette armée ébranlée. Pendant cela, l'on change un peu la direction et l'on va porter l'épouvante sur une autre partie de l'armée ennemie[2]. »

Il reviendra à plusieurs reprises sur la puissance de feu des canons : « C'est avec l'artillerie que l'on fait la guerre[3]. » Il précise : « Il faut quatre pièces pour mille

---

2. « Premier cahier sur l'artillerie », dans Masson et Biagi, *Napoléon inconnu*, t. I, p. 241.
3. *Correspondance de Napoléon*, t. XXX, p. 447. « Le canon a fait une révolution totale. »

hommes. Plus l'infanterie est bonne, plus il faut la ménager et l'appuyer par de bonnes batteries. » Il augmente la quantité des bouches à feu, mais au détriment de la qualité. La fabrication des canons, trop accélérée, devient médiocre. On utilise des affûts de bois vert qui s'effondrent au premier coup que tire la pièce. La poudre est médiocre, les recherches alors en cours étant négligées. Napoléon constate qu'à Lützen, en 1813, « un bon tiers des obus n'éclate pas parce qu'ils sont chargés depuis de longues années[4] ».

Deux créations toutefois : l'artillerie à cheval qui permet une plus grande mobilité des pièces et la fin des entreprises qui assuraient jusqu'alors les convois.

Napoléon rétablit la fonction de premier inspecteur général de l'artillerie, supprimée après la mort de Gribeauval. Se succèdent d'Aboville, Marmont, Songis, Lariboisière, Éblé et Sorbier qui viennent de l'armée de l'Ancien Régime. L'empereur insiste aussi sur la formation des artilleurs : Polytechnique, école de Metz… Les effectifs iront croissant, de 43 000 hommes en 1804 à 103 000 en 1814.

Pour le reste, on conserve le matériel Gribeauval de 1776 : canons pour tir tendu, obusiers pour tir plongeant et mortiers. En 1805, au début des campagnes, Napoléon dispose de 21 398 bouches. La pièce maîtresse est le canon de 12 : le poids de son boulet est de

---

4. Cité par Bourdon, « L'administration militaire de Napoléon », dans *Revue des études napoléoniennes*, 1917, p. 37.

6 kg contre 12 au 24 et 4 pour le canon de 8. La pièce
pèse 986 kg[5].

C'est sur l'artillerie que Napoléon, on l'a dit, va de plus
en plus se reposer dans ses dernières campagnes.

Il n'a pas, en revanche, compris les avantages de l'aérostation. Le Comité de salut public avait pressenti l'intérêt
de la découverte des frères Montgolfier et créé des compagnies d'aérostiers qui s'illustrèrent à Fleurus. Peut-être
influencé par Monge lors de la première campagne d'Italie, Bonaparte avait songé à utiliser l'aérostation lors du
siège de Mantoue, mais il ne donna pas suite au projet.
L'idée des dirigeables fut envisagée dans les projets
d'invasion de l'Angleterre puis abandonnée[6]. Des caricatures de l'époque ont représenté cet envol de montgol-
fières.

De même, Napoléon a dédaigné les fusées à la Congreve.
Les Anglais en lancèrent sur Boulogne en 1806 et contre
Copenhague en 1807, incendiant la moitié de la ville. Elles
furent utilisées avec des brûlots, contre l'île d'Aix en 1809,
pour tenter de détruire la flotte française.

Certaines de ces fusées furent récupérées et examinées
par Monge et Berthollet. Sur le modèle ainsi étudié, on
construisit des fusées à Toulon et à Séville mais sans suite.

Le reproche fut aussi adressé à Napoléon de n'avoir pas
compris l'importance du « chariot d'eau mû par le feu »

---

5. Analyse des types de canon dans A. Lauerma, *L'Artillerie de campagne française pendant les guerres de la Révolution*.

6. Article « Aérostation », dans *Dictionnaire Napoléon*.

de Fulton pour envahir l'Angleterre. Mais l'invention posait des problèmes de construction et de fiabilité.

En revanche, Napoléon porta un vif intérêt au télégraphe de Chappe. Les deux premières lignes, Paris-Lille et Paris-Landau, avaient été entreprises dès août 1793. La première dépêche, transmise de Paris à Strasbourg le 1er juillet 1798, aurait annoncé la prise de Malte par le général Bonaparte.

Par la suite, la ligne du Nord est prolongée jusqu'à Bruxelles et Anvers, position stratégique en face de l'Angleterre. En 1804, Napoléon ordonne la construction de la ligne Paris-Lyon-Milan. Dès la campagne de 1805, pour rassembler sa Grande Armée sur le Rhin, il se sert du télégraphe. À nouveau en 1809, il l'utilise pour rester en contact avec Berthier, son chef d'état-major. Le système est plus rapide et plus sûr que l'envoi d'estafettes[7]. En homme pressé, Napoléon a apprécié le télégraphe.

On le voit, il faut nuancer les rapports, souvent présentés de façon négative, de Napoléon avec les techniques ; l'aérostation était vulnérable, l'invention de Fulton n'avait pas d'effets immédiats.

Certes, Napoléon n'a presque rien fait pour améliorer l'armement. Il se serait même opposé à certaines innovations comme le fusil de Pauly et a méprisé les changements apportés au fusil prussien. C'est qu'il souhaitait assurer partout et à tout instant le même approvision-

---

7. Sur le tracé des lignes, cf. F. de Dainville et J. Tulard, *Atlas administratif du Premier Empire*, p. 17.

nement pour des raisons d'efficacité et de rapidité. La vitesse était l'élément essentiel de sa stratégie, plus que le feu.

En revanche, sur le plan de la production des manufactures (fabriques de canons, d'armes et de poudres, équipements et vêtements des soldats), l'empereur s'est beaucoup investi. Ne confiait-il pas à Caulaincourt, en décembre 1812 : « C'est moi qui ai créé l'industrie en France[8] » ?

Napoléon privilégie les manufactures d'État : Versailles, Tulle, Saint-Étienne, Liège et Turin pour les fusils, Kligenthal pour les armes blanches, Douai, Le Creusot, Saint-Gervais pour les canons, sans oublier les arsenaux, surtout Anvers, pour les constructions navales. Ces manufactures sont gérées par des entrepreneurs et surveillées par des inspecteurs, contrôleurs et réviseurs[9]. Les ouvriers sont assimilés à des soldats et, de ce fait, certains sont dispensés de la conscription.

Les chiffres de production demeurent mal connus. J. Muracciole évalue à 200 000 le nombre de fusils livrés entre 1800 et 1812, avec une moyenne plus faible que sous la Révolution[10]. C'est que Napoléon impose aux fabrications d'État des règles strictes d'économie.

L'empereur demeure réservé vis-à-vis du secteur privé, représenté notamment par Wendel à Hayange, qui fournit

8. Caulaincourt, *Mémoires,* t. II, p. 261.

9. « Industrie d'armement », dans *Dictionnaire Napoléon.*

10. J. Muracciole, « Les industries d'armement », dans *Souvenir napoléonien*, janvier 1971.

les boulets de canon. Il compte beaucoup sur le pillage des arsenaux ennemis. C'est ainsi qu'il s'empare à Vienne de 2 000 canons qui serviront aux artilleurs français. Les prises de guerre seront considérables en Prusse également.

De façon générale, les manufactures d'armement entrent dans cette conception de la « guerre totale » que Napoléon a héritée de la Révolution[11].

---

11. J.-Y. Guiomar, *L'Invention de la guerre totale.*

Chapitre VIII

LE RENSEIGNEMENT

Napoléon a oublié le climat lors de la préparation de l'expédition de Russie, il a négligé d'éclairer la marche de ses troupes à Marengo et fait peu de cas de l'évolution des techniques, mais il a su donner au renseignement une importance que ses prédécesseurs, même au temps du « secret du roi », n'avaient pas toujours su lui accorder[1].

Il importe en effet d'être renseigné sur l'adversaire réel ou potentiel pour mieux l'affronter. Les meilleurs agents, aux yeux de Napoléon, sont les ambassadeurs. En 1805, La Rochefoucauld est prié de regagner au plus vite Vienne où il représente la France pour y recueillir toute information relative sur les liens entre Vienne, Londres et Saint-Pétersbourg, et surveiller les mouvements des troupes autrichiennes.

---

1. A. Montarras, « Espionnage » dans *Dictionnaire Napoléon* et son étude sur *Napoléon et le renseignement dans la préparation de la campagne de Russie.*

Une confidence dans un salon ou un brusque accès de franchise provoqué par l'ivresse peuvent permettre de devancer une attaque adverse. Laforest, à Berlin, préviendra Napoléon de l'excitation des esprits et de l'imminence d'une entrée en guerre de la Prusse en 1806. Il y a des postes stratégiques, la Suisse par exemple, un bon observatoire où se forme Théobald Bachler avant de devenir un chargé du service secret des armées. Le rôle de ces diplomates, et plus particulièrement des attachés militaires, est de relever tout ce qui se passe sur le plan militaire et diplomatique dans le pays où ils sont nommés. Talleyrand a eu certains de ces agents sous ses ordres comme Amable de Baudus, présenté comme historiographe du ministère[2].

Napoléon n'entre pas en opérations avant d'avoir des précisions sur les effectifs et les mouvements de l'adversaire. Aux renseignements des diplomates viennent s'ajouter les reconnaissances de la cavalerie légère, hussards et chasseurs, qui peuvent parfois s'enfoncer dans les lignes ennemies.

Il y a aussi les habitants, mais leurs indications ne sont pas toujours fiables, et les prisonniers qu'on peut interroger sur les effectifs de leur régiment et sur les instructions reçues. Il y a encore les lettres interceptées par le « cabinet noir ». Mais rien ne vaut les véritables espions, le renseignement opérationnel attaché à un état-major où sont centralisées les informations recueillies par des agents infiltrés souvent dans le camp adverse.

---

2. Florence de Baudus, *Amable de Baudus*, p. 185.

Bonaparte a recours à l'espionnage dès la première campagne d'Italie, utilisant un avocat piémontais, républicain de cœur, Ange Pico, « chargé de missions secrètes ». Selon Alain Montarras, son rôle aurait été déterminant lors de la victoire de Mondovi[3]. En Allemagne, en 1808 et 1809, Davout eut un réseau d'espionnage animé par un certain Krusthoffen basé à Bayreuth.

Auprès de Napoléon, Savary, d'abord aide de camp avant de devenir ministre de la Police, dirige les principaux espions de l'empereur, dont le fameux Schulmeister, apparu en 1805. Né dans le duché de Bade, fils de pasteur, enrichi par la contrebande, lié à Savary à la faveur des campagnes des armées républicaines sur le Rhin, peut-être mêlé à l'enlèvement du duc d'Enghien, on lui attribue la victoire d'Ulm. A-t-il « retourné » le capitaine Wend, chef du service des espions autrichiens ? A-t-il intoxiqué Mack, le général en chef des forces adverses ? Les rapports de Schulmeister semblent avoir été détruits et l'on ne peut situer exactement son rôle[4]. Ce qui est certain, c'est que Savary en fait le préfet de police de Vienne, une fois la ville prise. Il quitte Vienne après la signature de la paix. Savary l'utilise à nouveau pour la campagne de 1806, plutôt comme chef de corps francs que comme agent secret. En 1807, il dirige la police de Koenigsberg puis celle

---

3. « Le problème du renseignement dans la première campagne d'Italie » dans *Souvenir napoléonien*, juillet 1996.

4. Nombreuses biographies : Elmer, *L'Agent secret de Napoléon* (1932), Muller, *L'Espionnage militaire sous Napoléon* (1896), de portée plus générale, et surtout Abel Douay et Gérard Hertault, *Schulmeister* (2002).

d'Erfurt lors de l'entrevue du tsar et de l'empereur. Une dernière fois, il est commissaire chargé de la sûreté dans Vienne de nouveau occupée en 1809, puis il se retire à la tête d'une coquette fortune.

Autre agent secret, Dubouchot. Envoyé à Varsovie en 1807, il met en garde contre les Polonais qu'il accuse de mauvais esprit à l'égard de Napoléon. Sort-il de son rôle de simple observateur pour donner des leçons de stratégie à l'empereur ? Il est brutalement disgracié. « Ne souffrez pas, écrit Napoléon à son ministre des Affaires étrangères Champagny, que vos agents secrets fassent autre chose que de l'espionnage[5]. »

Alain Montarras a attiré l'attention sur un autre acteur des services secrets, Le Lorgne d'Ideville, par ailleurs auditeur au Conseil d'État. Lors de la campagne de 1812, « il interrogeait les personnes intéressantes, exploitait la presse étrangère, établissait des synthèses de renseignements et manipulait les agents ». Mais il ne prit jamais les risques de Schulmeister, restant avant tout un fonctionnaire.

C'est en effet en 1810, au moment où il pressent qu'il va devoir évoluer sur un terrain qui lui est peu familier à l'inverse de l'Italie ou de l'Allemagne, que Napoléon prend conscience de la nécessité d'un service permanent d'espionnage. Le 30 juin 1810, il écrit à son ministre des Relations extérieures :

---

5. Jean Savant, *Les Espions de Napoléon*, p. 151.

« Je désire que vous montiez un service secret de quelque étendue, que vous affectiez par exemple 120 000 ou 150 000 francs à quelques missions secrètes en Bohême, en Autriche et en Russie, pour savoir ce qui se passe et surtout être bien informé des mouvements militaires de ces puissances. Il faudrait pour cela faire choix de deux ou trois hommes, militaires sur l'attachement desquels on peut compter, qui voyageraient sous prétexte de curiosité, ou comme artistes, et profiteraient de mes coursiers, sans jamais écrire par la poste, pour rendre compte de tout ce qui parviendrait à leur connaissance. Ils auraient un chiffre[6]. »

Napoléon ne néglige pas pour autant les ambassadeurs. Le 2 août, il rappelle à Champagny :

« Les ministres à l'étranger doivent envoyer tous les mois un état des forces militaires des puissances chez lesquelles ils se trouvent. Ainsi, le comte Otto [*en poste à Vienne*] doit m'envoyer tous les mois l'état des régiments, des bataillons et compagnies, autant exact qu'il pourra, les noms des officiers qui commandent, et l'indication des lieux où se trouvent chaque corps, bataillon et compagnie. Mon ambassadeur en Russie doit m'envoyer le même état mensuel[7]. »

Mission difficile. À Saint-Pétersbourg, le tsar interdit l'impression des états militaires et, ajoute Caulaincourt,

---

6. *Lettres inédites de Napoléon Ier*, éd. Lecestre, t. II, p. 47.
7. *Correspondance de Napoléon* (éd. 1867), n° 16745.

notre ambassadeur, « les officiers qui fréquentent le monde, ne savent rien ; ceux qui savent ne vont pas dans le monde et ne parlent pas ». Napoléon multiplie les consulats, à l'Est, surtout autour de la Russie, « de manière à former une chaîne de sentinelles qui instruisent de tout ce qui est important de savoir ».

Les renseignements sont centralisés dès lors au Bureau de la statistique extérieure que dirige Le Lorgne d'Ideville. « Des fiches sur les armées et les régiments russes sont classées dans des boîtes puis les données sont reportées sur des livrets » – les fameux livrets de Napoléon. Que valaient ces renseignements ? On a vu que les Russes, lorsqu'ils s'en emparèrent lors de la retraite de 1812, furent étonnés de l'exactitude des chiffres.

D'honorables correspondants sont envoyés, conformément aux instructions citées plus haut, sur le terrain. Ainsi, en août 1810, Thiard de Bissy doit se rendre sur le Danube où s'affrontent Russes et Turcs. « Il ne faut pas, ordonne Napoléon, le 21 août, que le sieur Thiard ait aucune pièce officielle dans les mains, afin qu'en cas d'événement, il ne fût surpris avec aucune instruction. Vous lui donnerez un chiffre dont il se servira pour correspondre toutes les fois qu'il jugerait nécessaire. Il vous écrira directement par la poste, sans signer. Il enverra des états exacts des forces militaires, des notes sur les généraux et sur tout ce qui est relatif aux places[8]. »

---

8. *Ibidem*, n° 16811.

Thiard reste muet dans ses Mémoires sur cette mission. Il n'atteignit jamais le Danube[9].

Narbonne fut envoyé en mai 1812 auprès du tsar à Vilna pour lui remettre une lettre, en réalité pour examiner les forces rassemblées dans cette ville. Il prit contact avec un agent français, Savan, qui, en fait, avait été retourné par les Russes et lui fournit des données erronées[10].

Bignon fut expédié à la fin de 1810 à Varsovie, sur ordre de l'empereur :

> « Sa Majesté désire avoir à Varsovie un agent sûr, intelligent, éclairé et actif, faisait ordonner Napoléon à Champagny le 22 décembre, qui sache plaire dans ce pays, obtenir facilement des informations, non pas seulement sur ce qui s'y passe, mais sur ce qui se passe dans la partie de la Pologne qui est voisine du duché de Varsovie. Elle désire un agent au fait des détails militaires et qui puisse lui procurer à cet égard de sûrs renseignements. L'empereur met beaucoup de prix à ce que ce poste soit bien rempli et il considère celui qui y sera appelé comme la sentinelle avancée de l'Empire français. »

Bignon est pourvu d'un guide de recherches : topographie, effectifs de l'armée russe, tri dans les informations dont la véracité doit être confirmée. Il établit un réseau d'agents à la frontière russe afin d'être immédia-

---

9. Pas de trace dans la préface à l'édition des Mémoires de Thiard qui nie toute occupation de ce type, p. XVIII.
10. É. Dard, *Narbonne*, p. 217.

tement prévenu en cas de mouvements des troupes du tsar[11].

C'est ainsi que Napoléon est averti très tôt, en 1811, du renforcement des forces russes à la frontière du duché de Varsovie.

Il est prévenu par le consul Ledoulx à Bucarest, le 21 février 1811, qui signale le mouvement de cinq divisions russes vers la Pologne, et par Alquier qui constate de Stockholm des départs de forces du tsar de Finlande vers la Pologne également.

La riposte de Napoléon ne se fait pas attendre et Alexandre Ier doit renoncer à une guerre-éclair contre Varsovie.

Les Russes, de leur côté, avaient aussi leur système d'espionnage, moins performant que celui des Anglais, même si ces derniers avaient perdu leur base en Suisse[12]. Un employé du ministère de la Guerre au bureau des mouvements de troupes, Michel, renseignait à l'ambassade de Russie Czernitchef, jeune officier, aide de camp du tsar, notamment sur des envois d'équipages militaires par le ministre de l'Administration de la guerre et l'organisation de la Grande Armée corps par corps[13].

On sait – les preuves sont à Vienne – qu'en 1809 Talleyrand vendit des renseignements à l'empire d'Autriche, et

11. Art. « Bignon » dans *Dictionnaire Napoléon*.
12. Elizabeth Sparrow, *British Agents in France, 1792-1815*.
13. *Mémoires du duc de Rovigo*, t. IV, p. 29.

chèrement payés, sur les mouvements du corps du maréchal Oudinot[14].

L'espionnage par la corruption était, en revanche, un procédé qui répugnait à l'empereur. Il faisait recueillir des renseignements par ses agents mais repoussait les offres de service animées par la vénalité.

« Pour être bien renseigné, note son secrétaire Fain, il eût fallu corrompre, et Napoléon aurait rougi de recourir à pareil procédé ; il aurait cru donner un signe de faiblesse. Peut-être a-t-il eu tort, peut-être la politique doit-elle faire sa proie de toutes les faiblesses humaines, et nous conviendrons que, dans ce sens, l'empereur n'était pas le meilleur politique de son temps[15]. »

---

14. É. Dard, *Napoléon et Talleyrand*, p. 228.
15. Fain, *Mémoires*, p. 82.

Chapitre IX

LES CARTES

La préparation de la campagne relève du Dépôt de la guerre qui existait déjà sous l'Ancien Régime. Il regroupait les ingénieurs géographes chargés de dessiner les plans des batailles précédentes et de préparer ceux des batailles futures à partir des levées topographiques recueillies à la faveur de reconnaissances sur le terrain. Le terrain : un élément essentiel dans une bataille. Le 25 avril 1792, le Dépôt de la guerre a été réorganisé avec pour mission d'élaborer les plans des campagnes mais aussi de prévoir des créations de routes.

Le 18 août 1795, Bonaparte est attaché au Bureau topographique créé par Carnot en 1793 et finalement intégré au Dépôt de la guerre en 1797. Il s'y est familiarisé avec les cartes et a donné des conseils au gouvernement pour les opérations militaires. Il écrit, le 25 août, à son frère : « Je suis accablé d'affaires depuis une heure de l'après-midi jusqu'à cinq heures au Comité, et depuis onze heures du soir jusqu'à trois heures du matin[1]. » Mais, il est radié dès le 15 septembre de la liste des généraux employés par le Comité de salut public pour avoir refusé de prendre un commandement dans l'Ouest de la France.

Arrivé au pouvoir, il garde le Dépôt de la guerre qu'il réorganise le 5 janvier 1803. Le Dépôt est destiné à recueillir et à conserver tous les matériaux utiles pour l'histoire et la topographie et pour les progrès de l'art militaire. À sa section topographique le soin de la construction, du perfectionnement et des copies des cartes manuscrites ou gravées. Cartes essentielles dans une campagne et dont Napoléon est friand. Il est souvent représenté, penché sur une carte, un compas à la main pour calculer les distances. C'est sur ses cartes qu'il élabore sa stratégie.

Bacler d'Albe est depuis 1799 le chef des ingénieurs géographes au Dépôt de la guerre, puis il devient le responsable du Cabinet topographique en 1804, tandis que le général Sanson dirige l'ensemble du Dépôt de la guerre[2].

Avant la campagne de 1805, Napoléon ordonne :

> « Des ingénieurs géographes feront la reconnaissance de l'Enns, en établissant toutes les communications avec la Styrie. Ils feront celle de tout le pays entre l'Enns et Vienne. Ils reconnaîtront d'abord toutes les rivières transversales, ensuite la chaîne des montagnes qui séparent de

---

1. *Correspondance générale* (éd. 2004) n° 529.
2. M. Troude, *Bacler d'Albe* (1954).

la Styrie et toutes les routes qui peuvent mener sur Vienne, enfin le Danube depuis l'Enns jusqu'à Vienne.

« D'autres ingénieurs géographes seront chargés des reconnaissances depuis l'Enns jusqu'à l'Inn et la Salza en établissant tous les débouchés du Tyrol. Ils feront celle du Danube depuis Passau jusqu'à l'Enns, des routes qui peuvent mener de Salzbourg et de la Styrie jusqu'à Vienne ; enfin ils feront la reconnaissance de la Trazen. »

Napoléon envoie Murat lui-même reconnaître, sous le nom de colonel Beaumont, les possibilités offertes par la place forte de Wurtzbourg, les routes qui la relient à Mayence et au Danube, puis la frontière de Bohême, Ratisbonne, Ulm et les débouchés de la Forêt-Noire. Il pense déjà aux futurs mouvements de la campagne d'Ulm. La mission dure du 25 août au 10 septembre. C'est autant du renseignement topographique que de l'espionnage. Murat adresse un long rapport à l'empereur :

« Sire, j'ai visité les différents points que V.M. m'avait ordonné de visiter, j'ai tâché d'en saisir l'ensemble et, quoique courant la poste, je crois avoir réussi à connaître les différents rapports qui les lient les uns aux autres ; enfin j'espère fournir les divers renseignements que vous seriez dans le cas de me demander, tant sur les distances, les localités, les positions, la nature et l'état des routes, les ressources, que sur les communications qui existent entre les points principaux. J'ai aussi des notes sur les rivières principales ainsi que pour les débouchés de la Bohême et du Tyrol. »

Mais aussi, en bon espion, Murat a relevé les effectifs des garnisons autrichiennes, l'état des approvisionnements et les mouvements des troupes[3].

Il reste à Napoléon à mettre en ordre ces renseignements ainsi que ceux recueillis par le général Bertrand, excellent topographe et spécialiste des fortifications, pour pouvoir dresser son plan de campagne et prévoir, en fonction des obstacles reconnus, la progression de ses corps d'armée, le nombre de marches essentielles et les approvisionnements indispensables. À la carte s'ajoutent les renseignements recueillis sur le terrain.

C'est ensuite avec un soin particulier que Napoléon a préparé la guerre contre la Russie[4]. Dès la fin de 1810, le Dépôt de la guerre a acquis une carte du pays en cent feuillets et une autre de l'Ukraine au 130 000. Le 17 avril 1811, le général Sanson demande au ministère des Relations extérieures la communication de l'une des deux cartes en 106 feuillets.

On suit, durant l'année 1811, les préparatifs qui deviennent intensifs au mois d'août. Ordre est adressé, le 13 avril, au Dépôt de la guerre d'envoyer à Bacler d'Albe, au cabinet topographique, tout document concernant la Pologne. Napoléon pense alors que la campagne se limitera à ce pays. Le 19 du même mois, est sollicité tout renseignement sur les communications par eau. Le 26 août,

---

3. Tulard, *Murat*, p. 130.

4. Pour tout ce qui suit : Tulard, « Le Dépôt de la guerre et la préparation de la campagne de Russie », *Revue historique de l'armée* (1969), p. 104-109.

les demandes s'accélèrent. Napoléon réclame une carte de l'Europe depuis la Baltique jusqu'aux Bouches-de-l'Escaut avec « toutes les routes et canaux servant aux transports du commerce de la marine et de la guerre ». Le Dépôt retrouve une carte de Chauchard et divers documents à des échelles différentes. S'y ajoutent la carte de la Pologne par Tolin et une de la Prusse par Schröter.

Le grand souci de Napoléon est le transport des troupes en Europe orientale. C'est que les distances sont énormes. Dantzig devient la plaque tournante des préparatifs. Le matériel est réuni à Metz, Mayence, Wesel, Maestricht. Les routes d'accès à Dantzig sont tracées sur les cartes mises à la disposition de l'empereur. Manque une carte commode pour travailler sur la Russie.

En avril 1811, Napoléon suggère de graver une carte de ce pays sur une échelle triple de la carte de Russie en 106 feuillets réclamée le 17 avril et d'y inscrire les noms des localités en caractères latins. Le Dépôt se met aussitôt au travail et dessine une carte en 54 feuillets que complètent des cartes de la Pologne, de la Livonie et de l'Estonie.

En août, tout semble prêt quand des difficultés paraissent surgir. Le général Sanson demande à Lauriston, ambassadeur à Saint-Pétersbourg de lui adresser les plans à grande échelle de cette ville et de Moscou, une carte de l'empire russe en trois feuillets établie par le Dépôt de la guerre et une carte topographique de la Russie européenne. Or le tsar interdit la sortie de cette dernière carte pour raisons militaires.

De plus, le travail de Sanson devient l'objet de critiques. Davout écrivait à Napoléon : « J'ai été frappé de l'orthographe de la plus grande partie des noms de lieux en Courlande et en Livonie. Presque tous les endroits de ces provinces ont des noms allemands qui comportent l'orthographe allemande et ne sont reconnaissables pour nous autres Français qui n'y sommes habitués qu'avec cette orthographe. Chercher à imiter avec des lettres françaises la manière russe d'écrire des mots allemands était donc un sûr moyen d'être inintelligible. L'usage de cette carte sera la source d'une foule d'erreurs. » Ainsi apparaît une difficulté : celle de la langue qui se complique du problème de l'écriture.

Il n'y a pas que les cartes dont est chargé le Dépôt de la guerre. Sanson confie à l'ancien capitaine Leclerc une « statistique » de la Russie. Leclerc compile notices topographiques et militaires en insistant sur l'état des rivières et les ressources en vivres. Au passage, il dissipe trois illusions qui vont perdre Napoléon : croyance que les serfs vont se soulever contre le tsar à l'arrivée de la Grande Armée porteuse des idées de liberté et d'égalité ; échec inévitable d'une tentative de dévaluer le rouble en imprimant de faux billets (idée soulevée par la Monnaie) et surtout méconnaissance du climat. Leclerc écrit que « si l'empereur Napoléon faisait pénétrer son armée dans l'intérieur de la Russie, elle serait anéantie comme celle de Charles XII le fut à Poltova ou forcée à une retraite précipitée ». Il ajoute : « Je pense que le Russe seul peut faire la guerre en Russie. »

Ce travail fut censuré ou négligé. On lui préféra, venu de Saint-Pétersbourg, le *Dictionnaire géographique et historique de l'empire de Russie*. On fit appel aussi au *Vocabulaire franco-russe complété et remanié* dont Bacler d'Albe fit un large usage. De son côté, Napoléon se fit remettre tout ce qui avait été écrit sur Charles XII, dont l'histoire de Voltaire. Il n'ignorait donc rien de ce que représentait l'hiver russe. Malheureusement pour lui, le *Tableau historique, géographique, militaire et moral de l'empire de Russie* par Damaze de Raymond ne parut qu'au moment où la campagne était déjà engagée. Il lui aurait épargné, comme le mémoire de Leclerc, bien des erreurs.

De toute façon, Napoléon attachait plus d'importance aux rapports de ses agents qu'aux ouvrages historiques. La route est pour lui un élément essentiel, souvenir de Rome. De là l'importance qu'il attache au réseau routier, d'abord en France puis dans les pays annexés. Il n'est pas jusqu'à Java, colonie hollandaise devenue française, où le général Daendels construit un système de routes qui existe encore aujourd'hui.

En juin 1813 encore, alors qu'il craint une intervention de l'Autriche contre la France, jugeant ses cartes insuffisantes, il fait reconnaître les frontières de la Bohême, de la Spree à Bayreuth en s'attachant au cours de l'Elbe. Toujours ce souci de la topographie et cette indifférence au climat déjà étonnante lors de l'expédition d'Égypte.

Chapitre X

LE FINANCEMENT DE LA GUERRE

La guerre napoléonienne coûte cher (soldes, armement, mouvements de troupes, pensions, etc.), mais c'est la guerre qui subventionne la guerre.

Dès la première campagne d'Italie, Bonaparte entend se réserver le droit de fixer et de lever des contributions exceptionnelles sur le pays, sans se soucier des commissaires des guerres et des agents du Trésor. Il se constitue ainsi un butin dont il dispose comme il l'entend et qui l'affranchit de l'autorité du Directoire.

En 1805, lors de la reprise des conflits continentaux, il organise le Trésor de l'armée en le distinguant du Trésor public. Le Trésor de l'armée est alimenté par les contributions levées sur les pays vaincus, la saisie des caisses publiques et la confiscation des fonds ennemis ainsi que les indemnités prévues dans les traités de paix. Ce Trésor de l'armée sert à payer la solde et les équipements, la construction de monuments appelés à inscrire les victoires dans le paysage urbain et à prêter au Trésor public.

Lors de la signature du traité de Presbourg en décembre 1805, un article secret prévoit :

« Il sera payé par Sa Majesté l'empereur d'Allemagne et d'Autriche pour rachat de toutes les contributions imposées sur les divers États héréditaires occupés par l'armée française et non encore perçues une somme de quarante millions de francs. Pour faciliter le paiement de cette somme, Sa Majesté l'empereur des Français, roi d'Italie, consent à ce que huit millions seulement seront payés au moment de l'échange des ratifications et à ce que le surplus soit fourni à la même époque en lettres de change acceptées sur les places de Hambourg, Amsterdam, Augsbourg, Francfort, Bâle et Paris, reçues comme bonnes et valables par le payeur général de l'armée française ou tel autre que le ministre de la Guerre aura désigné, entre les mains duquel elles devront être remises et payables de mois en mois à compter du jour de la remise, à raison de six millions le premier mois, de six millions le deuxième mois et ensuite de deux millions par mois jusqu'à parfait paiement.

« Le présent article aura même force et valeur que s'il était inséré mot pour mot dans le traité patent du jour. Il sera ratifié et les ratifications en seront échangées en même temps que celles du traité[1]. »

Vaincue, la Prusse va se trouver confrontée à une dette de guerre évaluée à cent cinquante millions. Cette dette com-

---

1. De Clerq, *Recueil des traités de la France*, t. II, p. 151.

prend en premier lieu les contributions extraordinaires fixées par Napoléon pendant la campagne et non encore payées, plus les contributions ordinaires dues au roi de Prusse dans les pays occupés par les Français depuis octobre 1806.

Une convention fut signée à Koenigsberg le 12 juillet 1807[2]. Des négociations s'ouvrirent le 22 juillet entre Daru, l'intendant de la Grande Armée, et Sack, conseiller privé de la Couronne de Prusse. Les Prussiens s'efforcèrent de ramener la somme à dix-neuf millions. De là la colère de Napoléon : « Si, le 1er octobre, tout ce qui est relatif aux contributions n'est pas réglé, les revenus du pays seront à nouveau perçus par l'armée française. » Le 1er octobre, les Français saisirent en effet les contributions qui devaient être versées au roi de Prusse[3].

Finalement les Prussiens acceptèrent de verser cent cinquante-quatre millions mais demandèrent plusieurs déductions. Napoléon maintint ses conditions : quinze millions comptant, quatre-vingt-dix millions en effets de commerce et quarante-cinq millions en domaines. Pour garantir la dette prussienne, il fit occuper trois villes : Stettin, Glogau et Kustrin.

Le 15 janvier 1809, Daru dresse le bilan des rentrées dues à la guerre de 1806-1807. Ces recettes concernent aussi les contributions des principautés allemandes alliées à la Prusse. On arrive au total, énorme pour l'époque, de trois cent

2. *Ibidem*, t. II, p. 223.
3. Labarre de Nanteuil, *Daru*, p. 156-158.

cinquante-neuf millions, une fois les dépenses retirées. Tel fut le bilan financier de la campagne de 1806-1807.

En 1809, l'Autriche, à nouveau vaincue, doit verser plus de cent millions tandis que de nombreux biens sont confisqués.

Dans les articles séparés du traité du 27 octobre 1809, on lit dans le cinquième :

> « Sa Majesté l'empereur d'Autriche, roi de Hongrie et de Bohême, acquittera en numéraire ce qui restera à payer des deux cents millions de contributions imposées sur les divers États occupés par les armées françaises, soit en billets de banque, soit en valeur métallique. Pour faciliter le paiement de cette somme, Sa Majesté l'empereur des Français consent à la réduire à quatre-vingt-cinq millions de francs, dont trente millions seulement seront payés avant l'évacuation de la ville de Vienne, et le surplus fourni à la même époque en lettres de change acceptées sur les places de Hambourg, Leipzig, Amsterdam, Augsbourg, Francfort-sur-le-Main, Bâle et Paris, reçues comme bonnes et valables par le payeur général de l'armée française ou tel autre que Son Altesse le prince major général [*Berthier*] aura désigné, et entre les mains duquel elles devront être remises et payables de mois en mois, à compter du jour de la remise, à raison de quatre millions pour chacun des cinq premiers mois et de six millions pour chacun des mois suivants à commencer du mois de janvier prochain jusqu'à parfait paiement. Au moyen de la présente contribution, le paiement de toute autre contribution imposée sur les habitants des provinces occupées par les armées françaises et alliées cessera[4]. »

4. De Clercq, *Recueil des traités de la France*, t. II, p. 299.

Au début de la guerre d'Espagne, les biens de nombreux nobles non ralliés à Joseph furent confisqués : deux cents millions entrèrent ainsi soit dans la caisse de l'armée pour ses dépenses, soit sous forme de placements à la caisse d'amortissement. On évalue en 1809 à cent millions convertis en métaux précieux le butin de guerre enfoui aux Tuileries.

Il était nécessaire de donner à la caisse de l'armée une organisation mieux adaptée à l'énormité des sommes qu'elle conservait. Le sénatus-consulte du 30 janvier 1810 crée le Domaine extraordinaire formé « des domaines et biens mobiliers et immobiliers que l'empereur exerçant le droit de paix et de guerre acquiert par des conquêtes ou des traités soit patents soit secrets ». Le décret précise :

> « L'empereur dispose du Domaine extraordinaire
> 1° pour subvenir aux dépenses de ses armées,
> 2° pour récompenser ses soldats et les grands services civils ou militaires rendus à l'État,
> 3° pour élever des monuments, faire faire des travaux publics, encourager les arts et ajouter à la splendeur de l'Empire[5]. »

Napoléon dispose de cet argent selon son bon plaisir par décrets ou dispositions émanant de lui, c'est-à-dire sans le contrôle du pouvoir législatif.

---

5. Article « Domaine extraordinaire » par Michel Bruguière dans *Dictionnaire Napoléon*.

L'administration du Domaine extraordinaire est confiée à un intendant général (Defermon) et à un trésorier général (La Bouillerie). Mais à partir de 1812, comme le montre le grand économiste de l'époque Francis d'Ivernois dans *Napoléon administrateur et financier*, la guerre cesse de rapporter[6].

D'abord en Espagne où Napoléon s'enlise, puis en Russie, elle finit par coûter cher, faute de butin. La situation s'aggrave en 1813 lorsque disparurent les revenus d'Allemagne suivis de ceux d'Italie. Pourtant, à la chute de l'Empire, subsistent vingt-cinq millions de revenus hors de France et cent quatre-vingt-deux millions en France même. Au total, selon l'historien Michel Bruguière, la guerre aurait coûté environ sept cents millions couverts en partie par les ressources procurées par cette même guerre dans la période 1805-1815. Napoléon n'a pas eu besoin, à l'inverse de l'Angleterre, de recourir à l'emprunt. Ses conquêtes lui ont longtemps permis de faire face à ses dépenses et le Domaine extraordinaire a même consenti des avances au Trésor public.

Il s'agit là de sommes prélevées dans un cadre légal. Il faut aussi compter avec le pillage[7]. Il y a d'abord la simple maraude, souvent organisée par les officiers eux-mêmes envoyant des soldats dans les fermes environnantes chercher, de façon souvent violente, l'approvisionnement de la troupe. La maraude pallie les faiblesses de l'intendance : beurre, lait,

---

6. Cf. Otto Karmin, *Sir Francis d'Ivernois* (1920).

7. Article « Pillages » par Marie-Françoise Goenaga-Fournier dans *Dictionnaire Napoléon*.

farine, viande, vin. La quête est souvent éloignée du camp lui-même. En Russie, Chevalier, dans ses Mémoires, raconte : À Moscou, « nous fûmes obligés, vu le manque de fourrage, de quitter la capitale. Nous allâmes à six lieues dans un village au milieu des cosaques, où il y avait du fourrage et des légumes en abondance. Pas autre chose. Tous les habitants y étaient, mais ils avaient tout caché[8] ».

L'armée vit souvent sur le pays, surtout à l'étranger, ce qui allège d'autant les charges inhérentes à l'Administration de la guerre. En 1805, dès l'entrée en Allemagne, un soldat écrit : « Nous sommes chez l'ennemi. Nous n'avons plus ni de paie ni de pain. Nous sommes nourris par le paysan qui nous fournit tout. » Cyniquement, Napoléon ne cache pas combien le pillage l'arrange : « Les subsistances ne manquent pas ici. Je n'ai pas besoin de vivres. Je suis dans l'abondance de tout. Je n'ai jamais vu un pays où l'armée fût plus abondamment nourrie. »

Au pillage organisé succédait souvent un pillage anarchique. Ce fut le cas à Moscou où l'approvisionnement était pourtant suffisant pour trois mois. On l'améliora. Chevalier raconte : « Dans une cave, j'eus un tonneau de bière et d'autres nous apportèrent des tonneaux de vin de Bordeaux, de Tokay, de Malaga, de Madère et même du champagne[9]. »

On pille pour manger, mais le pillage s'étend fréquemment aux bijoux, à l'argent, aux œuvres d'art. C'est la limite qui, en théorie, ne doit pas être franchie. Dès l'Italie, Bonaparte

8. *Souvenirs du lieutenant Chevalier*, p. 214.
9. *Ibidem*, p. 207.

s'exclame : « Je vais faire des exemples terribles. Je ramènerai l'ordre ou je cesserai de commander à des brigands. » En Italie en 1796 comme à Vilna en 1812, des pillards sont fusillés. La retraite de Russie est ralentie par les objets volés à Moscou dont les soldats se sont chargés au moment du départ.

Pillard, le soldat ? Mais les maréchaux ont donné le mauvais exemple, Masséna en tête, objet de plaisanteries dans les rangs. Il se serait constitué chez un banquier de Livourne un trésor de guerre de trois millions. Napoléon, qui disait de lui : « Un bon soldat mais il a l'amour de l'argent », l'obligea à restituer un million. Le maréchal en serait tombé malade. La fameuse collection de peintres espagnols constituée par Soult proviendrait de pillages, mais, pour d'autres sources, Soult aurait réellement acheté ses tableaux. Davout fut quant à lui accusé d'avoir fait main basse sur les lingots d'or de la banque de Hambourg. Brune et Bernadotte n'ont pas échappé aux accusations de concussion et de corruption. On en est certain pour Bourrienne, le secrétaire et confident de Napoléon.

Chevillet, qui servit sous Napoléon, écrit dans ses Souvenirs, tirant la leçon de ces pillages : « Vous pensez peut-être que nous sommes des voleurs. Non. Quand on fait la guerre sur le pays ennemi, on prend ce que l'on trouve, quand personne ne s'y oppose. D'ailleurs nous appelons cela le droit de la guerre ou le droit du plus fort, comme vous voudrez[10]. »

---

10. Cité dans l'article « Pillages » du *Dictionnaire Napoléon*.

Chapitre XI

UNE ARMÉE DANS L'ARMÉE
LA GARDE

Dans l'organisation de la Grande Armée, la Garde impériale occupe une place particulière : elle est une réserve et un recours.

À l'origine de cette garde, la Garde consulaire, elle-même héritière de la garde du Directoire, une garde prétorienne à la tête de laquelle Bonaparte nomme son futur beau-frère Murat. C'est déjà une petite armée comprenant deux bataillons de grenadiers à pied, une compagnie d'infanterie légère, deux escadrons de grenadiers à cheval, une compagnie de chasseurs à cheval, une compagnie d'artillerie à cheval, au total 2 089 soldats recrutés parmi des « hommes qui se seront distingués sur le champ de bataille ». Passée sous le commandement de Lannes, elle participe à la campagne d'Italie de 1800. Tout en assurant la protection des consuls, elle devient une unité combattante. Elle s'étoffe progressivement et prend, le 10 mai 1804, le titre de Garde impériale dont le chef unique est Napoléon[1].

---

1. J. Tranié, « La Garde » dans *Dictionnaire Napoléon*.

Celui-ci va veiller sur elle, renforcer l'ancienne garde des consuls qui forme désormais la Vieille Garde, tandis que d'autres corps d'élite constituent la Moyenne puis la Jeune Garde. La Moyenne Garde sera peu développée, mais la Jeune Garde ne cesse de croître jusqu'à former trois corps d'armée à deux divisions réunissant l'infanterie, la cavalerie, l'artillerie, le train des équipages, les marins, les sapeurs et le service de santé.

Pour faire partie des grenadiers à pied de la Vieille Garde, il faut avoir participé à deux campagnes au moins, justifier de cinq ans de service, mesurer une taille qui variera (1,76 m pour les grenadiers de la Vieille Garde et 1,67 m pour les chasseurs) et avoir accompli des actes de bravoure, parfois récompensés par des armes d'honneur.

L'infanterie de la Vieille Garde porte le fameux bonnet à poil avec plaque pour les grenadiers, sans plaque pour les chasseurs à pied. Comme fusil, grenadiers et chasseurs reçoivent le modèle an IX, avec baïonnette et sabre-briquet. La distinction entre grenadiers et chasseurs vaut aussi pour la cavalerie. Les grenadiers, outre le bonnet à poil, sont armés d'un sabre fabriqué pour eux par Boutet, d'un mousqueton puis d'un fusil, et enfin de deux pistolets modèle an IX. Les chasseurs à cheval ont droit au kolbach.

Font partie de la cavalerie les mamelouks en tenue orientale et, à partir de 1806, les dragons que l'on remarque à leur casque en cuivre à la Minerve, avec queue-de-cheval. Ils sont armés d'un sabre de grosse cavalerie, d'un fusil de dragon et de deux pistolets.

Apparaîtront en 1807 les chevau-légers polonais devenus, deux ans plus tard, les lanciers reconnaissables à
leur schapska cramoisie. Ils sont dotés, en plus de la
carabine, du sabre à la chasseur et d'une paire de pistolets, de la fameuse lance. Ajoutons à ces unités la gendarmerie d'élite, coiffée du bonnet à poil. On trouve
aussi dans la Jeune Garde des régiments d'éclaireurs à
cheval portant la shaka. L'artillerie est constituée de
pièces de 12, de 8 et de 4, servie par des artilleurs à pied
et à cheval.

Les effectifs de la Garde atteignent 25 000 hommes en
1809, 40 000 en 1812. La solde y est plus élevée que dans
la ligne. Tout soldat a rang de caporal ou de brigadier, et
les officiers ont le rang immédiatement supérieur à celui
du reste de l'armée. La volonté de Napoléon est de créer
une armée d'élite au sein de la Grande Armée qui se distingue, contrairement au principe d'égalité, par des privi-
lèges qui lui sont propres, de l'uniforme à l'avancement,
sans parler de la croix de la Légion d'honneur distribuée
plus généreusement dans ses rangs.

Le décret impérial du 14 juillet 1804 stipule :

> « Partout où les troupes de la Garde impériale se trou-
> vent réunies avec celles de la ligne, elles ont la droite et
> le poste d'honneur leur est déféré. [...] Lorsqu'un déta-
> chement de la Garde rencontre en route un corps ou un
> détachement des troupes de ligne, ce dernier se met en
> bataille et porte les armes ou met le sabre à la main, s'il
> est de la cavalerie, les drapeaux et étendards saluent ; les

113

tambours battent "aux champs" et les trompettes sonnent "la marche" jusqu'à ce que les troupes de la Garde impériale soient passées. [...] Dans les voyages, la Garde impériale doit seule précéder et suivre immédiatement la voiture de S.M.[2]. »

La Garde doit attirer tous les regards et doit être un objet d'envie. Le rêve de tout soldat est d'y entrer, ce qui favorise une incontestable émulation. Il faut comprendre la joie de Coignet lorsque son commandant lui apprend qu'il est nommé dans la Garde en l'an XI. Pour avoir la taille réglementaire, il a mis des jeux de cartes dans ses bas[3] !

Si Napoléon entend offrir un modèle au reste de l'armée, il souhaite aussi impressionner l'ennemi. L'apparition de la Garde sur le champ de bataille suffit déjà à démoraliser l'adversaire. C'est qu'elle a fière allure. Écoutons le témoignage d'un Allemand en 1812 :

« J'ai vu la Vieille Garde et je n'oublierai jamais l'impression que j'eus des grenadiers de la Garde. C'était vraiment des soldats au sens plein du mot. Auparavant j'ai vu des hommes de la plus grande taille, mais jamais autant d'hommes barbus, bronzés et en même temps intelligents réunis ensemble. Bien que beaucoup d'entre eux aient plus de cinq pieds sept pouces [*1,81 m*], leurs corps étaient de bonne constitution et bien musclés. Je

---

2. Sokolov, *L'Armée de Napoléon*, p. 439.
3. *Cahiers du capitaine Coignet* (éd. Mistler), p. 85.

les ai vus défiler devant moi au pas de marche, ces soldats trempés dans les guerres et j'ai pu constater l'aisance et l'habileté avec lesquelles ils portaient les fusils et les havresacs[4]. »

Dans la tactique napoléonienne, la Garde est avant tout la réserve destinée à entrer en action pour décider du sort de la bataille au moment crucial et écraser l'adversaire déjà ébranlé par la ligne au prix de durs sacrifices. Ménagée, elle n'entre en action que pour peser sur l'issue du combat.

À Austerlitz, la cavalerie de la Garde livra un combat fameux contre celle des Russes, mais sans qu'elle-même puisse être créditée de la victoire finale.

Lors de la campagne de 1806, elle n'intervient pas. En revanche, à Eylau, elle sauve la situation. Au moment où une colonne russe s'approche du quartier général de l'empereur, les grenadiers à pied la contiennent, puis la cavalerie, sous la conduite de Murat, enfonce les Russes[5].

En Espagne, à Somo-Sierra, le 30 novembre 1808, les lanciers polonais de la Garde – le 3e escadron de chevau-légers du capitaine Kozietulski – chargent les Espagnols qui barrent, avec leurs batteries, le passage du défilé : les 150 hommes balaient tout sur leur passage mais laissent 57 tués ou blessés.

---

4. Sokolov, *op. cit.*, p. 437.
5. On trouvera le récit de ses campagnes dans l'ouvrage d'Henry Lachouque sur la Garde.

En revanche, à la Moskowa, malgré les demandes pressantes de Murat et de Davout, Napoléon refuse de faire donner la Garde, ce qui permit peut-être aux Russes de Koutouzov de se replier en bon ordre.

En 1813, la Garde sera souvent engagée, faute d'effectifs suffisants. La Jeune Garde s'illustre à Lützen, la Vieille Garde écrase les Bavarois à Hanau.

On retrouve la Garde dans la campagne de France, à Brienne, à Montmirail, à Champaubert. Napoléon en fait alors un corps de bataille. Qui ne connaît le texte des « Adieux de Fontainebleau » adressés à la Garde, après l'abdication ? « Pendant vingt ans, je vous ai conduits sur le chemin de la victoire, pendant vingt ans, vous m'avez servi avec honneur et fidélité. Recevez mes remerciements[6]. »

La Garde donnera encore une fois. À Waterloo, le 18 juin, Napoléon la lance dans la fournaise, en fin de soirée. Trop tard. Finalement les trois bataillons restés près de lui n'ont plus qu'à se former en carré sous le commandement de Cambronne. L'échec de la Garde, des Immortels, comme on disait ironiquement dans la ligne (car ils étaient moins exposés au feu que les autres), précipite la déroute.

La Garde est le meilleur résumé des idées militaires de Napoléon. Pour lui, la guerre est aussi psychologique : une armée d'élite qui ne donne que dans les grandes occasions

---

6. Les adieux à la Garde sont reproduits dans la *Correspondance de Napoléon Iᵉʳ* (éd. 1869, n° 21561).

est un atout formidable, tenu en réserve, et qu'on abat au moment décisif. Si la Garde donne, le combat change d'âme : l'adversaire est déjà vaincu avant même d'avoir subi le choc.

Mais tout relève aussi de la propagande : un mythe est créé. La Garde fait partie de la Légende. Fils d'un général qui n'appartint pourtant pas à la Garde, Victor Hugo saura s'en souvenir.

Deuxième partie

LA GUERRE

La guerre napoléonienne commence toujours par des manœuvres reposant sur une unité nouvelle, le corps d'armée.

Napoléon ne manœuvre pas avec des forces concentrées mais étalées et se déplaçant avec une rapidité inhabituelle pour l'époque.

Ces actions se divisent le plus souvent en deux phases : dans un premier temps, l'armée se déploie comme un filet destiné à enserrer l'ennemi. Ensuite elle se concentre, non moins rapidement et par surprise, de façon à obtenir la supériorité du nombre sur le champ de bataille, face à un ennemi qu'elle a déjà enveloppé. L'occupation du territoire compte moins que la puissance de l'offensive.

La manœuvre achevée, l'armée prend position pour la bataille. Deux conceptions se sont opposées au XVIIIᵉ siècle : l'ordre mince ou linéaire, fondé sur la puissance du feu et que préconisent les partisans de la tradition, l'ordre profond qui repose sur la violence du choc et que recommande le chevalier de Folard. La mise en place de l'ordre mince, étiré sur une ligne, est lente et rigide ; l'ordre profond entraîne de lourdes pertes car il néglige l'aspect meurtrier du feu. Chaque ordre a donc ses inconvénients.

Napoléon a choisi un parti intermédiaire que lui permet le corps d'armée : infanterie sur deux lignes, la seconde indépendante de la première et rangée en colonnes. La cavalerie opère au moyen des charges préparées par l'artillerie et sous forme d'attaques successives et répétées. Il faut distinguer la cavalerie du corps d'armée et la réserve de cavalerie appelée à jouer le rôle décisif pour briser l'ennemi. Les lignes adverses rompues et en déroute, reste à exploiter la victoire en organisant la poursuite.

Le succès n'est décisif que si l'ennemi est totalement anéanti.

Chapitre premier

LE CORPS D'ARMÉE

Dans les trois principales campagnes de Napoléon – 1805, 1806 et 1809 –, c'est la France qui est attaquée, deux fois par l'Autriche et une fois par la Prusse. L'expédition de 1812 est la réponse à une attaque avortée du tsar contre le duché de Varsovie, l'année précédente. En 1814, Napoléon défend le territoire national.

Il n'est jamais pris de court. Il a tout préparé en anticipant les décisions de l'ennemi, s'inspirant en cela des principes de Bourcet dans ses *Principes de la guerre de montagnes* : prévenir pour vaincre. Tout est prêt : cartes, armement, soldats. Napoléon peut concentrer le plus rapidement possible ses forces sur des points déterminés.

Une telle mobilité s'explique par la création du corps d'armée. La possibilité n'en avait pas été offerte à Bonaparte lors de la première campagne d'Italie. Utilisé en 1800, le corps d'armée devient, à partir de 1803, le pion qu'il avance sur l'échiquier de la guerre.

Chaque corps d'armée comprend un état-major, deux ou trois divisions d'infanterie avec leur artillerie (deux batteries de six pièces et une de huit pièces), une division ou une brigade de cavalerie légère et du train.

L'avantage du corps d'armée sur la division : être plus indépendant et plus autonome. C'est une armée en réduction – puisqu'elle réunit les trois armes – qui se déplace rapidement. Il est généralement facile de regrouper les corps d'armée sur un champ de bataille.

Ses vertus se révèlent en 1805. Sept corps d'armée vont fondre sur l'Allemagne : le 1er corps venant du Hanovre, sous Bernadotte avec les divisions Drouet et Riviaud et la cavalerie de Kellermann, le 2e corps, partant de Hollande sous Marmont (divisions Boudet, Grouchy et Dumonceau), le 3e corps qui quitte Étaples, commandé par Davout, avec les divisions Friant, Gudin et Caffarelli, le 4e corps sous Soult (divisions Saint-Hilaire, Vandamme et Legrand) et le 5e corps sous Lannes (divisions Oudinot, Gazan) en provenance de Boulogne, le 6e de Montreuil aux ordres de Ney (divisions Dupont, Loison et Malher) et le 7e partant de l'ouest sous Augereau.

Le 1er corps est formé de deux divisions d'infanterie et d'une division de cavalerie ; les autres comprennent trois divisions d'infanterie et une de cavalerie. S'y ajoutent une réserve de cavalerie confiée à Murat et la Garde sous Bessières.

Chaque corps se déplace de façon autonome. Un tableau est établi qui indique les jours et heures des départs, les itinéraires, les lieux d'approvisionnement et les gîtes. Car c'est

124

une masse de cent mille hommes qu'il faut transférer. Le déplacement se fait à pied et par charroi.

Chaque général reçoit l'itinéraire détaillé avec des marches de 20 à 30 km, et les lieux où les rations doivent être touchées. Des jours de repos sont prévus.

Les troupes marchent sur deux files, laissant libre le milieu de la route. Une halte de cinq minutes est prévue toutes les heures, plus une halte d'une demi-heure aux trois quarts de la marche[1]. Les jambes des soldats sont essentielles. Encore faut-il entretenir la machine humaine.

Les ordres de Napoléon touchant chaque corps d'armée sont précis. Par exemple, le 22 août 1805, il écrit au ministre de l'Administration de la guerre, préparant l'arrivée de Davout et de Lannes : « Faites confectionner 500 000 rations de biscuit à Strasbourg, 250 000 à Mayence. » Puis, le 25 août : « Je ne vois pas d'inconvénient à les diviser ainsi : 200 000 à Strasbourg, 200 000 à Landau, 100 000 à Spire. » On voit que l'empereur a l'œil à tout[2].

Tous les corps ne sont pas engagés dans la bataille : à Austerlitz, seuls donnent les 1er, 3e, 4e et 5e corps, avec la réserve de la cavalerie et une partie de la Garde.

Vainqueur à Austerlitz, Napoléon laisse ses corps d'armée en état de combat. Il profite de l'armistice pour faire confectionner des capotes, se procurer des souliers, mettre en ordre les ambulances, compléter l'armement et

---

1. Martin Motte, *Les Marches de l'empereur*, analyse les facteurs de la vitesse napoléonienne par des tableaux précis.
2. Ordres non repris dans la *Correspondance de Napoléon Ier*.

notamment les baïonnettes qui font défaut. Le génie, indique-t-il, doit organiser des caissons d'outils afin qu'on soit à même d'entreprendre des ouvrages de campagne. Les corps d'armée restent donc en état de combat, comme si Napoléon avait pressenti la reprise de la guerre, cette fois avec la Prusse.

La Grande Armée est encore en Allemagne du Sud, cantonnée en Bavière et dans le Wurtemberg lorsque la Prusse lance son ultimatum en octobre 1806. Les corps d'armée sont alors au nombre de dix. Il y a les sept de 1805, commandés par Bernadotte, Marmont, Davout (et ses trois divisionnaires, Friant, Gudin et Morand), Soult, Lannes, Ney et Augereau, plus un 8e créé pendant la campagne d'Allemagne et confié à Mortier. S'y ajoutent un 9e formé de Bavarois et de Wurtembergeois, sous Jérôme Bonaparte, et un 10e réunissant Polonais, Badois et Saxons, et que commande Lefebvre. C'est le corps d'armée de Davout qui va supporter le choc du gros de l'armée prussienne sans que Bernadotte lui prête main-forte.

En 1809, nouvelle attaque surprise des Autrichiens qui envahissent à la fois la Bavière, l'Italie et le duché de Varsovie. Mais Napoléon, dans les deux mois qui se sont écoulés entre son retour d'Espagne et le début des hostilités, a eu le temps de former ses corps d'armée qui vont montrer leur rapidité. En quelques semaines, Daru, l'intendant général, a réussi à rassembler sur la rive gauche du Danube, entre Donauwerth et Ingolstadt, les approvisionnements et les armements nécessaires venus par bateau. Opération plus facile quand il s'agit de corps d'armée.

Les corps d'armée alors engagés sont le 2e sous Marmont, le 3e sous Davout, qui conserve les divisions Friant, Gudin et Morand, qui vont faire merveille, le 4e avec Masséna. Les autres, le 7e sous Lefebvre, le 8e sous Vandamme, le 9e sous Bernadotte et le 10e sous Jérôme Bonaparte, sont essentiellement formés par des divisions de soldats alliés.

Cette fois, le système fonctionne moins bien : il y a trop d'absents engagés en Espagne (Napoléon doit maintenant combattre sur deux fronts) et trop de régiments étrangers (les Bavarois notamment ne sont pas à la hauteur). Certes, l'empereur triomphe à Eckmühl et s'empare de Vienne, mais l'archiduc Charles le nargue de l'autre côté du Danube. Le passage du fleuve met en action le 5e corps de Lannes, le 3e de Davout, le 4e de Masséna et les troupes wurtembergeoises et saxonnes de Bernadotte. Premier passage : échec d'Essling les 21-22 mai, succès à Wagram lors du second passage les 5-6 juillet 1809.

Pour la campagne de Russie, Napoléon commande une armée de 680 000 hommes. Nous sommes loin de la première campagne d'Italie. En dehors de l'Espagne, les troupes dont dispose Napoléon sont réparties, en 1811, entre l'armée d'Allemagne sous Davout et celle d'Italie sous Eugène de Beauharnais. La première est d'abord divisée en trois corps d'observation – Elbe, Rhin, Italie – qui seront à plusieurs reprises remaniés. Puis les armées d'Allemagne et d'Italie seront réunies dans la Grande Armée dite « des vingt nations ».

Cette fois, les corps d'armée perdent leur autonomie en raison de l'immensité du territoire russe qui rend difficile un regroupement total. Ils sont placés sous l'autorité du général en chef.

En effet, les plus importants – le 1er sous Davout avec cinq divisions, le 2e avec Oudinot (trois divisions) le 3e confié à Ney (trois divisions) auxquels se joignent la Garde et de la cavalerie – sont commandés directement par Napoléon. Les 4e (Eugène de Beauharnais) et 6e (Gouvion Saint-Cyr) ont pour chef le vice-roi d'Italie. Enfin les 5e (Poniatowski), 7e (Reynier) et 8e (Vandamme) reçoivent leurs ordres de Jérôme Bonaparte, roi de Westphalie[3].

En réalité, les corps d'armée d'Eugène et de Jérôme jouent le rôle d'armées auxiliaires protégeant les flancs et les arrières de la masse principale dirigée par Napoléon.

Des modifications seront introduites au cours de la campagne : la médiocrité de Jérôme, qui devra être remplacé, et celle d'Eugène entraîneront un regroupement général à Smolensk. En août, Napoléon en revient au système traditionnel des corps d'armée.

Lors des débuts de la campagne de Saxe, l'empereur forme deux armées : celle du Main, composée de la Garde, du 3e corps d'armée de Ney, le 4e sous Bertrand et le 6e remis à Marmont et englobant de nombreux contingents alliés ; l'armée de l'Elbe comprenant le 5e corps d'armée de Lauriston, le 7e sous Reynier, diverses divisions d'infanterie et de cavalerie. Par ailleurs, le 1er corps d'armée de Vandamme opère, de façon autonome, sur l'Elbe.

---

3. Tableaux dans François Houdecek, *La Grande Armée de 1812*.

Le 15 août 1813, retour aux corps d'armée autonomes et fin des armées. Les corps d'armée sont au nombre de 14 : Vandamme, Victor, Ney, Bertrand, Lauriston, Marmont, Reynier, Poniatowski, Augereau, Rapp, Macdonald, Oudinot, Davout, Gouvion Saint-Cyr.

C'est peut-être une erreur. Certains, engagés seuls, sont battus : Oudinot par Bernadotte à Grossbeeren, le 23 août, Ney à Dennewitz par Bülow, le 6 septembre, et, auparavant, le 30 août, Vandamme à Kulm.

En 1814, Napoléon commande l'armée principale tandis qu'Eugène a sous sa responsabilité une armée franco-italienne et qu'une armée des Pyrénées assure la défense de la frontière méridionale. Pour la dernière campagne en Belgique, retour aux corps d'armée que complète la Garde dans le dispositif initial. Le 1er corps est attribué à Drouet d'Erlon, le 2e à Reille, le 3e à Vandamme, le 4e à Gérard, le 6e à Mouton-Lobau tandis que Grouchy commande la réserve de la cavalerie.

À Waterloo, Napoléon engage en première ligne Drouet d'Erlon à droite et Reille à gauche. Mouton est en deuxième ligne, la Garde en réserve. Mais Grouchy est trop loin. La liaison ne fonctionne pas.

En définitive, la clef des succès de Napoléon a résidé dans sa capacité à coordonner infanterie, cavalerie et artillerie grâce aux corps d'armée, unités interarmes, autonomes et mobiles, permettant à tout moment de concentrer sur un point donné l'ensemble des forces dont dispose l'empereur[4].

---

4. Lars Wedin, *Marianne et Athéna. La Pensée militaire française*, p. 105.

Chapitre II

LES MANŒUVRES

« L'art de la guerre, dit Napoléon, est un art simple et tout d'exécution. Tout y est bon sens et rien n'y est idéologie. » Et il précise : « L'art de la guerre ne demande pas de manœuvres compliquées ; les plus simples sont préférables ; il faut surtout avoir du bon sens[1]. »

Premier problème au moment où s'engage la campagne : faire déplacer les corps d'armée vers le champ de bataille choisi et contraindre l'ennemi à s'y rendre grâce à d'habiles manœuvres. Il faut concentrer les forces sur un point stratégique à un moment donné. C'est ce que montre Clausewitz dans son récit de la campagne de 1805 lorsqu'il analyse les mouvements de la Grande Armée. « Tout l'art de la guerre, résume Napoléon à Sainte-Hélène, consiste dans une offensive audacieuse et rapide. C'est à la troupe la plus nombreuse que la victoire est assurée[2]. »

---

1. Cité par J. Mistler dans *Napoléon et l'Empire*, t. II, p. 55.
2. *Ibidem*, p. 55

131

Une victoire qui, dans sa stratégie, doit être décisive, en brisant l'armée adverse. Austerlitz et Friedland, aboutissements de subtiles manœuvres, sont des victoires qui cassent la résistance ennemie, mais pas la Moskowa : à l'issue de la bataille, Koutouzov peut battre en retraite avec une armée encore forte, sans être poursuivi ni enveloppé.

Pour ses manœuvres, Napoléon se repose, on l'a dit, sur le corps d'armée formé de deux à quatre divisions. Les corps sont disposés et avancent en balayant le terrain, suffisamment proches les uns des autres pour pouvoir se concentrer à un moment précis. Ne pas perdre de temps à faire le siège de places fortes ou de villes (il y a des exceptions comme Dantzig ou Saragosse), mais attirer l'ennemi sur un lieu reconnu à l'avance pour l'y écraser. Comme l'écrit Jomini, Napoléon rompt avec les stratégies « dilatoires » du XVIIIe siècle.

La surprise est le principal ressort. Elle doit répondre à deux conditions : le secret et la rapidité. « La surprise, remarque Clausewitz, fait plutôt partie du domaine de la tactique pour la simple raison que toutes les données du temps et du lieu y sont bien plus courtes. En stratégie, elle sera d'autant plus réalisable que les mesures à prendre seront plus proches du domaine tactique et d'autant plus difficiles que les moyens s'élèveront jusqu'au niveau de la politique[3]. » Pour Napoléon, en revanche, la surprise relève de la stratégie. Il le montre lors de la première campagne d'Italie. Une armée autrichienne et une armée sarde sont

---

3. Clausewitz, *De la guerre* (éd. Naville).

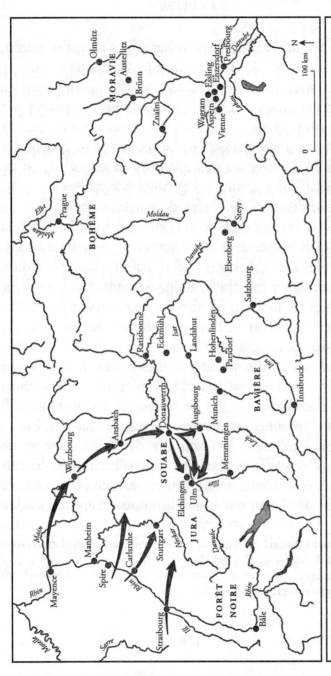

Campagne d'Allemagne (1805 - 1806)

On peut suivre par les flèches le mouvement d'encerclement de Mack, le général autrichien, contraint de s'enfermer dans Ulm. La route de Vienne est ouverte.

campées sur le versant intérieur des Alpes et de l'Apennin, de Coni à Gênes. Bonaparte passe par le col de Cadibone et, empruntant la vallée de la Bormida, se glisse entre les deux armées ennemies. Après les avoir ainsi séparées par cet effet de surprise, il lui reste à frapper les Autrichiens sur sa droite à Montenotte et Dego, et sur sa gauche les Sardes à Millesimo, les mettant hors de cause[4]. C'est ce mouvement qui a assuré ses premières victoires.

Même utilisation de l'effet de surprise en 1805. Une armée autrichienne de 80 000 hommes lancée à travers la Bavière était parvenue à Ulm. Son chef, le général Mack, attendait les Français sur les débouchés de la Forêt Noire. Napoléon, ayant franchi le Rhin, remonta par les vallées du Main et du Neckar, à l'abri du Jura souabe. Sa droite, ayant pris position à Stuttgart, forme le pivot de la manœuvre, la gauche, parvenue à Wurzbourg, se rabat vers Ansbach tandis que le gros des forces débouche sur le Danube à Donauworth. En se plaçant entre Ulm et Vienne, il coupait la ligne de retraite des Autrichiens. Il lançait ses colonnes sur les deux rives du Danube. Sur la rive droite, c'étaient les victoires de Gunsbourg et de Memmingen, sur la rive gauche celle d'Elchingen. Encerclé, Mack était contraint de s'enfermer dans Ulm puis de capituler[5]. Il n'avait pas prévu les mouvements de Napo-

---

4. On peut suivre ces mouvements sur les cartes données par l'*Atlas Napoléon* de M. de Jaeghere et J. Grasselli, p. 22-29.

5. On pourra se reporter aux cartes de Stéphane Béraud, *La Révolution militaire napoléonienne*, p. 127-135.

léon ou avait été trompé, encore que le rôle de l'espion Schulmeister, qui l'aurait égaré, soit discuté.

À la surprise, Napoléon ajoute le piège. Conduire l'ennemi sur un terrain reconnu à l'avance et où il sera inévitablement amené à commettre la faute qui lui sera fatale. Tel fut le cas à Austerlitz, le 2 décembre 1805. Il attire Russes et Autrichiens sur le plateau de Pratzen. Ils ont l'avantage du nombre et une position défensive inexpugnable. Si Napoléon, qui s'est placé au pied du plateau, les attaque, il essuiera de lourdes pertes. Pourquoi cette manœuvre ? Mis en confiance, ses adversaires ne voient pas le piège. La victoire leur est acquise. Or Napoléon semble subitement vouloir refuser le combat et se replier. Déjà il commence à vider son aile droite dont le commandement est confié à Davout. Autrichiens et Russes sentent le succès leur échapper, mais observent que, dans ses préparatifs de départ, l'empereur est en train de commettre l'erreur de dégarnir la droite de son dispositif. La tentation est grande de descendre du plateau de Pratzen, d'aller enfoncer les forces de Davout et de couper à Napoléon la route de Vienne. En réalité, celui-ci a simulé quelques préparatifs de départ et a volontairement dégagé – ou plus exactement feint de dégager son aile droite.

Au petit matin du 2 décembre, quand se lève le soleil d'Austerlitz, Napoléon qui, loin de partir, a massé ses troupes au pied du plateau à la faveur de la nuit et du brouillard, s'aperçoit que l'ennemi s'est mis en mouvement, présentant le flanc à une attaque qu'il ne pourra plus contenir, il lance alors à l'assaut du plateau Murat

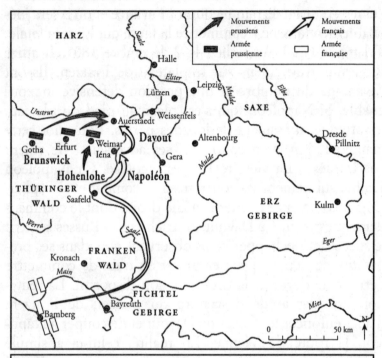

HARZ

Saale

Halle

Elster

Leipzig

Lützen

Weissenfels

Unstrut

Auerstaedt

Davout

Mulde

SAXE

Altenbourg

Dresde
Pillnitz

Elbe

Gotha   Erfurt   Weimar
Brunswick   Iéna

Gera

Mulde

Hohenlohe   Napoléon

THÜRINGER

Saale

WALD   Saafeld

Werra

ERZ
GEBIRGE

Kulm

Eger

FRANKEN

Saale

WALD

Kronach

Main

FICHTEL

Mies

Bayreuth   GEBIRGE

Bamberg

0   50 km

N

Mouvements
prussiens

Mouvements
français

Armée
prussienne

Armée
française

> Napoléon a cru attaquer à Iéna le gros des forces prussiennes mais il n'a en face de lui que l'arrière-garde du prince de Hohenlohe. C'est Davout à Auerstaedt, dont le rôle était de couper la retraite de l'ennemi, qui va devoir affronter le duc de Brunswick, et remporter la vraie victoire.

Iéna et Auerstaedt (14 octobre 1806)

Lannes et Soult, et coupe les colonnes ennemies dans l'impossibilité de se défendre immédiatement. Après avoir détruit l'ennemi sur sa gauche, il se retourne contre les Russes en train d'attaquer Davout et qui se trouvent pris entre deux feux. La victoire est complète : par ses mouvements, Napoléon a fait croire aux Austro-Russes qu'il faisait une erreur et ce sont eux qui l'ont commise. La ruse fait partie de la stratégie[6].

Autre belle illustration de la stratégie napoléonienne : la victoire de Friedland, le 14 juin 1807. Ici les opérations sont commandées par une situation initialement non prévue : une faute du général russe. En juin, Napoléon tente de s'emparer des magasins de l'armée ennemie à Koenigsberg. Riposte du général Bennigsen qui tente d'attaquer de flanc les Français en franchissant l'Alle, un affluent du Pregel. Cette manœuvre, loin de surprendre Napoléon, lui offre l'occasion d'attaquer Bennigsen alors que ce dernier se trouve dans une position désastreuse, le dos à la rivière, à Friedland, une petite ville de 2 000 habitants. Les Russes franchissent l'Alle par quatre ponts dans la nuit du 13 au 14 juin. Bennigsen déploie aussitôt son armée en demi-cercle dont les pointes s'appuient sur la rivière. À cette latitude, en juin, les journées sont plus longues ce qui explique que la bataille ait duré dix-neuf heures.

Comment Napoléon manœuvre-t-il ? À trois heures du matin, Lannes fixe Bennigsen devant Friedland, le temps

---

6. On trouvera une étude détaillée des opérations dans l'*Austerlitz* de Jacques Garnier.

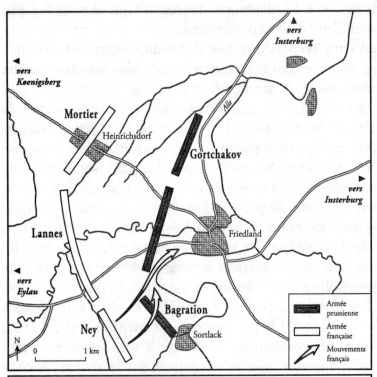

Les Russes se sont mis dans une position désastreuse, le dos à la rivière Alle. Tandis qu'à gauche et au centre Mortier et Lannes fixent l'ennemi, Ney s'enfonce, quel qu'en soit le prix dans le promontoire de Friedland, à droite, s'empare de la ville et coupe les ponts de l'Alle. Lorsque Mortier et Lannes passent à l'offensive les Russes se noieront dans l'Alle.

Friedland (14 juin 1807)

pour l'empereur d'accourir avec le gros de son armée qu'il a rassemblée. Son premier soin est de couper aux Russes la route de Koenigsberg. Il mesure la situation : Bennigsen est le dos à la rivière et, croyant n'avoir devant lui que Lannes, ne devine pas le péril.

À cinq heures du soir, le dispositif français est en place. À gauche et au centre, Lannes et Mortier contiennent l'ennemi. À droite, Ney reçoit mission de se jeter, quel qu'en soit le prix, sur les Russes pour parvenir jusqu'aux ponts et les détruire. Cette opération réussie, Mortier et Lannes passent à l'offensive. Les Russes ne peuvent reculer et se noient par centaines, malgré une contre-offensive de la garde du tsar arrêtée par une batterie de 30 pièces installée à quelques mètres du front.

Les Russes, cette fois, n'ont pas été victimes d'une manœuvre de l'adversaire : ils se sont mis eux-mêmes dans une position désastreuse, mais cette position ne devient catastrophique que parce que Napoléon a pu rassembler très vite le gros de son armée pour attaquer Bennigsen alors que c'est celui-ci qui avait espéré le surprendre[7].

La surprise, tel est le secret de la stratégie. Dans sa *Campagne de France*, Clausewitz ne cache pas son admiration pour la façon dont Napoléon manœuvre face à Blücher qui, séparé du gros des forces coalisées, descendait le long de la Marne : « Une marche de deux jours pour surprendre l'ennemi pouvait difficilement donner de meilleurs résultats. L'armée de Blücher, qui s'étalait sur

---

7. Cartes dans Stéphane Béraud, *op. cit.*, p. 171-181.

une longueur de trois jours de marche, fut battue morceau par morceau et subit des pertes équivalant à une grande défaite. Cela n'était dû qu'à la surprise, car, s'il avait cru à la possibilité d'une si proche attaque, Blücher eût organisé sa marche tout autrement[8]. »

Mais il arrive que sa stratégie soit mise en échec parce que Napoléon en perd, sous l'effet des circonstances, la ligne directrice. À Iéna, en 1806, il croit saisir le gros de l'armée prussienne, mais il ne détruit que l'arrière-garde. Heureusement, à Auerstaedt, au même moment, Davout, en infériorité numérique face aux forces du duc de Brunswick, que Napoléon n'a pas vues, résiste avec succès et précipite leur déroute. Il sauve la situation. Ce ne sera pas le cas lors de la campagne de Russie.

Napoléon réunit une armée de plus de 500 000 hommes, représentant vingt nations. Dans sa pensée, un tel rassemblement doit impressionner le tsar et le conduire à négocier.

À défaut, Napoléon prévoit que sa supériorité numérique doit lui assurer une victoire rapide et décisive. Les opérations devraient se limiter à la Pologne. Il le dit explicitement dans sa proclamation du 22 juin : « La seconde guerre de Pologne sera glorieuse aux armées françaises comme la première[9]. » Il n'avait pas prévu de s'enfoncer en Russie. Il avait été averti par diverses notes dont celle du capitaine Leclerc : « Je pense que le Russe seul peut

---

8. *Campagne de 1814 en France* de Clausewitz, chapitre XII.
9. *Correspondance de Napoléon* (éd. 1863), t. XXIII, n° 18855.

faire la guerre en Russie. » D'ailleurs, s'il eût voulu frapper le cœur de la Russie, il eût pris la direction de Saint-Petersbourg et non de Moscou. Avait-il envisagé de se faire couronner « empereur universel » à Moscou, comme l'écrit l'historien André Ratchinski[10] ? Il n'en a jamais parlé. Pas plus qu'il n'envisage, sauf dans des confidences à Narbonne, de gagner ensuite l'Inde. Sa conception reste la même : une campagne rapide terminée par une victoire décisive.

Ce qu'il n'a pas prévu, c'est le recul des deux armées russes de Barclay de Tolly et de Bagration. Recul volontaire visant à attirer la Grande Armée au fond de la Russie, l'obligeant à allonger ses lignes de communication et à troubler ses approvisionnements par la tactique de la terre brûlée ? Ou, plus vraisemblablement, crainte d'affronter un ennemi supérieur en nombre ?

Ce serait donc emporté par l'élan, à la recherche d'un affrontement décisif, que Napoléon aurait poursuivi un adversaire battant en retraite. Chaque fois qu'il imagine une manœuvre remarquable, chaque fois l'ennemi lui échappe. Sa stratégie, en 1812, repose sur une armée principale, essentiellement française, forte de 250 000 hommes, et renforcée pour les opérations subalternes de deux armées auxiliaires, l'une de 80 000 hommes, Italiens et Bavarois, sous le vice-roi d'Italie Eugène, l'autre de 70 000 soldats, essentiellement des Allemands, commandée par Jérôme. La masse principale est divisée en trois

---

10. A. Ratchinski, *Napoléon et Alexandre Ier*.

corps d'armée commandés par Davout, Ney et Oudinot, assistés par la cavalerie de Murat.

Napoléon doit manœuvrer avec des effectifs énormes, évoluant dans des contrées très pauvres. De là la nécessité d'un engagement rapide et décisif.

Les forces russes étaient alignées le long du Niemen. Le plan de Napoléon est d'attaquer Vilna où se trouve le quartier général du tsar Alexandre. Il obligeait ainsi les Russes à défendre les voies menant à Saint-Pétersbourg et Moscou et battre ainsi séparément Bagration et Barclay de Tolly, les poussant vers les marais du Pripet, du Bug et de la Narew.

Jérôme a mission d'attirer les Russes en leur faisant croire qu'il va entrer en Volhynie, « pendant, lui écrit Napoléon, que, les débordant sur leur extrême droite, j'aurai gagné sur eux 12 ou 15 marches dans la direction de Pétersbourg, je me trouverai sur leur aile droite et leur enlèverai Vilna[11] ».

Le Niémen franchi, Napoléon est maître de Kowno. Le 26 juin, il apprend que le tsar est encore à Vilna. Toute l'armée a ordre de s'y réunir. Napoléon entend y livrer bataille. Mais, le 28 juin, les Russes abandonnent la ville, sans combat, pour se replier sur Drissa où Barclay doit installer un système défensif sur le modèle de Torres

---

11. Toutes les lettres à Eugène ont été reprises dans la nouvelle édition de la *Correspondance*, t. XII (2012). Celle du 4 juillet souligne l'une des faiblesses du système, la difficulté des liaisons entre le quartier général et l'armée d'Eugène (p. 809).

Vedras, tandis que Bagration se jetterait sur les arrières français. Napoléon doit donc se retourner contre Bagration et, modifiant ses plans, aller l'attaquer à Ochmiana. Eugène et Jérôme marchent sur lui, mais Bagration s'échappe.

Trois éléments jouent contre Napoléon en ce début de campagne : la médiocrité du renseignement, les difficultés des convois en raison de l'état des routes et surtout la chaleur d'un soleil brûlant à laquelle succèdent d'énormes écarts de température la nuit. Déjà les pertes en hommes sont élevées sans qu'il y ait eu combat. C'est un avertissement.

Napoléon charge Davout de poursuivre Bagration, lui-même allant affronter Barclay à Drissa, ou, plus exactement, en contournant les défenses russes et en menaçant la route de Saint-Pétersbourg. Les Russes sont contraints d'évacuer le camp retranché de Drissa pour protéger leur capitale. La manœuvre est superbe. Comme le remarque Camon, l'idée de Napoléon est toujours la même : menacer les communications de l'ennemi pour le déloger, l'amener à exécuter des mouvements de flanc pendant lesquels il guette l'occasion de le surprendre.

La bataille décisive aura-t-elle enfin lieu ? Déjà Bagration est repoussé par Davout à Mohilov, le 23 juillet, et Murat bat un corps russe à Ostrovno, le 25. Napoléon pense que les Russes vont accepter le combat. Mais quand il entre à Vitebsk, le 28 juillet, la ville a été évacuée par les forces du tsar.

La manœuvre est manquée. Il faut désormais marcher sur Smolensk où Barclay et Bagration préparent leur jonction, ce dernier ayant échappé à Davout.

L'empereur a des troupes fatiguées par ces marches forcées et décimées par la chaleur. Elles ne se déplacent pas aussi vite qu'il le souhaiterait, ce qui explique qu'à Vilna comme à Vitebesk les Russes aient échappé à ses manœuvres. Voilà Napoléon enfoncé dans les steppes russes. La deuxième campagne de Pologne n'a pas eu lieu.

À Sainte-Hélène, il reviendra sur ces dérobades : « Il n'est pas vrai que les Russes aient battu volontairement en retraite jusqu'à Moscou pour attirer l'armée française dans l'intérieur de leur pays. Ils ont abandonné Vilna parce qu'il leur fut impossible de réunir leurs armées en avant de cette place. Ils voulurent se rallier sur le camp retranché qu'ils avaient fait construire à cheval sur la Dwina, mais Bagration, avec la moitié de l'armée, ne put y arriver. » Malgré ses manœuvres, Napoléon n'a pu battre séparément les deux forces russes et n'a pu les affronter après une éventuelle jonction.

À Smolensk, à nouveau c'est la dérobade. L'empereur aurait dû s'arrêter là et reconstituer ses forces. C'est ce que préconise Berthier. Une nouvelle fois, l'ennemi a fui, Junot ayant laissé l'arrière-garde s'échapper. Mais Napoléon ne veut pas s'arrêter. Il a modifié ses plans : « Avant un mois, nous serons à Moscou ; dans six semaines, nous aurons la paix[12]. »

_____

12. Cité dans Garros et Tulard, *Itinéraire de Napoléon*, p. 384.

Il a raison sur un point. Il arrive un moment où les Russes ne peuvent plus reculer. Ce sera la bataille de Borodino ou de la Moskowa. Diminué, Napoléon n'imagine aucun mouvement. L'engagement frontal est meurtrier, mais il ouvre la voie vers Moscou. Il en est maître le 14 septembre.

De Moscou il faudrait maintenant marcher sur Pétersbourg. La résistance serait faible. Mais l'état-major s'y oppose et l'empereur, croyant la guerre gagnée, attend les propositions de paix du tsar. Elles ne viendront pas, d'autant qu'il a laissé intacte une partie du potentiel défensif russe, la bataille de Moskowa n'ayant pas eu les conséquences d'Austerlitz ou d'Iéna.

La retraite ne permet guère de belles manœuvres. Le choix de la route du sud était excellent, et de surcroît Davout repoussa les Russes à Malojaroslavetz, le 24 octobre. Mais Napoléon, impressionné par l'acharnement de l'adversaire (« cela devient grave, je bats toujours les Russes, mais cela ne termine rien »), renonce à pousser sur Kalouga et décide de prendre la route de l'aller. C'est une erreur : le froid et le manque d'approvisionnement auront raison de la Grande Armée.

Il y aura encore de belles manœuvres en 1813, à Lützen et à Bautzen, puis lors de la campagne de France, mais sans résultats positifs.

Napoléon s'inspire aussi des échecs, un jeu qu'il pratique avec succès. Si la victoire d'Austerlitz relève plutôt du poker par son coup de bluff, lors de sa campagne

145

d'Espagne, il avance ses pions comme sur un échiquier dans sa poursuite des Anglais.

Après avoir passé, non sans difficultés, le 22 décembre 1808, la sierra de Guadarrama, il fait un premier bond vers Medina del Campo en direction des Anglais, puis un deuxième jusqu'à Medina del Rio Secco et un troisième jusqu'à Benavente. C'est ce que l'on appelle « la course de Benavente » qui s'achève à Storga Le colonel Garros, historien, a justement remarqué qu'elle rappelle « la marche du cavalier aux échecs ».

Mais Napoléon se heurte à des difficultés que l'on ne rencontre pas sur un échiquier et qu'il a toujours sous-estimées : les conditions climatiques. En décembre et janvier 1808, le mauvais temps épuise les forces des soldats et masque les mouvements de l'ennemi. Il arrive lui-même à Medina, le 27 décembre, selon les souvenirs de Sprunglin, « couvert de boue et mouillé jusqu'à la peau ». Il le reconnaît : sa manœuvre a été conçue avec énergie et célérité, mais il n'a pu envelopper les Anglais. Ceux-ci doivent de la reconnaissance « aux infâmes boues que nous avons rencontrées ». Il a oublié dans son plan d'inclure le froid, la neige et le brouillard.

En 1815, l'empereur en revient à l'effet de surprise en venant attaquer, sans attendre une concentration des forces coalisées contre lui, Anglais et Prussiens en Belgique.

Cette fois, le génie n'y peut rien. Stratèges comme Jomini ou Clausewitz, politiques comme Fouché et Talleyrand, tous prédisent une défaite inéluctable. L'avantage numérique des coalisés était écrasant. Napoléon ne disposait que de 120 000 hommes dans l'immédiat, une armée où les liens s'étaient relâchés entre les officiers et les soldats, où la peur de la trahison, souvenir de 1814 et des palinodies des maréchaux au retour de l'empereur, hantait les esprits. De plus, un homme comme Ney eut un comportement de fou.

Napoléon n'avait pas d'illusion – tout était perdu à partir du moment où il n'avait pu détacher l'Autriche de la coalition –, mais il conservait son coup d'œil. Il avait en face de lui quatre armées : l'armée anglaise et néerlandaise de Wellington, basée en Belgique ; l'armée prussienne du Bas-Rhin de Blücher, également en Belgique ; l'armée russe sous les ordres de Barclay de Tolly mais qui n'était pas encore arrivée et celle formée par les Autrichiens de Schwarzenberg, elle aussi en retard. Ces quatre armées devaient opérer une marche convergente sur Paris, mais pas avant le début de juillet.

La rapidité est l'arme principale de Napoléon. Son plan est de se porter en Belgique, à Charleroi, point de jonction de Blücher et de Wellington, de se glisser entre eux pour les séparer et de les battre chacun à tour de rôle, les privant de leur avantage numérique. Ce plan rappelle celui de la première campagne d'Italie.

Napoléon quitte Paris le 12 juin, mais déjà des problèmes se posent. Soult a oublié de prévenir les corps de cavalerie qui devront rejoindre la frontière belge à marche forcée, épuisant les chevaux.

L'armée est organisée en trois colonnes : les corps d'armée de Drouet d'Erlon et de Reille à gauche, à droite le corps d'armée de Gérard, au centre ceux de Vandamme et de Mouton-Lobau, la garde et la cavalerie de Grouchy. Une première trahison, celle de Bourmont, du 4ᵉ corps, inspire des inquiétudes. Et Ney rejoint avec retard.

Réussite pour la première partie du plan : à Ligny, le 16 juin, Napoléon bat les Prussiens qui n'ont pu être soutenus par Wellington. Toutefois, Napoléon, croyant les Prussiens en déroute, néglige de les poursuivre. Il a hâte d'affronter Wellington.

De son côté, Ney est aux prises avec les Anglais aux Quatre-Bras. Il ne peut compter sur le corps d'armée de Drouet d'Erlon appelé à Ligny, rappelé aux Quatre-Bras, et qui ne sert en définitive à rien. Là encore, trop d'incertitudes dans la transmission des ordres qui vont peser lourd sur la suite des événements.

Autre étonnement : la journée perdue du 17 juin. Ce n'est que dans la matinée que Napoléon donne l'ordre à Grouchy de poursuivre les Prussiens et laisse Wellington prendre position sur le mont Saint-Jean, le long du chemin de Braine-l'Alleud à Wavre, coupant la route de Charleroi à Bruxelles, mais permettant les communications avec Blücher.

Comme l'écrit le général Foy : « Suivant l'excellente coutume des Anglais, leurs masses d'infanterie et de cavalerie étaient masquées par le mouvement du terrain ; ils ne les montrent que quand ils veulent les employer[13]. »

---

13. Foy, *Histoire de la guerre de la péninsule sous Napoléon*.

Napoléon n'a jamais combattu les Anglais : il a cru qu'ils prenaient position pour la nuit et qu'ils poursuivraient leur retraite. Lui-même s'installe dans la ferme du Caillou et ne fait aucune reconnaissance des avant-postes, malgré ce qu'il racontera à Sainte-Hélène. Le 17 juin, il pense que Prussiens et Anglais vont poursuivre leur retraite le 18. Il est moins pressé qu'après Ligny d'attaquer Wellington. C'est cette erreur d'appréciation qui va lui être fatale. Il laisse Grouchy sans instructions, selon certains récits.

Ajoutons que la pluie démoralise les troupes et leur interdit le repos. Pas de tentes. Toujours ce mépris du climat…

Au matin du 18, Français et Anglais sont face à face. L'idée de Napoléon devant l'absence de repli est d'attaquer l'ennemi en son centre. Dans le même temps, il confie à son frère Jérôme l'offensive contre Hougoumont pour faire diversion.

Les assauts furieux contre les Anglais auraient peut-être eu une chance de succès si les Prussiens n'avaient surgi en fin de soirée avec le corps de Ziethen. On attendait Grouchy. Le recul de la Garde donna le signal de la débandade, une débandade dont la Grande Armée n'avait jamais donné le spectacle jusqu'alors.

Comment expliquer un tel désastre ?

Le plan était excellent – diviser les forces adverses –, mais il n'a pas fonctionné. Le *Waterloo* de Bernard Coppens est sévère pour Napoléon : insuffisance des reconnaissances concernant le dispositif anglais, notamment la position du village du mont Saint-Jean, carte inexacte, lassitude de l'empereur, etc. On ne vit ce dernier se rapprocher des troupes engagées qu'au moment où « il fit agir si mal à propos une partie de sa réserve[14] ».

Soult fut un mauvais chef d'état-major, lent à transcrire les ordres, n'envoyant pas assez d'estafettes, rendant les décisions de Napoléon confuses. Berthier fit défaut.

Qui a ordonné la charge de cavalerie qui se brisa sur les carrés anglais ? Elle était prématurée et tirerait son explication non d'une volonté suicidaire de Ney, mais de l'illusion que les Anglais amorçaient un mouvement rétrograde, alors qu'ils se mettaient à l'abri des batteries françaises. Comment Napoléon n'a-t-il pas vu venir les Prussiens sur le flanc droit de son dispositif ? On évoquera le temps brumeux, mais aussi l'absence de reconnaissances.

En réalité, la stratégie offensive de Napoléon est mise en échec par le système défensif de Wellington parfaitement rodé au Portugal. Écoutons Gourgaud : « La position des Anglais était superbe ; ils couronnaient la sommité d'un rideau de terrain dont la pente, douce jusqu'à nous, favorisait singulièrement le feu de leur artillerie. Cette position avait en outre le grand avantage de former un demi-cercle. Leur centre, sur la grande route, était soutenu par le village de mont Saint-Jean où ils avaient établi une mauvaise traverse. »

Les troupes anglaises, couchées, sont abritées par la crête. Un témoin observe : « Notre artillerie répondait avec beaucoup d'énergie et de vivacité, mais il est probable qu'elle avait beaucoup moins de prise sur l'ennemi

---

14. B. Coppens, *Waterloo*, p. 149.

dont les masses ne pouvaient être ajustées que par approximation, parce qu'elles étaient presque entièrement masquées par les dispositions du terrain. » Des charges de cavalerie pourraient briser une ligne mais elles échouent sur les carrés anglais qu'elles ne peuvent que contourner en essuyant de lourdes pertes.

En définitive, non seulement Napoléon ne parvient pas à chasser les Anglais mais c'est au contraire la contre-offensive lancée par Wellington qui provoque la déroute française.

Waterloo met en lumière les faiblesses de la stratégie napoléonienne : méconnaissance du climat (la pluie joue un rôle essentiel dans les retards et la démoralisation des troupes), insuffisance des reconnaissances (déjà, pour la même raison, à Marengo, on avait frôlé la défaite), problème des liaisons…

Waterloo, c'est aussi la revanche de la tactique sur la stratégie, de la bataille sur la manœuvre. C'est cette dernière que privilégie Napoléon, mais il la privilégie, souligne Stéphane Béraud, dans un contexte de guerre totale : imposer sa volonté à l'ennemi, disloquer l'armée adverse en sorte que la bataille ne soit plus nécessaire[15]. Et pourtant ce sont les batailles qui ont assuré la gloire de Napoléon.

---

15. Béraud, *La Révolution militaire napoléonienne*, p. 324.

Chapitre III

LA BATAILLE

La stratégie napoléonienne a été très admirée. C'est ce que l'empereur appelle « la grande tactique ».

Les mouvements de l'armée terminés, le moment est venu de livrer bataille. Le combat, dit Clausewitz, est la véritable activité militaire, tout le reste n'est qu'intermédiaire. La bataille doit être non seulement victorieuse mais décisive, obligeant l'ennemi à capituler. C'est le but recherché.

L'armée alignée, Napoléon ne charge pas à la tête de ses troupes, comme le firent de nombreux généraux de la Révolution, ce qui fut fatal à Joubert lors de la rencontre de Novi avec les Russes. Il se place dans une position lui permettant d'embrasser la plus grande partie du champ de bataille. Il est entouré d'officiers de son état-major et d'estafettes. Il regarde souvent à la lunette le déroulement des combats. Arrivé en Berline, il peut se déplacer en calèche pour aller d'un corps d'armée à l'autre, mais lors de la bataille il ne se déplace qu'à cheval.

Lors de la bataille d'Austerlitz, il a établi son bivouac dans une carrière abandonnée en arrière du tertre de Zuran, un ancien tumulus tartare du XIIIe siècle. De cette hauteur, on voit la région de Posorsitz et une partie du plateau de Pratzen. C'est là qu'il dîne en compagnie de ses aides de camp puis dort jusqu'à 22 heures. Il fait ensuite une reconnaissance à cheval, acclamé par ses soldats[1].

Le 2 décembre 1805 au matin, à son réveil, il se rend à Jirikowice. Les éclaireurs lui apprennent que les Russes ont commencé leur mouvement de descente du plateau pour attaquer Davout, puis il revient au bivouac. À 7 h 30, du haut de la pente de Turas, entouré de ses maréchaux, il attend le lever du soleil, vers 8 heures, qui lui confirme que les forces austro-russes sont en marche sur le plateau et offrent le flanc à un assaut.

Napoléon se porte vers le 1er corps et le harangue. Puis il donne le signal de l'attaque. Entre 11 h 30 et midi, il s'installe sur le mamelon de Stare Vinohrady, un excellent observatoire pour suivre la bataille. Il rejoint ensuite l'aile droite de son dispositif. À Ujezd, il peut suivre à la lorgnette la retraite des Austro-Russes. À 16 heures, il ordonne un début de poursuite puis regagne l'aile gauche et couche dans la maison de poste de Posositz. Ce n'est que le lendemain qu'il s'établit au château d'Austerlitz. Il écrira à Joséphine : « Je suis un peu fatigué. J'ai bivouaqué huit jours en plein air par des nuits assez fraîches[2]. »

1. Garros et Tulard, *Itinéraire de Napoléon*, p. 242.
2. *Lettres d'amour à Joséphine* (éd. 1981), p. 197.

À Eylau, le 8 février 1807, il s'installe sur une hauteur qui domine le cimetière, position qui va vite se révéler exposée. C'est Murat qui, grâce à une charge de cavalerie, dégagera l'empereur.

Avant la bataille de Wagram, il dispose, le 1er juillet 1809, d'un observatoire édifié par Masséna et qui lui permet d'inspecter le champ de bataille de l'autre côté du Danube.

Le 6 juillet, la bataille s'engage. Il est d'abord près d'Oudinot. Un obus éclate devant son cheval, un autre effleure Oudinot. On l'alerte : « Sire, on tire sur l'état-major. » Napoléon reste impassible : « À la guerre tous les accidents sont possibles[3]. »

Preuve qu'il fut souvent exposé. Rappelons qu'il fut blessé devant Ratisbonne d'une balle perdue et qu'il devait subir comme ses soldats les intempéries. N'écrivait-il pas à Joséphine, le 19 octobre 1805 : « J'ai été plus fatigué qu'il ne fallait. Une semaine entière et toutes les journées, l'eau sur le corps et les pieds froids m'ont fait un peu de mal[4] » ?

À Wagram, après avoir donné ses instructions à Oudinot, il se rend auprès de Masséna qui, par suite d'une chute de cheval, ne se déplace qu'en voiture. Enfin il prend position devant la ferme de Landersfelder d'où il va diriger ses manœuvres[5].

---

3. Garros et Tulard, *Itinéraire de Napoléon*, p. 319.
4. *Lettres d'amour à Joséphine*, p. 186.
5. Garros et Tulard, *Itinéraire de Napoléon*, p. 319.

Au moment de la bataille de la Moskowa, « l'empereur s'établit de sa personne près de sa garde, et là, dans l'attitude d'un homme profondément absorbé, il se tint une grande partie de la journée, se promenant les bras derrière le dos, s'arrêtant, se reposant, tantôt appelant le prince de Neufchâtel Berthier, tantôt recevant des officiers d'ordonnance, d'état-major et des généraux qui venaient lui faire le rapport de ce qui se passait et prendre ses ordres[6] ». Son état de santé était mauvais – un très fort rhume, selon Pasquier, préfet de police, mais qui n'était pas en Russie[7].

Sans être aussi affaibli que le prétend Ségur, il est cependant certain que, la veille du jour et le lendemain de la bataille, il souffrait d'un rhume de cerveau extrêmement violent accompagné de fièvre. C'était une incommodité à laquelle il était toujours sujet et qui ne laissait pas de l'abattre. Il avait donc laissé à ses généraux le soin des reconnaissances. La veille, il les avait réunis pour entendre leurs rapports. Il s'agissait de savoir si l'on attaquerait de vive force la position de l'ennemi défendue par plusieurs redoutes ou si l'on essaierait de la tourner. Le maréchal Davout soutint qu'il était possible de tenter un mouvement sur la droite, que c'était le meilleur parti à prendre, mais il fut seul de cet avis. Après avoir écouté ces géné-

---

6. C'est la fameuse image immortalisée par Tolstoï dans *Guerre et Paix*.

7. « Qu'est-ce que la guerre ? fait dire Ségur à Napoléon (*La Campagne de Russie*, éd. 2012, p. 91). Un métier de barbares où tout l'art consiste à être le plus fort sur un point donné. »

raux avec beaucoup d'attention, Napoléon se résolut à suivre l'avis de la majorité. Lorsqu'ils se furent retirés, il demanda à Daru, l'intendant de la Grande Armée, ce qu'il en pensait : « Sire, lui répondit Daru, je croirais monsieur le maréchal Davout, parce qu'ayant la vue fort courte, il a dû faire sa reconnaissance de plus près que les autres[8]. » C'est un cas exceptionnel que cette hésitation de Napoléon, une preuve du commencement du déclin de ses extraordinaires facultés, un manque de confiance inattendu en ces capacités. Et l'issue meurtrière de la bataille donnera raison à Davout.

L'année suivante, lors de la première bataille de Leipzig, le 16 octobre 1813, Napoléon se tient sur les hauteurs près de la bergerie de Meissdorff, pour mieux voir le déroulement des opérations[9].

Il y reste le lendemain, passant sa journée sous la tente, dans l'inaction, nouvelle preuve de l'usure de ses facultés. Mais, le 18 octobre, la défection des Saxons précipite la défaite. Napoléon gagne Leipzig qu'il évacue, le 19.

À Waterloo, il s'installe, on l'a vu, à la ferme du Caillou qu'il quitte le matin du 18 juin 1815 pour se poster sur un mamelon en arrière des combats, près de la ferme de Rossomme. Il le quitte à plusieurs reprises. Quand Wellington passe à l'offensive vers 20 heures, il se jette comme pour y chercher la mort dans les rangs ennemis, mais il est retenu par son entourage.

---

8. Garros et Tulard, *Itinéraire de Napoléon*, p. 388.
9. *Ibidem*, p. 426.

On le voit, Napoléon n'est pas au cœur de la bataille, mais il la suit en retrait, d'un point où il peut embrasser le théâtre des opérations ou être facilement joint par les estafettes qui le renseignent sur le déroulement des combats et qui en reçoivent les ordres à transmettre aux chefs de corps.

Ce sont les soldats qui participent directement à la bataille. Avec Napoléon, nous sommes loin de la guerre du XVIIIe siècle avec ses lignes bien ordonnées de soldats aux perruques poudrées.

Il hérite du débat qui a divisé ses prédécesseurs entre *l'ordre mince*, c'est-à-dire de longues lignes de feu, trois rangs au lieu de cinq à huit, et *l'ordre profond*, qui masse de l'infanterie pour une offensive qui doit provoquer une onde de choc à l'arme blanche, selon le vœu d'un théoricien comme le chevalier de Folard.

Napoléon constate que l'ordre mince paralyse les manœuvres et qu'il est préférable d'avoir de petites colonnes indépendantes et surtout profondes sur le modèle de celle de Macdonald à Wagram.

La rédaction d'un nouveau règlement destiné à remplacer celui de 1791 sera confiée au général Monnier mais ne sera jamais achevée. D'autres projets seront envisagés par les généraux Mathieu Dumas puis Préval mais sans suites pratiques.

Quelques principes sont néanmoins suivis.

L'infanterie se met en bataille sur un terrain généralement reconnu par l'empereur ; elle se dispose en deux ou trois lignes et les soldats sont répartis en bataillon. Chaque soldat touche légèrement avec ses coudes ses voisins de droite et de gauche. Le dispositif offre une succession de bataillons déployés et de bataillons en colonnes. Objectif : briser la ligne adverse.

Les voltigeurs, qui forment l'élite de l'infanterie, sont envoyés en avant ; ils sont d'excellents tireurs et font des dégâts dans les lignes adverses par la précision du feu. Les colonnes d'assaut suivent et marchent sur l'ennemi, la cavalerie légère appuyant sur les ailes l'offensive, et la cavalerie de réserve se prépare à provoquer, massée derrière l'infanterie, la déroute de l'ennemi, une fois la ligne de ce dernier brisée.

Avec le temps, Napoléon valorise l'artillerie. L'offensive à outrance (« soyez attaquants, sans cesse attaquants »), chère à la Révolution, devient inutilement meurtrière face à la puissance nouvelle du feu des canons.

Dans ses notes dictées à Sainte-Hélène, l'empereur souligne : « Une bonne infanterie est sans doute le nerf de l'armée, mais, si elle avait longtemps à combattre contre une artillerie supérieure, elle se démoraliserait et serait détruite. » Et il précise : « Prétendre courir sur les pièces, les enlever à l'arme blanche ou faire tuer les canonniers par des tirailleurs sont des idées chimériques[10]. »

Le feu l'emporte sur l'assaut.

La disposition de l'artillerie est donc un élément essentiel de la tactique avec convergence d'un grand nombre

---

10. *Correspondance* (éd. 1870), t. XXXI, p. 311.

de canons sur un même point. Napoléon divise l'artillerie à pied en compagnies de huit bouches à feu, l'artillerie à cheval en compagnies de six canons.

Les batteries doivent occuper les positions les plus avancées sans souci d'un soutien quelconque. Si l'ennemi attaque les artilleurs, ceux-ci ne doivent abandonner leurs pièces qu'à l'ultime moment puisque ce sont les dernières décharges qui sont les plus meurtrières, étant à bout portant.

Un exemple caractéristique de l'importance de l'artillerie est fourni dès la première campagne d'Italie, à Castiglione, le 5 août 1796. L'issue de la bataille dépend de la prise de la hauteur de Monte Medolano, sur le flanc gauche des Autrichiens. Marmont raconte :

« Bonaparte mit toute l'artillerie à cheval sous mes ordres ; elle consistait en cinq compagnies servant dix-neuf pièces de canon et destinée à jouer un rôle important. L'ennemi avait un calibre supérieur ; je ne pouvais lutter avec lui qu'en m'approchant beaucoup, et, quoique le pays fût uni, il y avait un défilé à franchir avant de pouvoir me déployer à la distance convenable. Les boulets de l'ennemi arrivaient à ce défilé qui était assez large ; je le traversais par sections de deux pièces. Après avoir mis en tête la compagnie dans laquelle j'avais le moins confiance, je lançai ma colonne au grand galop ; la tête fut écrasée, mais le reste de mon artillerie se déploya rapidement et se plaça à très petite portée de canon ; un feu vif, bien dirigé, démonta plus de la moitié des pièces de l'ennemi en très peu de temps ; l'infanterie souffrait aussi de mon canon, une partie de son feu étant dirigée sur elle ; enfin arriva à point nommé la division Sérurier... La bataille fut dès ce moment gagnée[11]. »

La cavalerie – sauf à Eylau où sa charge est décisive – est désormais destinée à parachever la victoire en transformant l'ébranlement d'une ligne par le canon en débandade.

« Une charge de cavalerie a sa minute d'élan, sa minute de mêlée puis celle d'hésitation et celle de la retraite[12]. » Tout dépend du chef : Murat, Lasalle, Montbrun, Pajol, Nansouty, Colbert, Grouchy, etc. ont fait des merveilles. L'enfoncement est suivi de la poursuite, la plus belle est celle qui suivit la victoire d'Iéna.

La cavalerie française surclassa les célèbres hussards noirs prussiens et même les cosaques étaient pleins d'admiration pour Murat. Qui peut ignorer la charge du général d'Espagne à Essling, le 21 avril 1809 ?

Mais, à Waterloo, Ney, par ses charges folles contre les carrés anglais, a confirmé involontairement la suprématie du feu sur l'assaut.

N'oublions pas que la bataille se déroule en musique. Bien sûr, il y a les roulements de tambour et les sonneries de trompettes qui ponctuent les opérations, mais rappelons que, depuis un décret du 21 février 1793, chaque demi-brigade devait avoir un tambour-major, un caporal-tambour et huit musiciens dont un chef.

11. Cité par O. Sokolov, *L'Armée de Napoléon*, p. 217.
12. Brack, *Avant-postes de cavalerie légère*, p. 185.

Dans ses Mémoires, Chevillet raconte : « La musique de notre régiment n'est pas nombreuse comme les musiques de l'infanterie [*c'est un cavalier*], il suffit qu'elle se trouve complétée avec 16 ou 17 sujets choisis parmi les trompettes et les chasseurs. Chacun reçoit une gratification ou haute-paye, en sus de sa paye[13]. » Dans l'infanterie, la musique d'un régiment comprend des clarinettes, des trompettes, des flûtes, des cors, des bassons, des tambours, des trombones, des chapeaux chinois, une grosse caisse et des cymbales.

Coignet nous montre bien, dans sa relation de la bataille d'Austerlitz, l'effet de cette musique sur le moral du combattant :

> « Nos bataillons montèrent cette côte l'arme au bras, et, arrivés à distance, ils souhaitèrent le bonjour à la première ligne par des feux de bataillon, puis la baïonnette croisée sur la première ligne des Russes, en battant la charge. Contrairement à l'habitude, l'empereur avait ordonné que les musiciens restassent à leur poste au centre de chaque bataillon. Les nôtres étaient au grand complet avec leur chef en tête, un vieux troupier d'au moins soixante ans. Ils jouaient une chanson bien connue de nous : "On va leur percer le flanc."
>
> « Pendant cet air, en guise d'accompagnement, les tambours dirigés par M. Sénot, leur major, un homme accompli, battaient la charge à rompre les caisses. Les tambours et les musiques se mêlaient. C'était à entraîner un paralytique[14]. »

---

13. Cité par A. Pigeard, *L'Armée napoléonienne*, p. 525.
14. *Cahiers du capitaine Coignet* (éd. Mistler), p. 114.

Les deux grandes innovations de Napoléon dans la bataille sont la formation du corps d'armée, évoqué plus haut, et la constitution d'une réserve qui intervient pour parachever le travail de l'armée engagée.

Dans le cours de la bataille, le corps d'armée est autonome. Formé de deux ou trois divisions d'infanterie, de pièces d'artillerie et d'une division de cavalerie légère, le corps d'armée peut être utilisé à tout moment et dans toutes les circonstances.

La souplesse du corps d'armée est donc utile pour permettre à Napoléon d'innover, lors de la bataille, en engageant une armée dans le combat et faisant ensuite donner une seconde armée chargée de le terminer en frappant le point du dispositif adverse déjà fortement ébranlé.

En 1807 et en 1809, Napoléon agit sur le champ de bataille par colonnes composées de divisions entières (Wagram) ou de rassemblements de cavaliers (Eylau).

Une faiblesse dans le système : la ligne de retraite. Napoléon la néglige. Cette omission lui coûte cher en Russie et encore plus à Leipzig. En Russie, les lignes étaient difficiles à organiser en raison des distances. Mais, en Allemagne en 1813, une erreur humaine suffit à compromettre la retraite. Celle-ci commence dans la nuit du 18 octobre. Le repli est rendu difficile par l'obscurité et l'encombrement : un seul pont a été prévu, celui de Lindeneau, et son étroitesse n'arrange pas la retraite. Or voilà qu'un caporal du génie, trompé par les uniformes de régiments étrangers au service de Napoléon et croyant voir arriver l'ennemi, fait sauter prématurément ce pont sur l'Elster.

163

Un corps entier qui se préparait à le franchir est fait prisonnier faite d'autre débouché.

Les batailles de Napoléon ont fait rêver, mais l'empereur a moins ébloui son temps par ses innovations tactiques que par sa stratégie fondée sur la rapidité des mouvements et l'effet de surprise, en sorte que la bataille est déjà gagnée avant d'être engagée.

Chapitre IV

APRÈS LA BATAILLE

La bataille ne s'achève pas sur la retraite de l'ennemi. Il y a d'abord la poursuite. Laisser fuir l'adversaire en bon ordre serait une erreur.

Après Iéna et Auerstaedt, les Prussiens s'étaient retirés sans panique, mais lorsque les deux armées, les vaincus d'Iéna et ceux d'Auerstaedt, se retrouvèrent à Weimar, ils furent saisis de terreur et la retraite se changea en débâcle. La cavalerie française y fut pour beaucoup, faisant des milliers de prisonniers. Ainsi, Blücher, poursuivi par Murat et Lasalle qui « franchissaient les étapes de 80 kilomètres en vingt-quatre heures », fut pris à Lübeck avec 20 000 hommes.

En revanche, à Ligny, Blücher parvint à s'échapper par la faute de Ney. Celui-ci devait occuper le croisement des routes des Quatre-Bras pour empêcher la liaison entre Wellington et Blücher et détacher le corps de Drouet d'Erlon afin de prendre à revers les Prussiens attaqués par Napoléon. Mais le maréchal rappela Drouet d'Erlon au moment où celui-ci allait attaquer les Prussiens sous prétexte de se renforcer aux Quatre-Bras.

Bien que vaincu par l'empereur, Blücher réussit à se retirer à la faveur de la nuit et à rester au plus près de l'armée anglaise pour la secourir.

Une victoire n'est décisive que si la force ennemie est anéantie. Ce sera l'un des principes que Napoléon s'efforcera de mettre en application.

Vient ensuite l'occupation du champ de bataille. Le spectacle qu'il offre est saisissant : jonché de canons et d'armes abandonnés, de blessés et de morts. La description donnée par Percy de celui d'Eylau mérite d'être citée : « Autour de l'église, dans la ville, dans les cours, maisons, partout on ne voyait que cadavres et chevaux morts. Les voitures passent dessus, les parcs d'artillerie les hachent et écrasent les crânes et les membres. Plus de trois cents blessés français restaient étendus sans qu'il fût possible d'aller jusqu'à eux[1]. » C'est donc le nombre des blessés et leur évacuation qui importent en priorité. C'est l'un des soucis de Napoléon.

Après la bataille d'Eylau, Larrey est reçu par l'empereur :

> « Il nous a accueillis avec égards et bonté : "Avez-vous beaucoup de blessés ? m'a-t-il demandé. – Sire, je crois que nous en avons pansé environ quatre mille. – Les blessures sont-elles graves ? – Il en est mille qui sont de la

---

1. *Journal* de Percy, p. 165.

plus grande gravité. – Combien perdrez-vous de blessés sur ce nombre ? – Le tiers, parce que la mitraille et les éclats d'obus ont fait les plus grands ravages. – Vous avez eu aussi des blessures d'armes blanches ? – Beaucoup, Sire, la lance, le sabre et la baïonnette ont fait beaucoup de mal ; un de vos gardes avait au haut de la cuisse et dans la fesse la lame tout entière d'une baïonnette russe, dont la douille s'était cassée par le coup ; nous la lui avons retirée sans efforts et ce blessé guérira. – Avez-vous vu nos généraux blessés ? – J'ai rencontré le général Levasseur ayant une fracture au tiers supérieur du bras gauche ; le général Leval a reçu une balle dans le tendon d'Achille ; le général Heudelet en a reçu une dans le bas ventre ; le général d'Hautpoul a la cuisse gauche fracturée par un biscaïen ; le général Augereau a été touché à la jambe ; le général d'Allemagne a été atteint de dix coups de lance. – Croyez-vous pouvoir sauver le général d'Allemagne ? – Non, Sire : les urines sanguinolentes, les vomissements convulsifs, le hoquet, la petitesse du pouls, le froid insurmontable des extrémités, tout présage une fin prochaine et malheureuse[2]. »

De nombreux témoignages montrent l'empereur parcourant le champ de bataille, s'efforçant de soulager les blessés français, compatissant à l'égard des ennemis, pleurant devant le spectacle de tant de douleurs, oui, pleurant, comme le note le vélite Billon, ce que confirment les bulletins de la Grande Armée, à propos notamment de la mort de Duroc. Le fameux tableau de Gros évoquant Eylau ne relève pas seulement de la propagande.

---

2. *Ibidem*, p. 168.

Contrairement à sa légende noire, Napoléon n'est jamais indifférent quant au sort des blessés, de plus en plus nombreux alors que la guerre change de nature, que la puissance du feu fait désormais plus de ravages que le fer, que la canonnade l'emporte sur la charge, que le boulet fait davantage de dégâts que le sabre.

Le docteur Jean-François Lemaire a dressé un catalogue impressionnant des blessures des soldats de Napoléon[3]. Le nombre des blessés croît, obligeant l'empereur à ordonner qu'on ne relève les blessés qu'après la fin des opérations pour ne pas entraver la mobilité des troupes, car souvent, pour évacuer un camarade atteint d'une balle, cinq à six soldats quittent la ligne.

Lejeune raconte, lors de la bataille de Wagram :

> « Beaucoup de ces infortunés, perdus dans les blés, ne furent retrouvés vivants qu'au bout de cinq jours d'atroces souffrances. Quelques-uns étaient à moitié brûlés par le feu qui avait pris aux maisons pendant la bataille ; d'autres, sans pouvoir se traîner au loin pour s'écarter des corps en décomposition des hommes tués à côté d'eux, étaient altérés par une fièvre ardente, réduits à boire leur propre urine pour étancher la soif horrible qui les dévorait[4]. »

Un autre témoignage, non moins impressionnant sur cet envers de la gloire, est celui de l'inspecteur Boulanger. Il

---

3. Jean-François Lemaire, *Les Blessés dans les armées napoléoniennes*, ch. II « Catalogue des blessés ».
4. *Ibidem*, p. 238.

propose à un cuirassier entortillé dans son manteau de le faire mettre sur les charrettes ; ce cavalier, ouvrant son manteau, lui montre qu'il a la cuisse emportée et couverte de vers. « Monsieur, lui dit-il, si, le lendemain de la bataille, on m'avait porté à l'ambulance, on m'aurait coupé la cuisse. Je suis fort, j'en serais revenu. Maintenant vous voyez qu'il n'est plus temps[5]. »

Quand l'heure est venue d'évacuer les blessés, on découvre les lacunes du service des ambulances. Il existe, mises au point par Larrey, des voitures légères à deux roues ou à quatre pour les terrains accidentés, exceptionnellement à huit, où les blessés sont déposés sur des matelas de crin avec roulettes, dans le cas de la Garde. Les charrettes suffisent pour les simples régiments. À défaut, on utilise les charrois locaux et des chevaux pris à l'habitant[6].

Ce retard au ramassage, dont Napoléon porte la responsabilité, mais qui est indispensable pour ne pas désorganiser les lignes, explique le nombre élevé de blessés qu'un Larrey, qu'un Percy ou un Coste n'ont pu sauver. Vers 1813, Napoléon envisage de confier aux chirurgiens eux-mêmes l'évacuation des blessés. Il a déjà décidé que les amputés pourront être accueillis aux Invalides ou dans les succursales de Louvain et d'Avignon.

Et les morts ? On les enterre sur place dans de véritables charniers, et le plus vite possible – mais ce n'est pas

---

5. *Ibidem*, p. 240.
6. *Ibidem*, ch. VII.

toujours le cas – pour éviter les épidémies. Certains corps d'officiers généraux seront rapatriés et les honneurs leur seront rendus.

Un travail de comptabilité est entrepris dans les semaines qui suivent, recensant par corps d'armée, division et régiment les présents sous les armes. Les absents sont considérés comme tués au combat s'ils n'ont pas été comptés parmi les blessés.

L'effectif des morts est rendu public. Une évaluation est déjà présentée dans les bulletins de la Grande Armée. Ce chiffre est forcément inexact car nombreux sont les soldats qui mourront quelques mois plus tard des suites de leurs blessures, mais en revanche il inclut, faute de connaître leur sort, les déserteurs. Ce recensement, qui vise à ne rien cacher à l'opinion que Napoléon veut associer aux combats, est indispensable pour la distribution des pensions. Napoléon se soucie des familles que les morts laissent derrière eux.

Un décret du 7 décembre 1805 attribue aux veuves des généraux tués à Austerlitz une pension de 6 000 francs. Celles de colonels ont droit à 2 400 francs, de capitaines 1 200 francs, de lieutenants 800 francs, et 200 francs pour celles des simples soldats s'ils étaient mariés.

Un second décret, pris à la même date, concerne les orphelins : « Art. premier. Nous adoptons tous les enfants de généraux, officiers et soldats français morts à la bataille d'Austerlitz. Art. 2. Ils seront tous entretenus et élevés à nos frais. Les garçons seront placés et les filles mariées par nous. »

Le nombre élevé des morts entraîna par la suite des ajustements. Mais Napoléon a toujours considéré qu'il était de son devoir de veiller sur le sort des familles.

Tandis que sont recensés morts et blessés, est rédigé le récit officiel de la bataille. Il faut expliquer au soldat les opérations auxquelles il a participé sans toujours les comprendre. Là est le génie de Napoléon : associer les combattants à la victoire. « Le premier talent d'un général consiste à connaître l'esprit du soldat et à capter sa confiance, dit-il. Et, sous ces deux rapports, le soldat français est plus difficile à conduire qu'un autre. Ce n'est point une machine qu'il s'agit de faire mouvoir, c'est un être raisonnable qu'il faut diriger[7]. »

Après la bataille, Napoléon dicte à son état-major un récit du combat. Il en a pris l'habitude lors de la première campagne d'Italie. À partir de 1805, cette relation prend le titre de *Bulletin de la Grande Armée*. Les bulletins sont datés et numérotés pour chaque campagne. Les manœuvres sont analysées, la bataille expliquée et les actions d'éclat citées.

Ce bulletin est rédigé d'après différents documents : ordres, relations diverses, témoignages oraux. Il vise à susciter l'émulation parmi les régiments et exalter le moral des hommes.

Est-il exact ? Napoléon ne maîtrise pas lui-même tous les éléments de la bataille et, dans un souci d'émulation

---

7. Cité par Tulard, préface aux *Proclamations et bulletins de la Grande Armée* (éd. 1964), p. 7.

ou de propagande, modifie ou déforme certains événements. Le soldat n'en est pas dupe. On dit communément dans les rangs : « Menteur comme un bulletin », mais ce bulletin suscite la fierté.

Napoléon voit plus loin. Au-delà de l'armée, il y a la nation, l'arrière, comme l'on dira en 1914, en ajoutant : « Pourvu qu'ils tiennent. » En 1809, au moment de la guerre d'Espagne, quand s'y multiplient les atrocités, puis en 1812, lors de la retraite de Russie, l'arrière doit être rassuré. Tel est le rôle du bulletin.

Les Bulletins de la Grande Armée sont publiés dans *Le Moniteur*, le journal officiel de l'époque, et reproduits dans les autres feuilles.

Le bulletin est tiré également sous forme de feuilles volantes, souvent illustrées, à plus de 30 000 exemplaires et diffusées jusque dans les plus petites communes où son arrivée est signalée par un roulement de tambour. « Dans les lycées, les maîtres, dit Vigny, ne cessaient de nous lire les bulletins de la Grande Armée, et nos cris de "Vive l'Empereur !" interrompaient Tacite et Platon[8]. »

Au théâtre, les acteurs les déclamaient sur la scène et les curés, à la messe, les commentaient, à la place des Évangiles, au moment du prône.

Un tableau de Boilly nous évoque la lecture du 7e bulletin : la famille, groupée autour d'une carte, suit avec passion le déroulement de la bataille tel que le raconte le

---

8. Vigny, *Servitude et grandeur militaires*, livre Ier.

bulletin. Dans un coin, les enfants jouent à la guerre avec des fusils de bois ; au centre, un couple d'amoureux s'intéresse à une autre forme de stratégie. Ainsi la nation s'identifie-t-elle à l'armée, selon le vœu de l'empereur.

Les monuments inscrivent aussi la victoire dans le paysage et en assurent la postérité. Colonnes et arcs de triomphe témoignent des succès de la Grande Armée.

La leçon est claire : il ne suffit pas, pour un chef de guerre, de vaincre, il faut exalter sa victoire. Avec son sens profond de la propagande, c'est ce qu'a compris Napoléon – nous y reviendrons plus loin.

Chapitre V

LES PRISONNIERS DE GUERRE

La bataille laisse entre les mains du vainqueur de nombreux prisonniers.

La condition du prisonnier de guerre n'était, à l'époque, réglée par aucune convention. Toutefois, en France, la loi du 20 juin 1792 plaçait les captifs ennemis « sous la sauvegarde de la nation ». Allant plus loin, la Convention, par un décret du 25 mai 1793, décide qu'aucun prisonnier de guerre ne pourra être utilisé par l'armée adverse contre son gré et qu'aucune rançon ne pourra être exigée ; seuls les échanges de prisonniers sont autorisés.

Dans ce domaine, Napoléon est l'héritier de la Révolution. Il en conserve les règles. Un décret du 4 avril 1811 accorde à tout officier prisonnier une semi-liberté. Mais si, bien qu'ayant donné sa parole d'honneur, il s'évade, il sera alors enfermé dans une citadelle. Par un précédent décret du 17 frimaire an XIV (8 décembre 1805), toute mutinerie de prisonniers de guerre doit être punie de mort[1].

---

1. « Prisonniers de guerre » dans *Dictionnaire Napoléon*.

La propagande anglaise a reproché à Napoléon le massacre de prisonniers turcs à Jaffa. La ville fut prise d'assaut le 7 mars 1799. Sur les cinq mille hommes qui la défendaient, deux mille périrent dans les combats et trois mille se rendirent aux Français sous promesse d'avoir la vie sauve. Bonaparte en retira tous les Égyptiens – environ cinq cents – qui furent renvoyés dans leur pays. Les autres furent fusillés.

Deux raisons furent invoquées : la première était qu'il s'agissait pour certains (trois à quatre cents) d'anciens combattants d'El-Arich qui avaient repris les armes en dépit de la convention de reddition. L'autre argument – moins justifiable – est que Bonaparte ne disposait pas d'assez de soldats pour les encadrer[2].

Cette cruauté du général en chef peut surprendre car il ne fut jamais sanguinaire. À Jaffa, ce fut pourtant un massacre. Le récit que donne le mémorialiste Miot de Melito des exécutions révèle un certain fatalisme des prisonniers : « Arrivés dans les dunes de sable au sud-ouest de Jaffa, on les arrêta auprès d'une mare d'eau jaunâtre. Les Turcs firent avec calme leur ablution dans cette eau stagnante, puis, se prenant la main après l'avoir portée sur le cœur et la bouche ainsi que se saluent les musulmans, ils donnaient et recevaient un éternel adieu. Leurs âmes courageuses paraissaient défier la mort[3]. » Faute de cartouches, il fallut en tuer à la baïonnette...

---

2. Henry Laurens, *L'Expédition d'Égypte*, p. 187-189.
3. Miot, *Mémoires pour servir à l'histoire des expéditions en Égypte et en Syrie.*

Bonaparte suit-il là les usages de l'Orient – malheur aux vaincus – ou, plus vraisemblablement, a-t-il souhaité terroriser les cités voisines de Jaffa ? Déjà, en 1776, Abou Dahab avait massacré la population de Jaffa et dressé une pyramide de têtes coupées ; le reste du pays s'était alors rapidement soumis. « Je suis clément et miséricordieux envers mes amis, mais terrible comme le feu du ciel envers mes ennemis », avait annoncé Bonaparte dans une proclamation aux habitants de Palestine le 2 mars.

En Europe, Napoléon évite une telle cruauté. Il fait souvent preuve de mansuétude ; sa clémence, qui s'inspire de l'Antiquité, obéit le plus souvent à des arrière-pensées politiques.

Ainsi fit-il libérer en 1806, après la victoire d'Iéna, les prisonniers saxons. Le 6e bulletin de la campagne relate cette libération en ces termes :

> « Six mille Saxons et plus de trois cents officiers ont été faits prisonniers. L'empereur a fait réunir les officiers et leur a dit qu'il voyait avec peine que leur armée lui faisait la guerre, qu'il n'avait pris les armes que pour assurer l'indépendance de leur nation et s'opposer à ce qu'elle fût incorporée à la monarchie prussienne, que son intention était de les renvoyer tous chez eux s'ils donnaient leur parole de ne jamais servir contre la France[4]. »

Après la campagne de 1805, il avait fait 70 000 prisonniers autrichiens. Ils furent libérés en mars 1806. Toutefois,

---

4. *Correspondance de Napoléon* (éd. 1863), n° 14013.

des volontaires furent incorporés dans le régiment des pionniers blancs non armés.

L'effondrement de la Prusse en 1806-1807 livra au moins 80 000 captifs. Ils furent gardés jusqu'en décembre 1808 et employés à des travaux d'utilité publique : canaux de Bourgogne et de l'Ourcq, port de Rochefort, assèchement des marais du Rhône... Napoléon en engagea certains – tous volontaires – pour former un régiment étranger de Prusse et un régiment de Westphaliens.

Le nombre des prisonniers espagnols s'élevait à la fin de l'Empire à 50 000, surtout concentrés à Lyon et à Grenoble. Comme l'a montré l'historien J.-R. Aymes, leur condition fut variable mais jamais dramatique[5].

Ce sont les Anglais qui furent les mieux traités[6]. Beaucoup avaient été retenus en France après la rupture de la paix d'Amiens en 1802 et n'étaient pas des prisonniers de guerre mais de simples commerçants ou voyageurs. S'y ajoutèrent les prisonniers venus d'Espagne ou de Walcheren. Ils furent retenus dans des dépôts à Charlemont, Valenciennes, Sedan, Bitche, Longwy et Sarrelibre. À Verdun, les officiers anglais menaient joyeuse vie. Ils s'étaient engagés à ne pas s'évader : un appel avait lieu à 11 heures du matin et ils devaient être de retour à 9 heures du soir[7].

---

5. J.-R. Aymes, *Les Déportations sous le Premier Empire* (1983).

6. M. Lewis, *Napoléon and his British Captives* (1962).

7. O. Viennet, « Les Anglais à Verdun », *Revue de l'Institut Napoléon*, 1944, p. 36-43.

En revanche, les prisonniers français furent fort mal traités par l'ennemi. Les conditions de leur captivité se révélèrent parfois atroces. Plusieurs milliers de marins, puis les soldats capturés au Portugal ou en Espagne étaient envoyés en Angleterre sur des pontons où tout était réuni pour rendre la vie épouvantable.

Ce système remontait au XVIIᵉ siècle, mais il prit une ampleur nouvelle sous la Révolution et l'Empire. Les pontons britanniques étaient d'anciens vaisseaux de ligne auxquels on avait retiré les voiles. Carcasses flottantes mouillées à proximité de Plymouth ou de Portsmouth, elles faisaient fonction de prisons. De 800 à 1 200 captifs s'entassaient dans la batterie inférieure, manquant d'air et de lumière, dans une atmosphère pestilentielle. On a avancé le chiffre de 100 000 morts[8].

Il y eut pire en Espagne dans les prisons flottantes de Cadix ou bien sur l'îlot de Cabrera où végétèrent les prisonniers français de Baylen[9]. En représailles, Napoléon prescrivit, par le décret du 20 août 1810, de désarmer et d'envoyer dans des dépôts Anglais, Écossais, Irlandais et Hanovriens, incorporés dans des régiments étrangers de la Grande Armée et ayant, auparavant, servi dans l'armée anglaise.

À l'issue du désastre de Russie, il est difficile d'évaluer le chiffre des prisonniers laissés par la Grande Armée. Ils

---

8. « Pontons » dans *Dictionnaire Napoléon*.
9. Geisendorff des Gouttes, *Les Prisonniers de guerre au temps du Premier Empire* (1936) et Pelissier et Phélipeau, *Les Grognards de Cabrera* (1979).

furent vraisemblablement 25 000 rien qu'à la Bérésina. Leurs conditions furent variables. Un témoin russe, Ulxkull, raconte que les paysans achetaient aux Cosaques les prisonniers français pour les mettre à mort après de longues tortures[10]. En revanche, beaucoup s'intégrèrent dans la société. Capet, officier de la Grande Armée, blessé et fait prisonnier, fut précepteur de Lermontov. Le capitaine Vieillot a laissé un récit détaillé de sa captivité ; il fut libéré en 1814[11]. Mais d'autres se marièrent et fondèrent des familles. En juillet 1813, une circulaire du ministre russe Viazmitinov permit aux prisonniers de la Grande Armée de s'établir comme colons étrangers et de se faire naturaliser. Ils étaient exemptés d'impôts pendant cinq ans. Ils reçurent des lopins de terre en Ukraine ou en Sibérie.

Les prisonniers faits par les Autrichiens en 1813 furent souvent envoyés en Roumanie où plusieurs s'établirent[12].

Il faudra encore attendre quelques décennies avant que des conventions internationales définissent le sort des prisonniers de guerre.

10. Ulxkull, *Amours parisiennes et campagnes en Russie (1812-1819)*, trad. fr., 1968.

11. Rodolphe Vieillot, *Souvenirs d'un prisonnier en Russie* (1996).

12. Ion Georgescu, « Les prisonniers français dans les camps du Sud-Est de l'Europe au temps des guerres de l'Autriche avec la France », *Revue roumaine d'histoire* (1976).

Chapitre VI

UN MILLION DE MORTS ?

Napoléon, combien de morts ? Très tôt on s'est inter-rogé sur le coût en hommes des guerres napoléoniennes.

Après 1808, tout conscrit est considéré comme « un sol-dat mort ». C'est que la poste aux armées fonctionne mal. Les soldats écrivent peu même s'ils savent lire et écrire. L'absence de nouvelles crée une angoisse que ne dissipent pas les bulletins de la Grande Armée qui donnent des chiffres de pertes auxquels l'opinion ne croit pas.

Dès 1814 circulent les premières évaluations, naturel-lement exagérées. Elles favorisent la légende noire d'un empereur que l'on voit dans les caricatures jouer aux échecs avec la Mort.

Par la suite, le chiffre des disparus ne cesse de monter. On s'interroge sur l'Espagne : 70 000 morts ? 450 000 morts ? Marbot note dans ses Mémoires : « J'estime que, dans les années qui se sont écoulées depuis le commencement de 1808 jusqu'à la fin de 1813, les Français ont perdu dans la péninsule Ibérique 200 000 hommes tués ou morts dans les hôpitaux, auxquels il faut ajouter les 60 000 perdus par nos alliés des diverses nations[1]. » C'est le chiffre le plus vraisemblable.

Autre évaluation impossible : les morts de la campagne de Russie : 500 000 au moins auraient franchi le Niemen, 250 000 environ l'auraient repassé. Dans la dernière estimation, la plus fiable, 200 000, peut-être 250 000, seraient morts dans les combats ou de froid, 150 000 ou 200 000 auraient été capturés. On compterait 50 000 maraudeurs ou déserteurs[2]. Mehliss, en 1826, donne une liste de 16 000 militaires français au service de Napoléon tués ou faits prisonniers et considérés comme disparus en Russie, en Pologne et en Allemagne de 1810 à 1814[3].

Les victoires de Napoléon auraient été chèrement acquises, sans souci des sacrifices humains, ce qui ternirait leur éclat. De là l'importance d'une évaluation globale des morts de la Grande Armée.

Passy a été le premier à avancer, après une démonstration qui se voulait rigoureuse, tirée en partie des données réunies par Hargenvilliers qui fut directeur adjoint de la conscription, le chiffre de 1 700 000 tués[4]. Ce chiffre qui a fait autorité puisque Taine le reprend sans tenter de le

---

1. Cité dans « Espagne », *Dictionnaire Napoléon*.
2. M.-P. Rey, *L'Effroyable Tragédie*, p. 309.
3. Mehliss, *Liste des 16 000 militaires français au service de la France tués ou faits prisonniers en Russie, en Pologne et en Allemagne de 1810 à 1814* (1826).
4. Communication à l'Académie des sciences morales et politiques, 22 janvier 1859.

vérifier : « Entre 1804 et 1815, Napoléon a fait tuer plus de 1 700 000 Français nés dans les limites de l'ancienne France, auxquels il faut ajouter probablement deux millions nés hors de ces limites et tués par lui à titre d'alliés ou tués par lui à titre d'ennemis[5]. » Taine se réfère à l'*Économie rurale* de Léonce de Lavergne qui s'inspire de Passy.

Laissons de côté Vacher de Lapouge qui parle de 2 600 000 morts du côté français et 3 500 000 tués dans le camp adverse : tout cela paraît excessif. Se fondant sur des contrôles de troupes et des rapports, Martinien, employé au ministère de la Guerre, propose un tableau par corps et par bataillons des officiers tués ou blessés de 1805 à 1815 : y figurent 60 000 noms dont 15 000 tués[6].

En 1930, Albert Meynier, dans un article de la *Revue des Études napoléoniennes*[7], souligne que le chiffre de 1 700 000 morts est trop élevé : il représenterait les sept huitièmes des conscrits, ce qui est impossible. Il procède par sondages à partir des évaluations de Martinien concernant les officiers et aboutit à 427 500 soldats tués, chiffre proportionnel à celui des officiers recensés par Martinien. Mais il ne tient pas compte des morts par maladie et des prisonniers non revenus. Conscient de ses insuffisances, il monte, dans une réédition de son

---

5. Taine, *Le Régime moderne*, t. I, p. 142.
6. *Tableaux des officiers tués ou blessés pendant les guerres de l'Empire, 1805-1815* (s.d.).
7. « Levées et pertes d'hommes… », *Revue des Études napoléoniennes* (1930) p. 26-51.

article en 1932, à un million de morts[8]. Ce chiffre va séduire.

Un peu plus tard, en se fondant sur le recensement de 1851, le démographe Bourgeois-Pichat reconstitue la population française de 1816 : il note, pour les personnes nées de 1770 à 1795, un rapport de masculinité inférieur à la normale, ce qui lui permet d'évaluer les pertes de guerre à 860 000 hommes, mais il ne tient pas compte des mouvements migratoires[9].

Un autre démographe, Jacques Houdaille, reprend le problème en 1969. Il procède par sondages à partir des registres de contrôle des régiments conservés aux archives du ministère de la Guerre. Il aboutit au total de 916 000 morts – ce chiffre n'inclut pas les pertes sur mer[10].

Les plus touchés ont été les jeunes gens nés en 1792 : 55 % d'entre eux ont servi, à partir de 1812, dans les armées de Napoléon. Et c'est parmi eux que les pertes ont été les plus élevées. En effet, ce sont les dernières campagnes de Napoléon, celles de Russie et d'Allemagne surtout, qui ont été les plus meurtrières.

Peut-on arriver à un chiffre exact ? Oui, pour les batailles. Danielle et Bernard Quintin se sont d'abord attachés à la bataille d'Austerlitz[11]. Utilisant les situations

8. *Une erreur historique. Les morts de la Grande Armée et des armées ennemies* (1932).

9. *Population* (1951), p. 641.

10. J. Houdaille, « Le problème des pertes de guerre », *Revue d'histoire moderne et contemporaine* (1970) p. 411-423.

11. *Austerlitz* (2004).

d'effectifs destinés à l'empereur, qui précisent par corps d'armée, division et régiment les présents sous les armes et les tués ou les blessés, ils aboutissent pour cette bataille à 1 538 morts sur 72 500 combattants, soit 2,12 % de pertes. Reprenant la méthode pour Eylau, nom par nom, ils obtiennent 2 711 tués ou mortellement blessés, plus 44 présumés morts, soit 5 % des effectifs engagés. À Friedland, on atteint un nombre de tués fixé à 1 849 hommes, 69 présumés morts et 341 disparus. On attend leurs conclusions pour Wagram, bataille plus meurtrière (en y englobant Essling) qu'Austerlitz ou Iéna.

Dans l'ensemble, les pertes dans les campagnes de 1805, 1806-1807 et 1809 ont été inférieures à 8-10 % des troupes envoyées au combat. Par la suite, et avec des effectifs plus importants, la guerre va devenir meurtrière.

Au total, il paraît difficile de parler d'un million de morts dans les rangs des armées napoléoniennes, même en tenant compte des blessés décédés plus tard des effets de leurs blessures et qui ne figurent pas dans les recensions officielles. N'oublions pas que la puissance de feu n'a pas atteint les proportions qu'elle connaîtra à la fin du XIXe et au début du XXe siècle.

Et les civils ? En réalité, sauf en 1814, la guerre se déroule hors du territoire français. Il n'en ira pas de même lors de la guerre de 1914-1918.

Napoléon a-t-il saigné démographiquement la France par ses guerres ? Si l'on prend le cas de Paris, il est vrai préservé comme l'Ouest de la France par des appels plus modérés de conscrits, on compterait 4 292 morts, soit un

Parisien sur cent ayant péri sur les champs de bataille de l'Empire.

Mais le désir d'échapper à la conscription, qui ne frappe que les célibataires, explique la multiplication des mariages. Le taux de nuptialité passe de 7,3 % à 8 %. Seule la crise économique de 1810-1811 en ralentit la poussée. Conséquence : Bertillon compte trois naissances pour un mariage dans la période 1781-1800, il en compte quatre dans les années 1801-1820[12]. La contraception n'a encore que des effets limités, mais on note à Paris et dans les campagnes un nombre élevé d'enfants abandonnés.

On ne saurait donc parler d'effondrement démographique. La conscription n'a pas eu d'effets vraiment négatifs sur l'agriculture et l'industrie. La pénurie relative de main-d'œuvre dans une France encore médiocrement industrialisée a eu pour conséquence une forte hausse des salaires, même pour les ouvriers agricoles, le prolétariat à l'époque le plus mal traité.

Peut-être est-ce la raison pour laquelle, au moins jusqu'en 1810, la guerre ne fut pas impopulaire en France.

---

12. J. Tulard, *Nouvelle Histoire de Paris. Le Consulat et l'Empire*, p. 18-21.

Chapitre VII

LA PAIX

La guerre n'a de sens que si elle aboutit au résultat escompté au moment de son engagement. La conclusion de la paix est inséparable de la déclaration de guerre. Le militaire fait alors place au diplomate.

La bataille d'Austerlitz gagnée, le 2 décembre 1805, Napoléon organise, le lendemain, la poursuite qui, menée par Murat, va permettre de faire de nombreux prisonniers. Peu après, il reçoit le baron de Lichtenstein venu solliciter un armistice. Il en accepte le principe. Le 4, il a une entrevue à son bivouac avec l'empereur François en personne, rencontre immortalisée par Gros. Un accord s'esquisse sur les termes de l'armistice. Il en accepte le principe. À la diplomatie de jouer.

Talleyrand, le ministre des Relations extérieures, qui a suivi Napoléon, est à Vienne occupée par les troupes françaises. Des négociations s'y étaient déjà ouvertes, au centre desquelles figurait une médiation de la Prusse dans le conflit franco-autrichien, médiation dont ne voulaient ni Napoléon ni Talleyrand, mais, avant la victoire d'Austerlitz, il importait d'éviter une intervention militaire de la Prusse.

Au soir du 4, Napoléon écrit à son ministre :

> « Monsieur Talleyrand, l'empereur d'Allemagne m'a demandé une entrevue ; je la lui ai accordée ; elle a duré depuis 2 heures jusqu'à 4. Je vous dirai de vive voix ce que je pense de lui. Il aurait voulu conclure la paix sur-le-champ ; il m'a pris par les beaux sentiments. Je me suis défendu, genre de guerre qui ne m'était point, je vous assure, difficile. Il m'a demandé un armistice que je lui ai accordé. Cette nuit, on doit venir en régler les conditions. Il m'a demandé un armistice pour les Russes ; je l'ai accordé, à condition que, par journées d'étapes, les Russes évacueront l'Allemagne et la Galicie, et retourneront chez eux, ce qu'il m'a dit être dans les intentions de l'empereur de Russie. Rendez-vous en diligence à Brünn, dites aux négociateurs autrichiens que je suis convenu avec l'empereur que le centre des négociations serait établi à Nikolsburg. Je vous dirai à Brünn ce que je veux faire ; ne préjugez rien[1]. »

On le voit, Napoléon ne laisse pas les mains libres à son ministre. S'en méfie-t-il déjà ? Il ajoute, toujours préoccupé par l'opinion en France : « Faites faire pour *Le Moniteur* une note sur l'armistice, sur la mauvaise position des Russes et sur l'ouverture des négociations réelles car les premières n'étaient que factices. »

Talleyrand répond aussitôt, plaidant pour des exigences modérées à l'égard des Autrichiens dont il souhaite

---

1. *Correspondance générale de Napoléon*, t. V, n° 11146.

l'alliance par la suite. Mais Napoléon y est hostile. Le ministre doit donc négocier, contre son gré, sur des positions fermes, à Brünn, avec le prince de Liechtenstein et Givray. Il en rend compte le 14, de Brünn, à Napoléon.

De Schoenbrunn où il réside, celui-ci donne des instructions précises le 15 :

> « Rédigez un projet de traité qui donne à la Bavière tout ce que nous lui garantissons. […] Laissez-moi la latitude de deux mois pour évacuer. Je tiens aux contributions qui sont partout en recouvrement. Ce traité rédigé, vous me l'enverrez pour que je l'approuve et, ensuite, vous le communiquerez aux ministres autrichiens en les assurant que je n'y changerai pas un mot, qu'ils peuvent prendre leur parti, faire la paix ou la guerre, que je sais qu'ils font des démarches pour remuer la Prusse, que, par ces démarches, je me trouve dégagé. C'est la seule manière de traiter avec ces gens-là[2]. »

Le 23 décembre, Talleyrand, qui a quitté Brünn – « un lieu horrible », écrit-il –, arrive à Presbourg, toutes les conditions françaises ayant été acceptées. Le traité de Presbourg est signé le 26 décembre 1805, et l'échange des ratifications a lieu à Vienne, le 1er janvier 1806. Napoléon fut mécontent de Talleyrand. Il trouvait que son ministre n'avait pas été assez exigeant sur le montant des contributions de guerre assignées à l'Autriche. Il ignorait qu'il s'était fait payer par Vienne pour prix de sa modération[3]…

---

2. *Ibidem*, n° 11188.
3. Dard, *Napoléon et Talleyrand*, p. 120.

En 1807, c'est au tour de la Prusse d'être vaincue. Alors que les Français, maîtres du territoire prussien, passent en Pologne pour y affronter les Russes, une suspension d'armes franco-prussienne a été signée à Charlottenburg, le 16 novembre 1806. Mais il faut attendre la victoire de Friedland sur les Russes, le 14 juin 1807, pour que la paix se dessine.

Tout commence par une demande d'armistice de la part des Russes qui envoient Lobanov à Napoléon installé à Tilsit. Le 19 juin, celui-ci donne son accord. Le 21, l'armistice est signé. Le 25, c'est la première entrevue, célèbre, entre le tsar et l'empereur sur un radeau au milieu du Niemen. La séduction est mutuelle.

Deuxième entrevue le 26, en présence du roi de Prusse. Le 7 juillet, par l'entremise de Talleyrand, est signé entre la France et la Russie le traité de Tilsit dont la Prusse fait les frais en perdant une partie de son territoire[4].

Paix provisoire puisque la guerre reprend avec l'Autriche en 1809, alors que, depuis un an, la France doit faire face à l'insurrection espagnole contre le roi Joseph imposé à Madrid par Napoléon.

Après la victoire de Znaïm sur l'Autriche le 11 juillet 1809, Davout presse Napoléon d'en finir. Mais l'empereur s'exclame : « Assez de sang versé ! », ébranlé par la mort de Lannes et les pertes subies à Essling et Wagram. Il reçoit une nouvelle fois Liechtenstein venu lui demander un armistice.

---

4. Les négociations sont magistralement évoquées par Casaglia, *Le Partage du monde, Napoléon et Alexandre à Tilsit* (1998).

Les négociations s'engagent le 18 août entre Champagny, remplaçant de Talleyrand, et Metternich à Altenburg. Elles traînent. Metternich propose l'alliance autrichienne contre une paix blanche, mais Napoléon, méfiant, ne veut pas en entendre parler. Si les Autrichiens ne sont pas en état de combattre, l'empereur des Français doit compter avec un fort sentiment national en Allemagne que traduit la tentative de l'assassiner, lors d'une parade militaire à Schoenbrunn. Finalement, Napoléon précipite la conclusion des tractations. La paix est signée à Vienne, le 14 octobre. L'Autriche est soumise à des amputations de territoires et à une lourde contribution de guerre, soit la somme de 85 millions[5].

La campagne de Russie, elle, ne se terminera pas sur un traité de paix. À partir de 1812, il n'y aura plus de négociations conclues par un accord entre l'empereur et les monarchies coalisées contre la France, en dehors de l'armistice signé à Pleiswitz, le 4 juin 1813, entre la France et les forces russo-prussiennes après les victoires françaises de Lützen et Bautzen.

La guerre d'Espagne s'achève par le traité de Valençay, le 11 décembre 1813. Ferdinand VII est rétabli sur le trône, mais les opérations continuent contre les forces de Wellington qui franchissent les Pyrénées.

En 1814, les combats se déroulent sur le sol français. Les Alliés ont fait des offres de paix à plusieurs reprises, peu sincères, à Francfort, le 4 décembre 1813, et au

---

5. *Recueil des traités de la France*, t. II, p. 293.

congrès de Châtillon, le 7 février 1814. La guerre prend fin sur l'abdication sans conditions, le 6 avril suivant, et la signature du traité de Fontainebleau qui accorde à l'empereur la souveraineté de l'île d'Elbe.

30 mai 1814 : Talleyrand accepte les conditions du traité de Paris qui met un terme à la guerre sur le sol européen. La France ne conserve de ses conquêtes que Mulhouse, Montbéliard, Avignon et une partie de la Savoie. Paix encore une fois précaire. Le 1er mars 1815, Napoléon débarque à Golfe-Juan et la guerre reprend. Waterloo est suivi, le 20 novembre 1815, du second traité de Paris qui durcit les conditions du premier.

Entre la rupture de la paix d'Amiens en 1803 et la signature du second traité de Paris en 1815, les accords n'auront été que provisoires et vite déchirés. Peut-être parce que Napoléon n'a jamais voulu aller jusqu'aux conséquences extrêmes de sa victoire. En 1805, sur les injonctions de Talleyrand, il ménage trop l'Autriche au traité de Presbourg ; en 1809, il aurait dû écouter Davout et rayer l'empire autrichien de la carte. Il ne le fait pas. De même, à Tilsit, ne va-t-il pas jusqu'au bout en effaçant entièrement la Prusse. Il n'y a de bons ennemis que morts…

S'il était plus difficile de détruire la Russie, le tsar Alexandre ne se serait-il pas contenté de concessions sur la Pologne et de l'assurance d'avoir les mains libres en Orient ?

Restait l'Angleterre, mais que pouvait-elle sur le continent, privée d'alliés ?

Troisième partie

LA DÉFAITE

La carrière de Napoléon s'achève sur un désastre, Waterloo. Alexandre meurt de maladie, César poignardé, ils n'ont pas été vaincus. Pourquoi Napoléon a-t-il dû, en dépit de son génie, se retirer de la scène du monde sur une défaite ? Qu'est devenu à Waterloo le vainqueur d'Austerlitz, d'Iéna, de Wagram ?

S'il perd sur un champ de bataille en 1815, impuissant à briser les carrés anglais de Wellington, c'est qu'il a déjà perdu contre l'Angleterre sur les plans psychologique, maritime et économique. Austerlitz a masqué Trafalgar, et Wagram l'impuissance à soumettre l'Espagne. 1812 marque le réveil des nationalités en Europe et annonce la fin du Grand Empire.

Dès l'affaire d'Espagne, Napoléon a perdu. Même s'il avait vaincu en Russie, aurait-il pu écraser une Espagne insurgée alimentée en armes par la flotte anglaise ? L'adversaire, c'est l'Angleterre, et le temps a manqué à l'empereur pour l'isoler, la couper du continent et la ruiner économiquement.

Chapitre premier

LA GUERRE PSYCHOLOGIQUE

Napoléon a compris l'un des premiers l'importance de la guerre psychologique. La propagande devient, avec le développement de la presse et de l'image, aussi décisive que l'artillerie. L'opinion publique est une autre armée qu'il faut mobiliser et orienter comme il faut démoraliser l'adversaire avant de l'avoir vaincu par les armes.

D'emblée Bonaparte utilise la presse pour valoriser sa campagne d'Italie. Il crée deux journaux : le *Courrier de l'armée d'Italie* et *La France vue de l'armée d'Italie*[1].

Le Courrier apparaît à Milan le 1ᵉʳ thermidor an V (19 juillet 1797) et se termine le 12 frimaire an VII (2 décembre 1798). Paraissant tous les deux jours, il est rédigé par Marc-Antoine Jullien. Ce dernier avait appartenu au bureau de police créé au Comité de salut public,

---

1. Notices dans E. Hatin, *Bibliographie de la presse périodique française*, p. 272-273.

puis avait été rédacteur du journal *L'Orateur public*, proche du Directoire. Il a donné au *Courrier* une orientation républicaine face à la poussée royaliste.

Bonaparte est présenté comme « vainqueur de soixante combats » et « comblé d'éloges par l'ennemi même ». Il est comparé à César et Joséphine à… Cléopâtre. Un article évoque l'attachement des soldats à leur chef : « Pendant que l'armée défile, un caporal s'approche du général en chef et lui dit : "Général, tu as sauvé la France. Tes enfants, glorieux d'appartenir à cette invincible armée, te feront un rempart de leurs corps. Sauve la République ! Que cent mille soldats qui composent cette armée se serrent pour défendre la liberté !" »

Un deuxième journal, également composé à Milan, paraît en thermidor an V (juillet 1797) et sa publication se termine en vendémiaire an VI (septembre 1797), *La France vue de l'armée d'Italie*. Son rédacteur est Regnaud de Saint-Jean-d'angély, ancien député aux États généraux, qui a mis par la suite sa plume au service de différentes feuilles. Là encore, l'exaltation du génie de Bonaparte est constante. Il est présenté comme l'arbitre de la situation diplomatique. On lit dans le n° 2 :

> « Telle est la position de Bonaparte vis-à-vis des États qui l'environnent, telle est la puissance de la République et de ses armées en Italie que le sort du roi de Piémont, le maintien ou le renversement de son trône, a dépendu du général en chef de l'armée française. Il n'avait qu'à dire un mot, qu'à faire un signe

d'approbation et le Piémont cessait d'être un État monarchique et ses provinces étaient réunies à la République cisalpine ou peut-être partagées entre celle-ci et la République de Gênes. Mais Bonaparte a voulu prouver que la France sait reconnaître la loyauté de ses alliés, qu'elle rend justice à la conduite franche du roi de Sardaigne depuis la conclusion de l'alliance, et que, quand la puissance morale ou politique de la France, quand la force de ses armes interviennent dans les événements intérieurs d'un État, c'est que la conduite de ses gouvernants ou le salut et l'intérêt de la France en ont fait une nécessité. »

Cette propagande est à destination de la France où le Directoire traverse une grave crise politique, mais elle vise aussi à terroriser l'ennemi. On lit aussi dans ce journal : « Bonaparte vole comme l'éclair et frappe comme la foudre. Il est partout et il voit tout. Il sait qu'il est des hommes dont le pouvoir n'a d'autres bornes que leur volonté quand la vertu des plus sublimes vertus seconde un vaste génie[2]. »

L'image prolonge l'écrit. Lodi puis le pont d'Arcole imposent le portrait d'un jeune général pâle, maigre, longs cheveux au vent, qui annonce le héros romantique. On compara Arcole à un chant de l'*Iliade*, rappelait Napoléon à Sainte-Hélène devant Las Cases. Et la mort héroïque de Muiron, qui se fit tuer à la place de Bonaparte sur le fameux pont, était déjà exaltée dans la première relation de la campagne d'Italie par le général Pommereul et

---

2. Cité par A. Ollivier, *Le 18 brumaire*, p. 73.

reprise par l'imagerie populaire de la rue Saint-Jacques à Paris[3].

L'Égypte ajoute encore au rêve. Lamartine décrit dans ses Mémoires le colporteur commentant devant les enfants de Milly les images de la campagne :

« Voilà la bataille des Pyramides, en Égypte, gagnée par le général Bonaparte. C'est ce petit homme maigre et noir que vous voyez là, monté sur ce grand cheval jaune comme l'or, qui caracole avec son long sabre à la main, devant ces tas de pierres taillées qu'on appelle des pyramides, et qui dit à ses soldats : "De là-haut quarante siècles vous contemplent !" Il y a aussi Augereau, Berthier "arrachant une plume de cygne de son panache flottant pour écrire les ordres de l'état-major d'un air pensif", et Kléber avec "sa taille de tambour-major". »

Lamartine saisit bien l'effet psychologique de ces images : « Un cheval, un plumet, un grand sabre étaient toujours symboliques. Ce peuple était un soldat pour longtemps, peut-être pour toujours[4]. »

Portrait reproduit à l'infini, celui de Bonaparte au Grand Saint-Bernard vu par David, « cheveux et manteau rouge au vent, monture cabrée », visant à exalter le conquérant auquel aucune force ne résiste.

On passe ensuite du jeune général de la République à l'héritier de Charlemagne, à l'empereur commandant

---

3. Gourdin, *Le Colonel Muiron*, p. 397 et suivantes.
4. Lamartine, *Mémoires*, p. 38-39.

de vastes armées, transformé en idole orientale par Ingres.

L'arrêté du 3 mars 1806 impose aux artistes des sujets de propagande guerrière pour le Salon de peinture : « L'empereur haranguant le 2ᵉ corps d'armée à Augsbourg, les Autrichiens prisonniers de guerre sortant d'Ulm et défilant devant Sa Majesté, l'entrevue de l'empereur Napoléon et de l'empereur François II en Moravie. » Tout est prévu. Les tableaux doivent avoir 3,3 m de haut sur 4 à 5 m de large[5]. N'oublions pas que *Les Pestiférés de Jaffa* de Gros sont une réponse aux attaques anglaises accusant Bonaparte d'avoir fait empoisonner ses soldats atteints de la peste.

La peinture vante la magnanimité de l'empereur. Le prince de Hatzfeld, gouverneur de Berlin lors de l'entrée des Français dans la capitale prussienne, transmit au roi de Prusse des renseignements militaires. La lettre ayant été interceptée, il fut condamné à mort pour espionnage. Son épouse intervint en sa faveur et Napoléon le gracia. Innombrables furent tableaux et gravures qui exaltèrent cette clémence impériale dans un souci de propagande.

L'image est prolongée par le monument, arcs ou colonnes, qui inscrit la victoire dans le paysage. Un symbole : la colonne Vendôme. L'idée en revient à Vivant Denon, le directeur du Louvre, qui suggéra à Napoléon d'élever une colonne à la gloire de l'armée d'Austerlitz dont les reliefs seraient fondus avec le bronze des canons

---

5. Art. « Propagande » dans *Dictionnaire Napoléon*.

pris à l'ennemi. La place Vendôme étant choisie, Gondoin et Lepère, architectes de Malmaison, en furent chargés et Bergeret, élève de David, dessina les soixante-treize bas-reliefs rappelant les principaux épisodes de la campagne de 1805.

L'inauguration, le 15 août 1810, fit une telle impression sur les contemporains que le monument devint le symbole de l'épopée napoléonienne.

La colonne Vendôme créait un précédent. Napoléon promit, par un décret du 26 février 1806, qu'un arc de triomphe serait élevé sur la place du Carrousel. L'œuvre, due à Percier et Fontaine, déçut l'empereur. De là un arc plus important confié à Chalgrin et qui devait se dresser à la barrière de l'Étoile.

Napoléon prévit aussi, par un décret signé le 2 décembre 1806, un temple de la Gloire portant sur son fronton : « L'empereur Napoléon aux soldats de la Grande Armée. » À l'intérieur seraient gravés sur des tables de marbre les noms de tous les combattants d'Ulm, Austerlitz et Iéna, ceux des morts sur des tables d'or et ceux des départements ayant fourni des contingents sur des tables d'argent. Les maréchaux y auraient leur statue en marbre et les trophées pris à l'ennemi y seraient déposés. « Là, notre brillante jeunesse sera instruite dans le sentiment de l'honneur par de si illustres exemples, ce sera le sanctuaire de la gloire. » On devait utiliser les bâtiments inachevés de l'église de la Madeleine. Sous la direction de Vignon, les travaux furent poussés avec vigueur jusqu'en 1811, mais ensuite Napoléon s'en désintéressa.

202

On donna aux ponts des noms de victoires : le pont du Jardin des plantes, ouvert à la circulation en 1806, devint le pont d'Austerlitz, celui du Champ-de-Mars le pont d'Iéna. Les nouvelles voies percées dans Paris reçurent des noms de bataille : Rivoli, Castiglione, Ulm, etc. Le souvenir des succès impériaux ne pouvait ainsi se perdre. Un voyageur observe : « Tout dans Paris ne paraît penser et respirer que pour l'armée[6]. »

Furent également exhibés les trophées de guerre. Le Directoire avait ouvert la voie. Les œuvres d'art enlevées dans les pays conquis affluaient dans la capitale : les Rubens d'Anvers après l'occupation de la Belgique. Après la signature du traité de Tolentino commencèrent à arriver peintures et sculptures italiennes, choisies à l'origine par Monge, Thouin et Wicar. Un grand défilé fut organisé à Paris le 27 juillet 1798 : y figuraient les chevaux de Venise, l'*Apollon du Belvédère*, le *Laocoon*, *la Transfiguration* de Raphaël, etc. Autant de trophées. Sous Vivant Denon, les collections étrangères furent écrémées, notamment en Allemagne et en Espagne, au nom du droit du vainqueur.

Prise symbolique de l'humiliation prussienne, le quadrige de la victoire placé sur la porte de Brandebourg et transféré à Paris. Vivant Denon explique :

« Ce trophée d'un genre nouveau a mérité l'attention de tous les artistes et une visite de l'Institut qui a motivé un rapport tout à fait à l'avantage de ce monument. Il est

6. Tulard, *Nouvelle Histoire de Paris. Le Consulat et l'Empire*, p. 214.

donc important, Sire, qu'il en devienne un à Paris. Si Votre Majesté le destine à orner un arc de triomphe en l'honneur de la campagne d'Iéna, il serait à craindre qu'il retombât dans l'inconvénient qu'il a éprouvé sur la porte de Brandebourg : devenir un accessoire maigre et insignifiant. »

Denon souhaitait un arc plus proportionné aux dimensions du quadrige. Il songeait à l'installer près du Pont-Neuf. Cette politique artistique relevait de la volonté de magnifier la guerre. « Vous n'accepterez de monuments, écrit Vivant Denon à l'empereur, que ceux qui, en consacrant votre gloire, en donneront la mesure et rendront les nations étrangères tributaires de vos bienfaisances. »

Mais c'est avec la presse que la propagande napoléonienne donne sa pleine mesure. Les monuments et les trophées de guerre comme la lecture publique des bulletins de la Grande Armée jusque dans les plus petits villages devant la population rassemblée au son du tambour ont pour objet d'enflammer l'opinion publique française, l'associer aux victoires.

Le journal, qui participe à cette propagande en reproduisant notamment les fameux bulletins et les proclamations de l'empereur, est aussi une arme de combat contre l'ennemi. Dès l'avènement de Bonaparte, une guerre d'articles et de communiqués est engagée avec l'Angleterre où la presse joue un rôle important. Guerre implacable, plus acharnée encore que sur un champ de bataille et où tous les coups sont permis.

Sous le Consulat, Bonaparte, qui s'est rodé avec ses journaux italiens, insère dans le *Moniteur*, organe officiel du gouvernement, des notes anonymes. Dans ses Souvenirs, Chaptal, qui a été ministre de l'Intérieur, écrit que « Napoléon se servait lui-même des journaux pour faire la guerre à ses ennemis, surtout aux Anglais. Il rédigeait personnellement toutes les notes qu'on insérait dans le *Moniteur* en réponse aux diatribes et aux assertions qu'on y publiait[7] ».

Dans le *Moniteur* du 17 novembre 1799, il s'en prend à Pitt : « L'Angleterre seule étant en guerre ouverte [*contre la France*], M. Pitt sait que, pour nuire, la volonté ne suffit pas. Il n'a rien négligé de ce qui était en son pouvoir pour susciter de nouveaux ennemis à la France et faire rétrograder la paix. »

L'assassinat de Paul Ier le 24 mars 1801, appris à Paris le 12 avril, inspire au premier consul cette note du *Moniteur* : « Paul Ier est mort dans la nuit du 24 au 25 mars. L'escadre anglaise a passé le Sund [*détroit reliant la mer du Nord à la Baltique*] le 31. L'Histoire nous apprendra les rapports qui peuvent exister entre ces deux événements. » Comprenons : c'est Londres qui a fait assassiner le tsar.

La polémique avec les journalistes anglais est violente, même au moment des négociations de la paix d'Amiens : « Depuis dix jours, tous les journaux anglais crient comme

---

7. *Souvenirs* de Chaptal qui souligne que Napoléon attachait beaucoup d'importance à la reproduction de ses propos, p. 362.

des forcenés à la guerre. Quelques orateurs du Parlement ne se déguisent pas davantage : leur cœur ne distille que du fiel. » Après la rupture, nouvelle attaque de Bonaparte dans le numéro du 23 mai 1803 : « L'esprit de vertige qui s'est emparé depuis quelques mois du gouvernement anglais ne saurait se concevoir. Il croit donc sans doute que nous n'avons ni armes ni encre[8]. »

À Sainte-Hélène, relisant de vieux *Moniteur*, Napoléon s'exclame devant Las Cases :

> « Ces *Moniteur* si terribles, si à charge à tant de réputations ne sont constamment utiles et favorables qu'à moi seul. On a accusé le *Moniteur* pour ses notes tranchantes, trop virulentes contre l'ennemi, mais avant de les condamner il faut mettre en ligne de compte le bien qu'elles peuvent avoir produit, l'inquiétude suscitée parfois chez l'ennemi, la terreur dont elles frappaient un cabinet incertain, le coup de fouet qu'elles donnaient à ceux qui marchaient avec nous[9]. »

Quand il n'écrit pas lui-même, il crée à côté du *Moniteur* des feuilles officieuses. La bataille est terrible. « Vous connaissez bien l'esprit qui dirige le gouvernement britannique, ses écrivains ne cessent de m'attaquer et de me traduire devant l'opinion de l'Europe. Ils sont payés par les ministres de Londres », confie-t-il à Barère[10]. En bon stratège, il a lancé sa contre-offensive. Un *Mémorial anti-*

---

8. *Œuvres littéraires et écrits militaires* (éd. Tulard), pp. 14-64.
9. *Mémorial* (éd. Dunan), t. I, p. 555.
10. Mistler, *Napoléon et l'Empire*, t. I, p. 234.

britannique est confié à Barère pour contrer les attaques de la presse anglaise. Puis, le 20 octobre 1802, est fondé un nouveau journal *L'Argus ou Londres vu de Paris*, rédigé en anglais, mais qu'il est difficile de distribuer sur les côtes anglaises faute d'embarcations. Un gros effort est fait dans le domaine de la caricature : on voit un général anglais chevauchant une écrevisse ou des soldats britanniques fuyant devant un nuage de poussière soulevé par un troupeau de moutons.

Mais, dans cette guerre psychologique, la France est vaincue par l'Angleterre après 1803. Les pamphlets ennemis, innombrables, sont débarqués sur les côtes de Bretagne ou de Normandie par les navires britanniques. Ils dénoncent la tyrannie et la cruauté de Napoléon, donnant un grand écho aux défaites d'Espagne et du Portugal, insistant sur la crise économique de 1810. Certains ouvrages de qualité, comme ceux de Francis d'Ivernois, ne connaissent qu'une diffusion très restreinte. Gros succès en revanche pour *The Anti-gallican Monitor*, d'une grande violence. Il est rédigé par le Portugais Goldsmith dont la plume acérée s'est d'abord mise au service de la France. Talleyrand l'a employé au début du Consulat, mais, impliqué dans des tractations plus ou moins louches, il s'est brouillé avec les diplomates français et s'est enfui à Londres en 1809. Incarcéré à son arrivée, il est passé sans états d'âme au service du Cabinet britannique. Rassemblant les notes prises à Paris, Goldsmith rédigea en 1810 une *Histoire secrète du cabinet de Bonaparte* emplie de ragots et d'inventions calomnieuses qui fut traduite dans plusieurs langues.

Mais l'arme la plus redoutable de l'Angleterre fut incontestablement la caricature. Gillray, Rowlandson, Cruikshank, Woodward sont connus dans toute l'Europe pour leurs images antinapoléoniennes. On y voit l'osseux « Boney » se transformer, avec l'avènement de l'Empire, en ventripotent « Fleshy »[11]. Tantôt Napoléon est un ogre qui se prépare à avaler le monde, tantôt un être infime que le roi d'Angleterre ne contemple qu'avec une lorgnette. Le Napoléon qui revient le plus souvent est « un petit bonhomme armé d'un grand sabre, coiffé d'un immense chapeau à plumes, sous lequel tout le corps semble vouloir disparaître, chaussé de bottes énormes dans lesquelles les jambes, grêles comme des fuseaux, ont l'air de danser… Une véritable carcasse humaine flottant dans une houppelande[12] ». C'est le général qui est visé et ridiculisé.

L'entourage de Napoléon est également moqué : d'une Joséphine plantureuse à un Talleyrand en diable boiteux, le tout dans des couleurs agressives qui accentuent encore la cruauté du trait. À Londres, « on se bat à qui pourra le premier apercevoir les caricatures de Gillray devant le magasin de M. Ackerman. C'est un enthousiasme indescriptible quand le nouveau dessin apparaît. C'est presque de la folie. L'on m'affirme que tous les jours des ballots de ces caricatures sont expédiés au-dehors ».

11. J. Grandcarteret, *Napoléon par l'image*, p. 33.
12. C. Claudon-Adhémar, *L'Imagerie populaire russe*.

Par le Portugal, caricatures et pamphlets pénètrent sur le continent. L'Espagne est la première touchée : elle a son propre pamphlet, *Le Catéchisme espagnol*. C'est ensuite le tour de l'Allemagne où sévissent aussi des caricaturistes, comme Jean-Frédéric Clar à Hambourg, qui représente dès 1805 Napoléon régnant sur un trône qui repose sur des têtes de morts. En Italie, c'est Barzoni, rédacteur du *Giornale politico*, qui mène l'offensive contre le tyran des nations.

En Russie en 1812, la guerre mobilise graveurs et imprimeurs. À côté d'œuvres plus élaborées comme celle d'Ivan-Ivanovitch Terebenev, des gravures plus grossières montrant une armée française en guenilles se moquent de Napoléon : Duroc ne peut écrire les bulletins de victoire que lui dicte contre toute réalité Napoléon : « Comment les rédiger, j'ai les mains gelées ? » Les fables de Krilov s'inspirent de la guerre de 1812[13].

Dans toute l'Europe, se multiplient à partir de 1812 caricatures et pamphlets antinapoléoniens s'inspirant de la propagande anglaise. Bien parti sous le Consulat, Napoléon perd la bataille de la propagande. L'influence française est battue en brèche. Des modèles de *Catéchisme espagnol*, le plus violent des pamphlets hostiles, circulent en Allemagne et en Italie, préparant les explosions nationales qui vont emporter le Grand Empire. Napoléon a perdu la guerre psychologique.

---

13. J.-J. Bregeon, *1812*, p. 239.

Il prendra sa revanche, après sa mort, en 1823 avec le *Mémorial de Saint-Hélène* de Las Cases qui sera le bréviaire des révolutionnaires de 1830 et de 1848, provoquant la fin de l'Europe de la Sainte Alliance, celle des vainqueurs.

Chapitre II

LA GUERRE MARITIME

La mer a été la grande alliée de l'Angleterre. Être une île devient un avantage face au conquérant. Certes, César avait franchi la Manche, mais il n'avait pas en face de lui la Royal Navy.

Pour vaincre l'Angleterre, Napoléon se heurte aux flots. Deux raisons expliquent son échec : l'absence d'une flotte qui puisse rivaliser avec celle de l'Angleterre et sa méconnaissance des règles de la guerre maritime.

L'empereur hérite d'une grande tradition navale. Sous Louis XVI, au moment de la guerre d'indépendance de l'Amérique, la marine française rivalisait avec celle de l'Angleterre. Elle disposait d'un corps remarquable d'officiers venus des compagnies des gardes de la marine, tous nobles, renforcés d'officiers transfuges de l'armée de terre comme Bougainville et d'Estaing. S'y ajoutèrent, mais en minorité, des roturiers recrutés dans la marine marchande comme Ganteaume, répartis sur les navires à titre d'auxiliaires.

La situation des matelots était moins avantageuse. Le recrutement des navires s'effectuait par classe depuis Colbert. Les marins étaient répartis en trois, quatre ou cinq classes en fonction de leur nombre, chaque classe devant le service à son tour pendant un an. Quand le roi appelait une classe, il enlevait à la marine marchande les hommes de cette classe. Payés auparavant de trente à quarante-cinq livres par mois, ils ne recevaient sur les vaisseaux du roi que seize livres. Ils avaient droit, en revanche, à une part des prises, mais celle-ci restait faible. Le recrutement était donc difficile et l'esprit mauvais : on s'en aperçut en 1789.

En revanche, les progrès techniques furent impressionnants, de l'horloge marine, œuvre de Berthoud et de Fleurieu, aux blindages mis au point par d'Arçon. Les canonniers bénéficièrent des innovations de Gribeauval. Des ingénieurs comme Forfait ou Sané fabriquèrent des vaisseaux solides et rapides. Mais la Royal Navy possédait davantage de trois-ponts armés de 120 canons face aux deux-ponts français de 74 canons. En 1789, la France alignait 264 vaisseaux dont 78 de ligne. Les ports de Brest, Cherbourg, Lorient, Rochefort et Toulon connaissaient une intense activité.

Au début du règne de Louis XVI, des projets de descente en Angleterre sont envisagés en collaboration avec l'Espagne. Une armée de quarante mille hommes est réunie à Saint-Malo et au Havre ainsi qu'une flottille de quatre cents transports. Dans l'état-major : Ségur, Lauzun, La Fayette. Il faut un plan : d'Orvilliers, avec l'escadre de Brest, rejoindra près de La Corogne l'escadre espagnole de Cadix commandée par Cordova. Réunies, les deux flottes viendront dans la Manche protéger le débarquement des forces terrestres.

Cordova arrive au rendez-vous avec cinquante jours de retard, le 23 juillet 1779. Les vents défavorables immobilisent ensuite les deux flottes, une épidémie de scorbut décime les équipages. Le projet est finalement abandonné. Napoléon aurait dû méditer la leçon.

La revanche ne tarda pas avec les victoires de Suffren aux Indes et de De Grasse à Chesapeake, obligeant l'Angleterre à signer la paix de Versailles en 1783. La marine française n'a jamais été aussi puissante. En 1789, elle aligne 82 vaisseaux dont 9 en construction, 67 frégates, 19 corvettes, 29 bricks, 7 chaloupes canonnières, 17 flûtes, 16 gabarres. La force de feu est impressionnante : 14 000 canons. Certes, Suffren est mort en 1788 et de Grasse la même année, mais la relève semble assurée.

Hélas ! la marine française est désorganisée par la Révolution : l'émigration éclaircit les rangs des officiers. Difficile de les remplacer : on ne peut s'improviser commandant d'un navire comme d'un régiment. L'indiscipline se répand dans les équipages à Brest, à La Rochelle, à Toulon. On manque très vite de marins.

Lorsque l'Angleterre entre en guerre contre la France en mars 1793, sa suprématie s'affirme rapidement. La France ne peut lutter contre la marine britannique. La Convention exalte le *Vainqueur*, vaisseau de ligne appartenant à l'escadre de Villaret-Joyeuse sortie de Brest pour aller escorter des bâtiments américains apportant du blé à la France. Commandé par le capitaine Renaudin, le *Vengeur* se heurte à plusieurs navires anglais le 1ᵉʳ juin 1794. Il est coulé. Une maquette du navire fut suspendue à la voûte du Panthéon, mais ce n'était que transformer en action héroïque une défaite, même si le convoi de blé parvint à passer. Les principaux combats ont lieu aux Antilles. La Martinique est perdue. La campagne d'Irlande, visant à débarquer, en décembre 1796, l'armée de Hoche dans une île insurgée, se transforme en échec, faute de coordination et en raison des conditions atmosphériques.

En 1798, la flotte française en route pour l'Égypte échappe à Nelson : son navire, le *Vanguard*, a été victime d'une tempête qui a abattu sa voilure, alors qu'il surveillait le port de Toulon. Quand il est de retour, la flotte française est sortie et il ignore sa destination. Lorsqu'il a confirmation qu'elle est en route pour l'Égypte, il se lance à sa poursuite, la dépasse sans la voir et arrive avant elle à Alexandrie. Croyant s'être trompé, il fonce vers Constantinople. Les navires français pourront débarquer leurs troupes à Alexandrie sans rencontrer de résistance. Preuve que la chance ne peut être exclue des calculs stratégiques ! Mais la logique reprend vite ses droits. Le 2 août, la flotte française est surprise et détruite à Aboukir. Ce désastre est la conséquence des incohérences du commandement français : flotte mal mouillée dans une rade trop ouverte, indécision entre le combat sous voiles ou au mouillage, équipages malades[1].

---

1. M. Battesti, dans *La Bataille d'Aboukir*, met en lumière les incohérences du commandement français.

La situation de la marine après Brumaire interdit à
Bonaparte les grands projets maritimes. Entre 1790 et
1799, le nombre des vaisseaux est passé de 72 à 49,
celui des frégates de 69 à 54[2]. Les officiers émigrés
n'ont pas été remplacés, le plus souvent. Leurs rares
successeurs, réduits à l'inactivité dans des ports blo-
qués par les navires anglais, manquent d'expérience et
souffrent d'un complexe d'infériorité vis-à-vis de leurs
rivaux anglais. Ils ignorent tout des théories offensives
développées sur terre et demeurent attachés à des idées
surannées : l'ordre de bataille en ligne, le tir visant à
démâter l'ennemi pour le paralyser, le combat sous le
vent. Une stratégie désuète que raille Nelson sans cesse
à la recherche d'innovations. Enfermés dans leurs pré-
jugés, les officiers français manquent d'audace et surtout d'entraînement. Ils seront déroutés par la stratégie
et la tactique de Nelson : concentration des forces en
un point précis, offensive à outrance et anéantissement
de l'ennemi. N'est-ce pas la stratégie napoléonienne sur
le continent ? De plus, on continue à manquer de matelots, d'autant que la marine marchande sort ruinée de
la Révolution et que la formation ne peut avoir lieu sur
mer en raison du blocus des ports français par les
Anglais. « Au fond, écrit l'historien François Crouzet,
la marine dont Napoléon a hérité est une marine
d'Ancien Régime reconstituée que la Révolution a affai-
blie par suite des pertes en cadres et en navires et

---

2. Gillet, *La Marine impériale*, p. 15.

215

qu'elle n'a pas régénérée, comme elle l'avait fait pour l'armée[3]. »

Napoléon doit tenir compte de l'infériorité de ses forces navales face à l'Angleterre. Il ne peut s'assurer la maîtrise des mers, mais il dispose d'une armée redoutable : si elle parvient à débarquer sur les côtes de la Manche, elle peut se rendre rapidement maîtresse de Londres. L'idée d'un débarquement sur les côtes anglaises est aussi vieille que la rivalité franco-britannique. On l'a vu, elle a été agitée en 1796 avec une variante irlandaise et s'est soldée par un échec cuisant.

De retour d'Italie, Bonaparte avait été nommé général en chef de l'armée d'Angleterre le 26 octobre 1797. À son tour d'envisager un débarquement. Il fit prendre, le 13 décembre, un arrêté prévoyant la concentration de la flotte française à Brest, concentration qui devait être terminée en avril. Les 14 et 16 décembre, il travailla avec le ministre de la Marine et les principaux amiraux. Le projet irlandais fut ressorti : on comptait s'appuyer sur les insurgés irlandais. Le 8 février 1798, Bonaparte partit inspecter les ports de Boulogne, Étaples, Ambeuse, Calais et Dunkerque. De là il gagna la Belgique et se rendit à Ostende et à Anvers. Le 20 février, il était de retour à Paris, convaincu de l'impossibilité d'une descente en Angleterre. C'est alors qu'il choisit l'Égypte. Stratégiquement, on couperait la route des Indes, politiquement on gagnerait du temps avant de

---

3. François Crouzet dans J. Mistler, *Napoléon et l'Empire*, t. II, p. 20.

faire le coup d'État qui permettrait un changement de régime[4]. L'expédition d'Égypte n'inspira pas à Bonaparte une haute idée de la marine française.

L'idée d'un débarquement est à nouveau agitée en 1801, mais c'est après la rupture de la paix d'Amiens, en 1803, qu'elle prend corps. Pour Napoléon, le passage de la Manche ne pourrait se faire qu'avec une flottille de petits bâtiments à fond plat permettant de s'échouer sur les plages, armés de canons, tirant au ras de l'eau et naviguant à la voile, de surcroît difficiles à repérer et à arrêter. Les ingénieurs Forfait et Sané en dessinèrent les plans : chaloupes, canonnières, péniches auxquelles s'ajoutent les bateaux de pêche.

Deux mille bâtiments sont rassemblés, pouvant transporter cent cinquante mille hommes, onze mille chevaux et quatre cent cinquante canons, faisant de fréquents exercices d'embarquement et de débarquement. Initialement, cette flottille doit seule franchir la Manche à partir des ports de Boulogne et de Dunkerque, à la faveur d'une nuit sans lune et en moins de trente heures. Mais très vite Napoléon se rend compte que ces bateaux plats sont trop vulnérables et qu'à peine cent à deux cents pourraient quitter Boulogne à chaque marée, en sorte que l'effet de surprise serait manqué. Il faut à cette flottille la protection

---

4. Talleyrand avait suggéré lui-même l'Égypte en rapport avec les notes du consul d'Alexandrie. L'idée était aussi d'une grande expédition scientifique pour obtenir l'appui de l'Institut national.

des navires de guerre neutralisant leurs rivaux britanniques[5].

Napoléon se tourne alors vers Toulon, un port difficile à bloquer par les Anglais, à l'inverse de Brest où Ganteaume est enfermé avec ses vaisseaux. À Toulon, commande Latouche-Tréville, un marin audacieux et compétent. Malheureusement, celui-ci meurt le 20 août 1804.

Napoléon refait ses plans, d'autant que la guerre menace de reprendre sur le continent, attisée par le cabinet de Londres. En décembre 1804, il décide que l'escadre de Toulon, passée après la mort de Latouche-Tréville sous le commandement de Villeneuve, et celle de Rochefort, placée sous l'autorité de Missiessy, se rendront aux Antilles pour y attaquer les possessions anglaises. Cette manœuvre de diversion permettra à Ganteaume de sortir de Brest et de débarquer en Irlande un corps expéditionnaire.

Ce plan échoue : Villeneuve sort de Toulon le 17 janvier 1805, mais, victime d'une tempête, revient au port le 21. Plus heureux, Missiessy a gagné la Martinique le 20 février, mais, ne trouvant pas Villeneuve, est de retour à Rochefort le 20 mai. À aucun moment la voie n'a été libre pour Ganteaume. Napoléon ne se décourage pas, d'autant que l'Espagne est entrée en guerre aux côtés de la France et apporte l'appui, précieux, de sa flotte.

---

5. Debrière, *Projets ou tentatives de débarquement aux îles Britanniques*, t. III. En regard, Glover, *Britain at Bay (1803-1814)*.

Nouveau plan, le 2 mars 1805. Villeneuve, Missiessy et Ganteaume sortiront en même temps pour gagner la Martinique. Ils se renforceront des navires espagnols de Carthagène, de Cadix et du Ferrol. Ils attireront les vaisseaux anglais aux Antilles puis reviendront à la hâte protéger le débarquement de la flottille concentrée à Boulogne qui fera voile vers les côtes anglaises en juillet. Plan audacieux mais mieux conçu pour des manœuvres terrestres. Supposer que les Anglais vont s'affoler et dégarnir la Manche pour préserver les Antilles est un pari risqué. En mer, le temps de la réflexion est plus long que sur terre, et le Cabinet britannique peut éventer la ruse. Au demeurant, les instructions de l'Amirauté privilégient la défense des côtes.

Par ailleurs, Napoléon fixe des délais trop courts, encore qu'imposés par la nécessité de la surprise, sans tenir compte des aléas de la mer pour une marine à voile que commande le vent.

L'amiral Villeneuve se retrouve bientôt investi d'une responsabilité qui le dépasse malgré ses réelles capacités. D'emblée il est seul. L'ordre de l'empereur ne parvient pas à Missiessy par suite d'un contretemps imprévu. Et Ganteaume ne peut sortir de Brest, le 27 mars, bloqué par les Anglais.

Villeneuve quitte Toulon le 30 mars, avec onze vaisseaux et sept frégates. Échappant à Nelson, il se présente devant Carthagène, mais les navires espagnols ne sont pas prêts. Première contrariété. Il parvient, le 9 avril, à Cadix où il trouve Gravina et six bateaux espagnols. Il prend ensuite la route de la Martinique ou il arrive le 14 mai. Il reçoit des instructions datées du 29 avril qui lui enjoignent d'attendre en juillet les arrivées de Ganteaume et de Missiessy, puis de revenir dans la Manche au début d'août.

Mais Villeneuve n'attend pas car il apprend que Nelson arrive aux Antilles. Au large du cap Finisterre, il se heurte, le 22 juillet, à Calder : bataille indécise. Le 2 août, Villeneuve va mouiller à La Corogne. Les ordres de Napoléon, qui se tient prêt avec son armée à Boulogne au début d'août, sont désormais de rejoindre Allemand qui a remplacé Missiessy, puis de débloquer Ganteaume. Le 13 août, Villeneuve sort du port de La Corogne mais ne trouve pas Allemand. Il finit par s'enfermer dans Cadix.

La guerre reprenant sur le continent, Napoléon doit déplacer son armée vers l'Allemagne. Il démobilise la flottille et quitte Boulogne. Il fait porter la responsabilité de cet échec sur Villeneuve qui perd alors son sang-froid. Il aurait dû regagner rapidement Toulon, mais il laisse les forces anglaises se regrouper sous le commandement de Nelson devant Cadix. Il y est protégé par la rade. Mais, le 15 septembre, un ordre de l'empereur le somme de quitter Cadix pour faire une démonstration sur les côtes du royaume de Naples qui vient d'entrer dans la coalition contre la France. Par un nouvel ordre, Napoléon remplace Villeneuve par Rosily, accusé de lâcheté pour ne pas être sorti de Cadix. C'en est trop. Villeneuve tente un coup de folie pour se racheter. Il quitte Cadix le 20 octobre, sans attendre son remplaçant et vient affronter, le 21, les Anglais au large du cap Trafalgar. Il commande trente-trois vaisseaux, dont quinze espagnols, et cinq frégates. Sa puissance de feu est de 2 856 canons. En face, Nelson n'a que vingt-sept navires et six frégates armés de 2 314 canons.

Les Anglais sont répartis en deux colonnes, l'une commandée par Collingwood et l'autre par Nelson. Au lieu de se placer parallèlement à la ligne française, elles attaquent perpendiculairement. Vers midi, Collingwood perce la ligne française entre le dix-septième et le dix-huitième bâtiment et l'enveloppe. Nelson l'attaque au centre. Les Anglais attaquent méthodiquement les Français à deux ou trois. Sur le *Victory*, Nelson cherchait le *Bucentaure* de Villeneuve lorsqu'il fut attaqué par le *Redoutable* que dirigeait le capitaine Lucas. Alors que Nelson se tenait sur sa dunette il fut mortellement blessé par un tir venu de la hune d'artimon du *Redoutable*. Mais cette mort fut sans effet sur l'issue de la bataille. Villeneuve, qui avait lutté contre trois vaisseaux, se rendit à 16 heures. À 18 heures, les combats cessèrent.

Les Anglais n'avaient perdu aucun navire. Pour les Français, le bilan était de treize bâtiments sur dix-huit perdus, dont *L'Achille* qui avait explosé. Pour les Espagnols, la perte était de neuf navires sur quinze. Sur le plan humain on déplorait 4 408 tués et plus de 7 000 prisonniers[6].

6. M. Battesti, dans *Trafalgar, les aléas de la stratégie navale*, explique clairement les raisons de la défaite.

La flotte française dont dispose désormais Napoléon est réduite à une trentaine d'unités. Dumanoir capitule le 2 novembre de la même année au large du cap Ortegal et les vaisseaux réfugiés à Cadix sont pris lors de l'insurrection espagnole de 1808. Face aux cent trente-cinq navires de guerre de l'Angleterre, Napoléon doit renoncer à toute bataille maritime et à toute grande expédition. Les colonies sont menacées. Mais est-ce une défaite aussi grave qu'on l'a dit ? L'empereur n'a jamais envisagé une guerre d'escadres. Il déconseille à Ganteaume, toujours bloqué dans Brest, de livrer bataille. La flotte n'était qu'un appoint dans le projet de débarquement en Angleterre, projet auquel il a renoncé avant Trafalgar.

Toutefois, la suprématie britannique sur les mers va permettre à la « perfide Albion » de marquer des points décisifs. Elle empêche toute invasion de la Sicile par Murat ou freine l'expansion française en Orient comme elle préserve Londres d'un débarquement. Cette même suprématie pèse sur les opérations terrestres en Portugal et en Espagne, favorisant l'arrivée de troupes anglaises dans la péninsule Ibérique et assurant leur ravitaillement. Wellington n'aurait pu se maintenir au Portugal sans l'assistance des navires britanniques. Les Anglais débarquent de façon inattendue en Calabre, à Walcheren en Hollande ou sur les côtes françaises, attaquant de petits ports ou des barrières côtières. Face à cette situation, Napoléon a compris la nécessité de reconstituer une marine. Sans illusions excessives. Dans une note du 19 février 1802, il observait déjà : « Prétendre que la France seule ait une marine égale à celle de l'Angleterre avant dix ans, c'est une chimère. Les dépenses considérables que cette prétention exigerait compromettraient notre position continentale sans nous assurer une prépondérance maritime[7]. » À partir de 1808, il ne peut plus compter sur la marine espagnole et à peine sur la marine hollandaise. Il écrit à Davout le 12 avril 1811 : « Il faut aller doucement avec la marine : c'est une arme très compliquée et l'on a bientôt dépensé un million sans obtenir de résultats[8]. »

L'objectif est d'obtenir cent quarante vaisseaux de ligne. Il explique à Decrès, son ministre de la Marine :

> « Si ces cent quarante vaisseaux sont soutenus par une flotte de transport dans l'Escaut portant quarante-deux mille hommes, complétée par une flotte de transport dans la Méditerranée portant quarante mille hommes, par la flottille de Boulogne, capable de porter soixante mille hommes, par une flottille vis-à-vis la Sicile, capable de porter vingt mille hommes, par une flotte de transport à Cherbourg capable de porter douze mille hommes, enfin par des bâtiments de transport pris en Hollande, escortés par les escadres du Texel et de la Meuse, ce qui ferait deux cent mille hommes, les Anglais se trouveraient dans une position bien différente de celle où ils sont aujourd'hui[9]. »

L'organisation de la marine a été mise en place dès 1800 avec les préfectures maritimes, mettant fin aux rivalités de

---

7. *Correspondance de Napoléon Ier* (éd. 1861) n° 5968.
8. *Correspondance de Napoléon Ier* (éd. 1867) n° 17600.
9. *Correspondance de Napoléon Ier* (éd. 1867) n° 16916.9.

l'épée et de la plume sous l'Ancien Régime. Un ministre compétent, Decrès, donne l'impulsion. Pour assurer le recrutement des équipages, la conscription fut instaurée dans les départements du littoral, et le recrutement fut renforcé par des marins hollandais ou italiens. Une discipline stricte permit une reprise en main : uniformes, exercices divers et formation des officiers dans une école de la marine.

De 1801 à 1814 sont lancés sur les chantiers quatre-vingt-cinq vaisseaux. Anvers devient le centre principal des constructions navales ; Cherbourg rivalise avec Rochefort et Toulon. En 1814, la marine française compte soixante-trois vaisseaux et trente-six frégates. Decrès a défini une doctrine approuvée par Napoléon : former des escadres de plus en plus importantes mais sans les faire sortir, de façon à obliger l'Angleterre à entretenir devant les ports français des forces considérables qui s'usent dans l'inaction et ruinent les finances du pays.

Il y eut quelques opérations navales nécessitées par le ravitaillement des colonies et la défense de bases françaises comme Corfou. De là, la campagne de Ganteaume en Méditerranée en 1808.

S'y ajouta la volonté de Napoléon de mener la guerre au commerce anglais par escadres ou divisions : il y eut la campagne de la division Jean Lhermitte dans le golfe de Guinée, au Brésil et aux Antilles, d'octobre 1805 à octobre 1806 ; celle de Willaumez en Atlantique nord et sud, de décembre 1805 à février 1807 ; les opérations menées par Leissegues entre décembre 1805 et février 1806, et celles de Leduc aux Açores.

Les coups les plus sensibles portés à l'Angleterre le furent par la guerre de course. Celle-ci a été réglementée le 22 mai 1803 par l'arrêté contenant règlement pour les armements en course. Un corsaire doit être pourvu d'une lettre de marque délivrée par le gouvernement et arborer le pavillon de son pays. Les prises doivent être soumises aux autorités pour s'assurer qu'il s'agit bien de bonnes prises. C'est une guerre privée menée avec des capitaux privés. Des sociétés se créent par accord entre armateurs, capitaines et riches capitalistes qui sont souvent des militaires : Soult est actionnaire du corsaire *Duc de Dalmatie*, Andréossy de l'*Adolphe*, Caffarelli du *Général Caffarelli*, etc. Les bénéfices approchent parfois le million pour le *Duc de Dalmatie*. Toutefois, Napoléon tance Rapp : « Il est indigne d'un gouverneur et d'un aide de camp de l'empereur d'avoir des intérêts sur les armements de corsaires. »

Le champ d'action de la course concerne essentiellement l'océan Indien et les Antilles ; s'y ajoutent l'Atlantique et la mer du Nord à partir de Saint-Malo, de Dunkerque et du Havre. Certains noms s'imposent : Dutertre, Courson et surtout Surcouf[10].

Les exploits de Surcouf lui valent une grande popularité. Le Malouin, né en 1773, a débuté dans la traite des Noirs. En 1796, avec le *Cartier*, il prend à l'abordage

---

10. Art. « Surcouf » et « Course » dans *Dictionnaire Napoléon*.

l'imposante *Diana* alors qu'il ne disposait que d'un petit bateau. Nouveau succès avec la prise du *Triton* et surtout celle du *Kent* le 7 octobre 1800. Surcouf reparaît dans l'océan Indien sur le *Revenant* en 1807. Il s'appuie sur l'île de France (Maurice), repaire de corsaires entraînés et actifs. De retour à Saint-Malo, il n'assiste pas à l'assaut anglais donné contre l'île de France. Celle-ci ayant capitulé, la course continue dans l'Atlantique. Au total, entre 1803, date de la rupture de la paix d'Amiens, et 1814, 5 324 prises auraient été effectuées par les corsaires français. Mais ces actions n'ont que faiblement gêné le commerce anglais. Elles déclinent après 1810 quand les Britanniques trouvent la parade avec des convois protégés par des vaisseaux de guerre.

Il a manqué à Napoléon une profonde connaissance de la mer. Il ne l'a eue que lors de la traversée de la Méditerranée pour gagner l'Égypte, traversée chanceuse qui lui a masqué les difficultés de la guerre sur mer. Il n'a jamais participé à une bataille navale. Même sur terre, il se soucie peu des conditions climatiques, essentielles pourtant dans le cas de manœuvres navales. Et il oublie la lenteur des transmissions sur l'océan. C'est en terrien qu'il raisonne lorsqu'il envisage un débarquement en Angleterre à travers plusieurs plans qui enthousiasment Thiers dans une page fameuse de son *Histoire du Consulat et de l'Empire* :

« De si prodigieux résultats dépendaient de l'arrivée soudaine d'une flottille dans la Manche. Pour cela, il fallait une combinaison imprévue que les Anglais ne puissent déjouer. L'Amirauté britannique, puissante surtout par ses traditions et par son esprit de corps, ne pouvait lutter d'invention avec un génie prodigieux, occupé constamment au même objet et dispensé de concerter ses plans avec une administration collective[11]. »

Et si ce projet de débarquement avait été un leurre destiné à terrifier Londres et à tromper l'Autriche en rassemblant loin du Rhin une armée redoutable qui n'avait plus ensuite qu'à se retourner contre Vienne ? L'hypothèse est séduisante, mais aucun document ne la confirme.

Vaincu à Trafalgar, Napoléon fait preuve de réalisme. Sa stratégie va consister désormais, en attendant la reconstitution de sa flotte, à faire de la mer une prison pour les navires anglais en leur fermant les ports du continent qu'ils s'épuisent à bloquer. « La terre peut vaincre la mer », estime-t-il. Ce sera grâce à l'arme économique du Blocus continental.

---

11. A. Thiers, *Histoire du Consulat et de l'Empire*, t. VI.

Chapitre III

LA GUERRE ÉCONOMIQUE

Napoléon n'a pas inventé la guerre économique, mais, la liant à ses conquêtes, il l'a portée à un point de perfection inconnu jusqu'alors.

Le mercantilisme de Colbert a ouvert la voie. L'ennemi était alors le Hollandais, le grand « rouleur » des mers. Daniel Defoe explique : « Les Hollandais achètent pour revendre, et la plus grande partie de leur vaste commerce consiste à s'approvisionner dans toutes les parties du monde afin de pouvoir à leur tour approvisionner le monde entier. » Ce gigantesque trafic maritime va de pair avec une puissance financière sans rivale. L'économie française ne peut supporter une telle concurrence. L'hostilité commerciale franco-néerlandaise se transforme en guerre en 1672.

L'Angleterre prend le relais des Provinces-Unies. Une guerre de tarifs et d'interdictions avec la France va durer plus d'un siècle. Constatant que celle-ci est un pays agricole et que l'Angleterre devient un pays manufacturier,

Vergennes signe avec Londres un traité de commerce le 26 septembre 1786. Mais cette politique libre-échangiste tourne à l'avantage de l'Angleterre que favorisent les principales clauses du traité.

La guerre reprend en 1793. Les Thermidoriens s'engagent, faute de succès sur mer, dans une lutte économique contre la « perfide Albion », en fermant les ports français au commerce britannique et en tentant d'imposer cette fermeture aux Républiques sœurs. Le Directoire, par le décret du 10 brumaire an V (31 octobre 1796), renforce cette exclusion de l'Angleterre du continent. « Voulez-vous priver nos ennemis de leur plus grande ressource pour nous faire la guerre ? déclarait un message du Directoire aux Cinq-Cents. Prenez les précautions les plus efficaces pour proscrire jusqu'à la paix le débit et la consommation des marchandises anglaises dans toute l'étendue de la République[1]. »

Après l'échec de la paix d'Amiens et le désastre de Trafalgar, c'est cette politique de fermeture du continent aux produits anglais que reprend Napoléon. Tel est désormais le fondement de sa politique étrangère et l'explication de ses conquêtes qui puisent leur justification dans le Blocus continental.

La vulnérabilité de l'Angleterre tenait à son système financier fondé sur le crédit. Le revenu des terres ayant à peine doublé et les exportations n'ayant que triplé, le gouvernement ne pourrait soutenir longtemps les intérêts

---

1. J. Tulard, *Les Thermidoriens*, p. 258.

d'une dette nationale démesurément accrue, estimait l'économiste Lasalle dans *Des finances de l'Angleterre* en 1803.

Les réserves d'or de la Banque d'Angleterre s'épuisaient dans le financement des guerres continentales contre la France, jugeait un autre économiste, le chevalier de Guer. La prospérité du pays ne reposait plus que sur les exportations d'objets manufacturés et de produits exotiques à destination du continent. Frapper le cœur de l'économie anglaise en ruinant son commerce extérieur par l'interdiction de tout échange avec l'Europe était l'arme fatale, à défaut d'un affrontement entre deux armées[2].

Fallait-il en revanche lui interdire d'importer les denrées qui lui étaient nécessaires, du blé au chanvre ? En paralysant les importations de grains, on l'affamait, mais en les favorisant, on précipitait le déficit de sa balance commerciale et on accélérait sa faillite. Les avis étaient partagés.

Bonaparte procède d'abord de façon empirique. Dès la rupture de 1803, il occupe le Hanovre, s'assurant le contrôle des bouches de l'Elbe et du Weser ; il met en état de siège Livourne, Tarente et Brindisi qui commandaient l'Adriatique et la mer Ionienne ; il associe à la fermeture du continent la Hollande (convention du 26 juin), l'Espagne (19 octobre) et le Portugal (19 décembre). Il crée le royaume d'Italie. « Le continent de l'Europe est fermé aux manufactures et aux denrées anglaises depuis la mer du Nord jusqu'aux rivages de la Sicile, c'est-à-dire

---

2. M. Dunan, *Napoléon et l'Allemagne*, p. 276.

dans la partie de l'Europe la plus fertile, la plus riche, la mieux soumise à tous les besoins du luxe », s'exclame le comte de Montgaillard, publiciste officieux du régime et auteur, entre juillet et novembre 1806, de nombreux mémoires diplomatiques. « Détruire le commerce britannique, c'est frapper l'Angleterre au cœur », ajoute-t-il[3].

Mais, pour s'assurer de la victoire, il faut être en mesure de fermer la majeure partie du continent. Après Iéna qui lui assure le contrôle des côtes allemandes, Napoléon se juge assez fort. Ne lui échappent que la Russie et la façade maritime de l'empire d'Autriche. Partout ailleurs, il n'y a que des peuples soumis ou alliés.

Il signe, le 21 novembre 1806, le décret de Berlin qui proclame dans son article premier : « Les îles Britanniques sont en état de blocus. » Mais comme il ne dispose pas d'une flotte capable de bloquer les ports anglais, il ferme le continent aux vaisseaux et aux marchandises de l'ennemi :

> « Tout commerce et toute correspondance avec les îles Britanniques sont interdits ; tout individu sujet de l'Angleterre qui sera trouvé dans les pays occupés par les troupes françaises ou alliées sera fait prisonnier de guerre ; tout magasin, toute marchandise, toute propriété de quelque nature qu'elle puisse être, appartenant à un sujet de l'Angleterre, sera déclaré de bonne prise. Le commerce des marchandises anglaises est défendu et toute marchandise appartenant à l'Angleterre ou provenant de

3. Montgaillard, *Mémoires diplomatiques*, p. 166 et 314.

ses fabriques et de ses colonies est déclarée de bonne prise. »

Une guerre de décrets s'ouvre. Au décret de Berlin, Londres riposte par un ordre en Conseil de novembre 1807, déclarant en état de blocus les ports de la France et des pays en guerre avec l'Angleterre. Une règle est posée : tout navire voulant commercer avec le continent européen devra venir dans un port britannique pour payer des droits de transit équivalant en moyenne à 25 %. Réplique française par le premier décret de Milan, le 23 novembre 1807, ordonnant la saisie de tout navire ayant mouillé dans un port anglais, décision renforcée par le deuxième décret de Milan, le 17 décembre 1807.

Reste à appliquer ce blocus. Napoléon marque un point précieux à Tilsit en faisant de la Russie l'alliée de la France. Et de s'exclamer :

> « Grand et puissant effet de l'alliance des deux premières puissances du globe ! À leur voix, le continent se lève tout entier et va au gré de leurs désirs se coaliser contre l'ennemi du continent. Cet état de guerre de tant de puissances contre les insulaires, qui anéantira leur commerce, paralysera leur industrie, rendra stérile pour eux la mer, le plus fertile de leurs domaines, est une belle conception et le plan le plus vaste comme le plus difficile à exécuter. Il est exécuté[4]. »

---

4. M. Dunan, *op. cit.*, p. 283.

Le nord de l'Europe se ferme au commerce anglais. Le traité franco-danois du 31 octobre 1807 coupe au trafic britannique la route de Tönningen au moment où le marché russe se ferme, privant la flotte anglaise de chanvre, de lin et de bois. Anvers et Amsterdam, bon gré mal gré, n'accueillent plus de navires anglais. Les côtes du sud de l'Europe, malgré l'évidente mauvaise volonté de l'Espagne et surtout du Portugal, se limitent à un commerce très réduit avec l'Angleterre.

L'économie britannique traverse, au début de 1808, une crise très grave en raison de la chute de ses exportations et du marasme qui gagne le secteur industriel incapable d'écouler sa production dans les ports européens. Un observateur reconnaît : « Un arrêt total fut imposé à l'introduction des marchandises sur le continent par les voies normales qui avaient été jusqu'alors utilisées. » L'activité dans un centre commercial et industriel comme Liverpool fut presque totalement paralysée. La livre fléchit tandis que des troubles sociaux éclataient dans le Lancashire en mai 1808[5]. L'arme économique se révèle redoutable, et Napoléon n'est pas loin d'entrevoir une victoire qui ne devrait rien à ses armées.

Le douanier occupe dans ce nouveau type de guerre une place originale. Une Direction générale des douanes a été créée le 16 septembre 1801. Sur le terrain, la surveillance douanière ne cesse de s'étendre à mesure que reculent les frontières de l'Empire. En 1809, on compte

---

5. F. Crouzet, *L'Économie britannique et le Blocus continental*, p. 269.

2 700 agents de bureau et 24 500 hommes répartis dans des brigades militarisées et mobiles. Ces agents sont 35 000 en 1812 et des officiers commandent ces brigades[6].

Une guerre entre douaniers et contrebandiers s'installe, où la douane reçoit parfois l'appui de l'armée. Cette guerre a été négligée par les historiens, mais les bulletins de police en rendent compte avec inquiétude car elle ne cesse de s'amplifier. Elle commence sur les plages désertes des côtes françaises, hollandaises ou italiennes où sont débarquées les marchandises anglaises venues des dépôts constitués par les Anglais en lisière du continent : Göteborg, Heligoland et même Malte. Le trafic se développe à Hambourg, Leipzig, Francfort, Trieste, etc. avec souvent la complicité des autorités françaises. Le nombre de contrebandiers est bientôt évalué à près de cent mille.

À la ligne défensive des côtes, Napoléon ajoute, le 11 juillet 1809, une seconde ligne sur le Rhin pour empêcher le trafic entre l'Allemagne et la Hollande, puis une troisième ligne est dressée d'Emmerich sur le Rhin à Jadebusen. Ainsi Napoléon fait-il manœuvrer ses douaniers comme ses soldats. Les bandes armées se heurtent aux douaniers dans des affrontements sanglants sur lesquels les journaux font silence.

Cette guerre économique, Napoléon la perd. Les raisons de son échec sont diverses. Il n'a pu fermer entière-

---

6. Art. « Douanes » par J. Bordas et F. Gambini dans *Dictionnaire Napoléon.*

ment et durablement le continent : l'Angleterre a su trouver des marchés de substitution, l'Amérique latine d'abord, marché finalement peu fiable, puis la Russie qui s'ouvre à nouveau en 1812. De plus, le blocus ne touchait que les industriels et les négociants anglais, peu représentés au Parlement ; il n'atteignait pas les gros propriétaires terriens ; au contraire, il les enrichissait puisque l'arrêt des importations faisait monter le prix des grains en Angleterre.

Pour parfaire cette fermeture, l'empereur a dû multiplier conquêtes et annexions (la Hollande, les villes de la Hanse, le duché d'Oldenbourg), donnant l'image d'un conquérant insatiable qui brime le droit des peuples à disposer d'eux-mêmes, proclamé par la Révolution française.

Le Blocus continental a déclenché des réactions nationales en Europe renforcées par les privations imposées par la rareté des produits importés d'Angleterre, du sucre au coton, tandis que les exploits des contrebandiers entraînaient un climat d'insécurité.

Plus grave : Napoléon s'est fait lui-même contrebandier. Les exportations des produits français à destination de l'Angleterre (blé, fruits, laine, bois, vins, etc.) sont interdites ou impossibles. Du coup, le marasme de ports comme Bordeaux s'aggrave et le revenu des douanes baisse très sensiblement au moment où la guerre d'Espagne coûte cher. Sur les exportations à destination de l'Angleterre, Napoléon finit par céder. Cretet informe les préfets par une circulaire du 14 avril 1809 : « Sa Majesté, dans le dessein de favoriser l'exportation des grains qu'elle a permise et celle des vins et eaux-de-vie, liqueurs et fruits secs ou confits et légumes, a décidé d'accorder des licences spéciales aux navires qui voudraient prendre ces cargaisons. » Ainsi est établi un commerce direct avec l'Angleterre pour soulager l'économie portuaire et désamorcer les effets de la contrebande, puisque les licences permettront aussi des importations de produits anglais.

Mais Napoléon commet une erreur : il réserve ce commerce aux négociants français, aggravant le mécontentement des alliés ou vassaux de la France. Le 3 juillet 1810, un décret décide que des licences ne seront accordées qu'aux bâtiments français et pour l'exportation de marchandises françaises dont la sortie n'est pas prohibée, à savoir les céréales et les vins. Le 25 juillet, un deuxième décret signé à Saint-Cloud décide qu'aucun navire ne pourra partir des ports français à destination de l'étranger s'il n'est muni d'une licence signée de la main de l'empereur.

Enfin, le 5 août, le décret de Trianon précise les droits que devront payer à leur entrée sur le continent les denrées coloniales que rapporteront les bateaux qui auront introduit en Angleterre des produits français. Des droits énormes calculés toutefois pour qu'ils ne reviennent pas plus cher au consommateur que par la voie de la contrebande. Mais le bénéfice va à l'État et non plus aux fraudeurs.

Contre ces derniers, Napoléon décide de faire un exemple : il ordonne la saisie des marchandises anglaises et coloniales entreposées et cachées à Francfort : elles sont brûlées les 17, 20, 23 et 27 novembre 1810. L'effet obtenu est inverse de celui attendu. La destruction brutale de ces denrées suscite en réalité l'indignation des Allemands et réveille un sentiment national qui va éclater en 1813. Il en va de même en Hollande, en Italie ou en Suisse. Privations et humiliations nées du Blocus continental sont à l'origine de cette poussée de fièvre nationaliste qui va emporter le Grand Empire.

L'arme du blocus se retourne en définitive contre Napoléon. Était-elle aussi efficace que les économistes du temps, Saladin ou Montbrion, l'ont pensé ? Un analyste politique comme Fiévée, dans sa *Correspondance* avec Napoléon, est plus sceptique.

Comme il a perdu sur mer, Napoléon perd sa guerre économique. Il eût fallu un blocus plus court et plus efficace. Il fut près de réussir en 1808 et en 1811. Mais l'Angleterre n'a pas cédé. En 1808, elle a été sauvée par l'intervention en Espagne qui lui a ouvert le marché de l'Amérique latine ; en 1811, à nouveau en crise, elle profite de la rupture entre le tsar et l'empereur. S'ouvre à elle ce marché russe si précieux auquel s'ajoute celui de la Suède. L'Espagne et surtout le Portugal ouvrent au même moment leurs ports aux vaisseaux anglais. Finalement, l'écroulement du Grand Empire en 1813 met fin au blocus.

Mais l'Angleterre paiera cher le prix de sa victoire.

Chapitre IV

LA GUÉRILLA ET LA CONTRE-GUÉRILLA

Une guerre peut se dérouler sans véritables batailles, à la faveur de combats confus et improvisés où la surprise prend la place du calcul, où l'embuscade supplante la manœuvre.

La « petite guerre », telle que l'avait analysée Grandmaison, faite de harcèlements et d'attaques inattendues, était réservée à des troupes légères qui appartenaient à une armée régulière. Le réveil du sentiment national en Europe à partir de l'insurrection espagnole de 1808 a transformé cette forme de guerre en une guérilla atroce et impitoyable où l'élément passionnel abolit toute règle, toute morale, tout respect de l'adversaire. Subitement, le soldat de métier se trouve désarmé face à cette violence aveugle, entraîné malgré lui dans une spirale de représailles qui décuple l'horreur de ce type de combat.

La bataille classique avec ses deux armées face à face manœuvrant sur les ailes et canonnant au centre paraît brusquement caduque.

Fra Diavolo à Naples avait inauguré cette forme de lutte armée sans bien la distinguer du brigandage malgré la bénédiction du cardinal Ruffo. Faute de soutien des Calabrais, il fut capturé en septembre 1806 par le général Hugo et exécuté. Toutefois, la Calabre ne fut jamais entièrement pacifiée[1].

C'est en Espagne que se développe la guérilla devenue une guerre populaire. Tout la favorisait : le pays montagneux, les particularismes locaux, le fanatisme religieux et la haine de l'étranger. Le *Catéchisme espagnol* en résume l'esprit :

« *Question* : Dites-moi, mon enfant, qui êtes-vous ?
Réponse : Espagnol !
Demande : Que veut dire Espagnol ?
Réponse : Homme de bien.
Demande : Combien y a-t-il d'obligations à remplir et quelles sont-elles ?
Réponse : Trois. Être chrétien, catholique, apostolique et romain, défendre sa patrie, sa religion, ses lois, et mourir plutôt que de se laisser vaincre.
Demande : Quel est l'ennemi de notre bonheur ?
Réponse : L'empereur des Français.
Demande : Quel est cet homme ?
Réponse : Un nouveau souverain infiniment méchant et ambitieux, le principe de tous les **maux,** la destruction de tout bien.
Demande : Est-ce pécher que de tuer des Français ?

1. J. Rambaud, *Naples sous Joseph Bonaparte*, ch. IV, p. 89.

Réponse : Non, c'est au contraire bien mériter de la patrie, si, par ce moyen, on la délivre des insultes, du vol et des tromperies.

Demande : Quelle idée devons-nous avoir en allant au combat ?

Réponse : Nous ne devons envisager que le salut de la patrie, la défense de l'État, celle de nos frères et la gloire immortelle de la nation[2]. »

Il y a même parmi les chefs des guérilleros un prêtre nommé Jeronimo Merino qui combat avec son bréviaire dans la poche mais s'abstient de dire la messe. Il y a eu aussi El Pastor (le berger) et El Cura (le curé). Le pittoresque des surnoms accroît le prestige des bandes et souligne leur caractère populaire.

L'armement est médiocre : les fusils sont pris à l'ennemi, mais le manque de munitions se fait rapidement sentir. Les Anglais ravitaillent certains guérilleros mais souvent avec répugnance. Autre problème : l'habillement. Les partisans conservent leur tenue de paysan ou leur uniforme s'ils ont déserté. Mais plusieurs chefs souhaitent imposer une tenue militaire pour des raisons de discipline. Lourde erreur : leurs hommes sont plus facilement repérés lorsqu'ils veulent se perdre parmi les paysans.

À côté des bandes existent des armées régulières qui combattent au nom de Ferdinand VII. C'est là que l'on retrouve la noblesse non ralliée à Joseph. Ces armées manœuvrent

---

2. J. Tulard, *L'Anti-Napoléon*, p. 172.

souvent avec les Anglais qui les approvisionnent ; elles se réclament de différentes juntes. Il n'y a pas un commandement unique. Ajoutons qu'elles combattent en ligne, ce qui les rend plus vulnérables aux coups des troupes françaises. Vaincus, ces soldats réguliers vont rejoindre les guérilleros.

La guérilla porte des coups terribles aux Français qui ne peuvent remporter de victoires décisives. Tous les témoignages convergent pour dire leur surprise : « Nous avons cru, observe Rocca, qu'il ne nous restait qu'à marcher sur Madrid pour compléter la soumission de l'Espagne[3]. » Thiébault note l'étonnement et l'inquiétude de ses soldats qui pensaient combattre une armée et se retrouvaient face à un peuple[4].

L'historien J.-L. Reynaud cite un témoignage qui éclaire parfaitement la tactique des guérilleros :

> « L'armée française, répandue dans toutes les provinces de la péninsule, était entourée d'ennemis et ne trouvait point d'armée à combattre. Les guérillos se montraient partout, on ne les rencontrait nulle part ; ennemis invisibles, habiles Protées, hydres sans cesse renaissantes, ils se dispersaient ou se ralliaient à la voix de leurs chefs. Toujours bien servis sur tous les points, nos moindres mouvements leur étaient signalés, et les rapports les plus prompts et les plus fidèles leur arrivaient par les soins des habitants du pays. Laissait-on une faible garnison dans un

3. Rocca, *Mémoires sur la guerre des Français en Espagne*.
4. Thiébault, *Mémoires*, t. IV, p. 85 sur son arrivée à Burgos qui donne l'état d'esprit des Français.

petit village, elle était enlevée le lendemain. Envoyait-on des troupes en force contre ces compagnies franches, on ne rencontrait personne. D'après les ordres de leurs chefs, les soldats cachaient leurs armes et se dispersaient pour aller se réunir sur un point tout à fait opposé. Arrivés au rendez-vous, ils y trouvaient d'autres armes et nous causaient de nouveaux dommages[5]. »

Reille, avec 30 000 hommes, ne parvient pas à réduire les 3 000 guérilleros de Mina. Le général Abbé n'est pas plus heureux à Maneru. Hugo, le vainqueur de Fra Diavolo, traque en vain El Empecinado. Selon Marmont, la guérilla tue cent Français par jour, sans compter les pertes civiles. 40 % à 50 % des effectifs sont consacrés à la lutte contre « les brigands[6] ».

Comment a réagi Napoléon ? Même s'il n'a jamais lu *La Petite Guerre* de Grandmaison (ce qui paraît peu vraisemblable), il avait eu un exemple de guérilla avec la Vendée. Il s'était refusé à y servir lors de la réaction thermidorienne, arguant qu'il était un artilleur qui n'avait pas sa place ce type de guerre. Par la suite, il avait pacifié cette région en alternant la menace et la séduction. Mais s'il y avait des points communs entre l'Espagne et la Vendée – à savoir la religion, la fidélité à un roi, la connaissance d'un terrain propre aux embuscades, la mer permettant un ravitaillement par les Anglais, etc. –, les

---

5. J.-L. Reynaud, *Contre-guérilla en Espagne*, p. 134.
6. Cité par J.-J. Brégeon dans *Napoléon et la guerre d'Espagne*, p. 197.

conditions de lutte n'étaient pas les mêmes. En Vendée, c'était un combat entre Français.

En Espagne, en opposition avec les *Afrancesados*, minorité éclairée qui accepte de collaborer avec le nouveau roi, Joseph Bonaparte, qui apporte les grandes idées de la Révolution française dans la péninsule Ibérique, la plus grande partie du peuple s'insurge contre les Français, ces étrangers impies et brutaux. La population se fait complice par xénophobie autant que sous l'influence des prêtres, des bandes armées, des *partidas* ou *cuadrillas* que commande un *caudillo*. La levée de ces bandes est spontanée mais anarchique. Les juntes, sortes de gouvernements locaux qui se constituent un peu partout dans un pays où le particularisme régional est particulièrement fort, s'efforcent d'introduire des règles, de canaliser la guérilla. Ainsi, l'ordonnance du 17 avril 1809 décide : « Tous les habitants des provinces occupées par les troupes françaises qui sont en état de porter les armes sont autorisés à s'armer, même avec des armes défendues [*sic*] pour attaquer et dépouiller, toutes les fois que l'occasion s'en présentera, des soldats français, soit en particulier, soit en masse, s'emparer des vivres et des effets qui leur sont destinés, en un mot, leur faire tout le mal et causer tous les dommages possibles[7]. »

D'autres textes suivront mais d'un effet limité. En réalité, les *partidas*, les bandes qui vont se multiplier, connaissent souvent un nombre variable de partisans, d'une poignée à plusieurs centaines ; elles se forment et se défont sans raison

---

7. J.-J. Brégeon, *Napoléon et la guerre d'Espagne*, p. 177.

logique, ce qui rend difficile pour l'adversaire français, déjà handicapé par le problème de la langue et de la connaissance du pays, de connaître leur emplacement et leur nombre.

D'anciens contrebandiers mais aussi de simples paysans, poussés souvent par leurs curés, constituent le gros des troupes qui bénéficient également de l'expérience de brigands qu'attire l'appât du gain. La petite noblesse et le bas clergé fournissent l'encadrement.

Quelques chefs de bande connaissent une grande célébrité : Juan Martin Diaz, dit El Empecinado, l'empoissé en français, surnom qu'il doit à son père cordonnier, ou encore El Capuchino, de son vrai nom Juan de Mendieta, issu d'un milieu aisé de Valladolid. N'oublions pas Francisco Espoz y Mina qui a laissé des Souvenirs où il raconte qu'il a livré cent quarante-trois engagements contre les Français, notamment deux embuscades meurtrières dans le défilé de Salinas et qu'il a commandé jusqu'à 10 000 hommes. Il explique qu'il se finançait avec le butin pris à l'ennemi mais tait ses exactions sur l'habitant.

La Catalogne, la Navarre, la Castille et la Manche sont les terrains privilégiés de la guérilla.

L'Espagne était, à l'inverse de la Vendée, une terre étrangère. À l'ignorance du pays et à l'obstacle de la langue s'ajoutait la mauvaise conscience de l'envahisseur. L'expérience de la Vendée n'a pas servi. La guérilla, Bonaparte l'avait connue en Égypte, surtout en Haute-Égypte, mais il avait laissé à Desaix le soin de la réduire, ce que le « sultan juste » fit avec succès mais sans retenir l'attention de son chef.

En Espagne, Napoléon ne donne pas d'instructions précises, assimilant la guérilla au brigandage et ne croyant pas à son efficacité. Pour son excuse, les Anglais eux aussi sont sceptiques, préférant aider les armées régulières.

Laissés à eux-mêmes, que vont faire les généraux sur le terrain ?

Plusieurs solutions sont envisagées. D'abord combattre la guérilla préventivement. La propagande profrançaise vise à l'assimiler au brigandage, à rappeler que la population civile souffre plus des excès des bandes que les soldats français. On n'attend pas Goya et ses « désastres de la guerre » pour mettre en lumière les horreurs des combats : viols et vols, mutilations et atrocités diverses : prisonniers plongés dans l'huile bouillante ou sciés entre deux planches. On oppose à la cruauté des insurgés le sang-froid des soldats français.

Il faut ensuite séparer la population des rebelles, l'attacher à la cause française. Jean-Louis Reynaud a analysé dans le détail la façon dont Suchet, qui y gagnera son bâton de maréchal, a pacifié l'Aragon, s'inspirant peut-être des méthodes de Desaix en Égypte bien qu'il n'ait pas participé à l'expédition[8]. Rétablir le clergé dans la considération qui lui est due, flatter les notables, faire participer les habitants à l'administration de leur province, récompenser généreusement les services rendus.

Dans ses Mémoires, Suchet explique qu'il a tout fait en Aragon pour réveiller le commerce et l'industrie, et développer l'agriculture. Sous son autorité, la province a

---

8. J.-L. Reynaud, *Contre-guérilla en Espagne*, *passim*.

retrouvé une partie de sa prospérité. Il sanctionne les fautes commises par l'armée au détriment des habitants : pillages et viols sont sévèrement réprimés. Le système fiscal se fait plus juste ; les approvisionnements des villes sont réguliers et la sécurité assurée. Peu à peu, Suchet parvient à imposer son autorité et à isoler la rébellion en s'appuyant sur la population, le meilleur allié et le meilleur agent de renseignements.

Mais il faut aussi combattre l'insurrection après l'avoir rejetée dans les forêts ou les massifs montagneux. Sont constitués des escadrons de gendarmerie très mobiles, formés de chevau-légers et de fantassins. Thiébault en explique le principe dans ses Mémoires : « À force de marches et de contre-marches, de crochets, de ruses, d'embuscades, en faisant des trajets réputés impossibles grâce au secours de quelques espions et au soin que je prenais de tromper jusqu'à mes aides de camp et mes secrétaires sur mes moindres projets, je ne marchais jamais contre les guérilleros sans les joindre et les battre[9]. » Le futur maréchal Bugeaud adore le type d'action menée par de petites troupes, de faibles détachements opérant la nuit et surprenant certains chefs comme Castanera et Campillo. Ces coups d'éclat portent à leur tour la terreur chez les guérilleros. Mais c'est insuffisant. Les bandes se dispersent et se reforment ; les prisonniers « retournés » sont

9. Thiébault, dans ses Mémoires, insiste sur les opérations au Portugal menées par Masséna et Soult plus que sur ses opérations dans la péninsule Ibérique.

loin d'être fiables. Finalement, le capitaine Bugeaud laisse libre cours à son scepticisme :

> « Notre avenir ne paraît pas devoir être brillant, tout traînera ici en longueur. Nous sommes assez forts pour battre l'ennemi, mais non pour le poursuivre après la victoire. Cette maudite péninsule est si grande, si montagneuse. Ce que nous avons fait jusqu'ici ne sert presque à rien. Nous avons occupé plusieurs provinces qui se sont soulevées dès que nous en sommes sortis, et même celles que nous occupons aujourd'hui sont remplies de petits postes qui, trop faibles pour attaquer l'armée, tombent sur de petits détachements, les convois mal escortés, les courriers, les ordonnances[10]. »

Ce sentiment d'inutilité de la lutte contre la guérilla est partagé par Girod de l'Ain qui sert sous Victor à Cadix : « Ces guérilleros ont pour devise : être battu n'est rien, pourvu qu'on ne soit jamais soumis, qu'on ne reste pas un jour immobile, qu'on ne laisse pas un instant de repos aux Français. »

La tendance est de s'enfermer dans les villes et de tenir les points stratégiques que l'on fortifie. Certains généraux s'en inquiètent, comme Hugo. Il importe non pas de défendre mais d'attaquer. Il faut lancer contre les guérilleros d'autres guérilleros en retournant contre la guérilla ses propres armes. C'est ainsi que Pujol dit Boquica est engagé

---

10. Cité par J.-J. Brégeon, *1812*, *p*. 252. Jean-Pierre Bois a consacré plusieurs pages à cette tactique dans son *Bugeaud* (1997). Il note que ce fut pour lui un galop d'essai avant l'Algérie.

à la tête d'une bande de repris de justice, surnommés les Miquelets, pour lutter en Catalogne contre ses compatriotes insurgés. Mais ses excès ont finalement contribué à discréditer un peu plus une cause française déjà ébranlée par les horreurs du siège de Saragosse.

Lors de son passage en Espagne en 1808, Napoléon s'est limité à une guerre classique contre les forces anglaises et leurs alliés. Il ne reviendra pas. Lassitude après la dure campagne de 1809 ? Pense-t-il que tout va se jouer en Russie ? Ou craint-il d'affronter une guerre qui s'éloigne des schémas classiques à la Guibert ? Mais peut-être continue-t-il à ne pas prendre au sérieux cette guérilla espagnole. Un exemple vient le conforter dans ce scepticisme, le Tyrol, qui avait été attribué à la Bavière au détriment de l'Autriche. Encouragé par Vienne, un aubergiste de la vallée du Passeier, Andreas Hofer, prit la tête, le 11 avril 1809, d'un mouvement insurrectionnel qui gagna tout le Tyrol. Les Bavarois furent incapables de réduire le mouvement. À son tour, le maréchal Lefebvre échoua. Mais, à la signature du traité de Vienne, le 14 octobre 1809, Hofer fut abandonné par l'Autriche. Se retrouvant seul, en l'absence de secours extérieurs et submergé par le nombre, il fut capturé le 8 janvier 1810 et fusillé peu après[11]. Sa défaite montrait qu'une révolte de ce type ne pouvait persister sans aide de l'étranger et qu'il était possible de l'écraser sous le nombre.

---

11. Jean Sévilla lui a consacré une excellente biographie, *Le Chouan du Tyrol* (1991).

De là, ce dédain de Napoléon pour la révolte espagnole. Il confie à Caulaincourt, en décembre 1812, alors que ce dernier s'inquiète de l'existence de ce deuxième front qu'est l'Espagne :

« Il n'est pas difficile de porter des jugements sur des choses passées, d'ériger en héroïsme ce qui tient à des causes peut-être même peu honorables. L'héroïsme que l'on prête maintenant à la nation espagnole, en haine de la France, ne tient qu'à l'état de barbarie de ce peuple demi-sauvage et à la superstition que les fautes de nos généraux ont encore excitée. C'est par paresse et non par héroïsme que le paysan espagnol préfère les dangers des contrebandiers et les guet-apens de grands chemins à la fatigue du cultivateur. Les paysans espagnols ont profité de l'occasion pour reprendre cette vie nomade des contrebandiers qui est tout à fait dans leurs goûts et dans l'intérêt de leur misère. Il n'y a là rien de patriotique[12]. »

Il montrera plus de considération pour les partisans russes. C'est que le harcèlement des Français en retraite par les Cosaques relève davantage de la « petite guerre » de Grandmaison. Même s'il fallut compter aussi avec les paysans qui n'étaient pas très tendres pour les égarés ou les retardataires. C'est à leur propos que l'on parlera de guerre patriotique.

Les leçons de la guerre d'Espagne ont été très vite tirées en Russie. Le colonel Tchouikevitch écrit :

---

12. *Mémoires* de Caulaincourt, t. II, notamment p. 234.

« Les succès rapides des armées françaises en Espagne étaient dus au fait que les habitants de ce pays, animés par l'ardent esprit de vengeance, se fiaient trop à leur bravoure personnelle et à la justice de leur cause. Ils opposaient des milices recrutées à la hâte à l'armée régulière française qui leur était supérieure en nombre et en expérience, et qui leur infligeait des défaites continuelles. Ces malheureuses leçons prouvèrent aux valeureux Espagnols la nécessité de changer de méthode. Ils décidèrent généreusement d'accepter une lutte qui serait longue, mais leur assurerait le succès. Évitant les batailles générales avec les forces françaises, ils divisèrent leurs propres troupes en détachements séparés qui coupaient constamment les communications avec la France, anéantissaient les dépôts de l'ennemi et le harassaient par des marches incessantes. En vain, les généraux français, l'épée à la main, traversaient l'Espagne d'un bout à l'autre, conquérant des villes et des régions. Ce peuple fier ne déposait pas les armes, son gouvernement ne perdait pas courage et persévérait dans sa ferme résolution de libérer l'Espagne des Français ou de mourir sous les ruines. Non, vous ne tomberez pas, vaillants Espagnols[13] ! »

En réalité, Tchouikevitch retient surtout les principes de la « petite guerre », ne gardant que des détachements organisés et subordonnés.

C'est dans cette optique que le lieutenant-colonel Davydov invente les hussards volants, opérant sur les arrières de

13. J.-J. Brégeon, *1812*, p. 269.

la Grande Armée pour, malgré les réticences de Koutouzov, couper les lignes de communication et harceler les traînards. Les Cosaques furent particulièrement redoutés des Français. Selon Albert de Muralt :

« Leurs chevaux, bien qu'ils fussent de petite taille et d'apparence chétive, allaient vite et montraient une grande endurance. Les cavaliers maniaient leurs lances avec beaucoup d'adresse, aussi bien pour porter des coups que pour parer. S'ils ne réussissaient pas à utiliser la pointe, ils faisaient de tels moulinets avec la hampe qu'il était impossible de les toucher. Ils apparaissaient et disparaissaient de façon tout à fait inattendue ; nous essayions souvent d'en prendre quelques-uns, mais cela ne nous réussissait presque jamais, malgré tous nos efforts. Lorsqu'on les avait mis en fuite, ils s'éparpillaient à droite et à gauche, et si, dans l'ardeur du combat, on se laissait entraîner à les poursuivre trop loin, on tombait souvent dans une embuscade et l'on se faisait repousser avec pertes[14]. »

Les autorités russes ont minimisé alors la résistance des paysans crédités seulement de la tactique de la terre brûlée. Ce sont les historiens soviétiques qui exalteront le mouvement populaire et patriotique qui rapproche plus la Russie de l'Espagne en 1812.

À son tour, la France va retourner l'arme de la guérilla contre l'envahisseur en 1814. Ce seront les corps francs[15].

---

14. Brégeon, *1812*, p. 261.

15. Cf. l'étude quasi exhaustive de Jean-Marie Thiébaud et Gérard Tissot-Robbe, *Les Corps francs de 1814 et de 1815* (2011).

C'est Napoléon lui-même qui appelle les Français à l'insurrection armée. Mais il la conçoit, selon le modèle de 1793, comme une levée en masse, et s'il admet l'existence de corps francs, tout doit être encadré par des généraux. C'est la « petite guerre » qui sera menée : harcèlement sur les arrières de l'ennemi, interception de courriers, attaques de postes isolés mais de façon organisée. En réalité, Napoléon attendait de ces levées un renforcement des effectifs à opposer à Blücher et à Schwarzenberg. Les corps francs devaient être de simples auxiliaires des troupes régulières.

Ayant détruit la spontanéité et l'absence de liberté d'un soulèvement populaire contre l'envahisseur, l'empereur ne peut que constater les effets limités de l'action des corps francs. Il en rejettera la responsabilité sur les maires et les agents de l'État, mais lui-même n'a pas su tirer les leçons de ses échecs en Espagne et en Russie. Soyons juste : intervint aussi une incontestable lassitude de la population.

En avril 1815, face à une nouvelle menace d'invasion du sol français, un décret impérial ordonne la création de corps francs dans les régions frontalières. Tout est réglé : les lettres de commission du chef, le nombre de soldats, le territoire précis sur lequel doit combattre le corps franc. Mais, cette fois, ces corps conservent une certaine autonomie. Par peur du désordre, Napoléon réglemente trop cette forme de combat et tout va trop vite pour permettre une action efficace. Seuls le chef d'escadron Nicolas Brice et le major Charles Juncker appliquèrent les principes de la guérilla dans l'Est de la France. Tout était terminé le 22 juillet 1815.

Napoléon n'a pas compris ou a sous-estimé la guerre de partisans. Certes, elle ne peut assurer une victoire décisive réservée à l'armée régulière, mais, par ses attaques inattendues sur ses points faibles, elle use les nerfs de l'ennemi, élimine les effectifs isolés, coupe communications et approvisionnement de l'envahisseur et l'enferme dans un cycle de représailles qui lui aliène définitivement la population. Une différence toutefois avec la guerre révolutionnaire d'aujourd'hui : l'attentat est peu pratiqué, bien que connu (la machine infernale ou la tentative de Staps), ce que redoutaient tant en Espagne Talleyrand et Fouché lors de leur rapprochement en 1808.

Il n'a pas compris non plus que sa volonté de soumettre l'Europe à ses lois ne pouvait que conduire à des réactions nationales qui ont transformé la « petite guerre » de Grandmaison, régulière et quasi codifiée, en une guerre révolutionnaire et populaire, sans règles et sans encadrement.

Napoléon en reste à la guerre entre deux souverains quand elle devient une guerre entre deux peuples. L'absence de parade efficace face à la guérilla fut l'une des causes de sa défaite finale.

Chapitre V

LA BATAILLE POUR LA POSTÉRITÉ

À peine l'empereur des Français a-t-il signé son abdication, le 6 avril 1814, qu'un flot de pamphlets s'abat
sur la France. À la propagande officielle succède la
légende noire forgée essentiellement par les royalistes.
Il ne reste rien de l'Empire sous des plumes trempées
dans le vitriol. Même le génie militaire de Napoléon est
mis à mal.

Difficile de nier les victoires, mais, avec habileté, les
critiques dissocient les soldats de la Grande Armée,
admirables de bravoure (mais devenus suspects comme
demi-solde), de leur chef incapable de l'emporter sans
des sacrifices considérables en hommes et en matériel. À
la France revient le mérite des victoires, à Napoléon la
responsabilité des défaites.

Avec son *De Buonaparte et des Bourbons*, Chateaubriand
frappe fort. Trop fort lorsqu'il affirme, sans se rendre
compte de la naïveté du propos : « C'est en effet un grand
gagneur de batailles, mais, hors de là, le moindre général

est plus habile que lui[1]. » Comme si l'art de la guerre ne consistait pas à remporter des victoires ! Mais l'analyse s'affine par la suite. Première condamnation : « Le chef-d'œuvre de l'art militaire chez les peuples civilisés c'est de défendre un grand pays avec une petite armée, de sorte que le laboureur qui cultive en paix son sillon sait à peine que l'on se bat à quelques lieues de sa chaumière[2]. »

Or Napoléon a sacrifié le système défensif que lui a légué Vauban au profit d'une offensive coûteuse : « En moins de seize mois, deux milliards de numéraire, quatorze cent mille hommes, tout le matériel de nos armées et de nos places sont engloutis dans les bois de l'Allemagne et dans les déserts de Russie[3]. »

La tactique napoléonienne n'est pas française : « Ce n'est point ainsi que gagnaient les batailles les Turenne ou les Condé. » Ils n'avaient pas cette indifférence aux pertes en hommes. « Pour gagner sur un champ de bataille quelques lieues de terrain, Buonaparte sacrifiait quarante, cinquante mille soldats. » Sa tactique est meurtrière, le nombre d'hommes suppléant le manque d'intelligence. Quant à la stratégie de Napoléon, il n'en a pas. La preuve en serait, pour Chateaubriand, « qu'il a perdu presque toutes les armées qu'il a commandées ».

---

1. Cité par J. Tulard, *L'Anti-Napoléon*, p. 186.
2. *Ibidem.*
3. *Ibidem.*

Plus tard, en 1823, lorsque les troupes françaises, sous le commandement du duc d'Angoulême, interviennent en Espagne pour rétablir Ferdinand VII, Chateaubriand, qui est à l'origine de l'intervention, se rengorgera : il a réussi « sa » guerre d'Espagne là où Napoléon avait échoué. « Jamais, écrit-il dans les *Mémoires d'outre-tombe*, conquête aussi brillante que celle de l'Espagne a moins coûté. Enjamber d'un pas les Espagnes, réussir là où Bonaparte avait échoué, triompher sur ce même sol où les armes de l'homme fantastique avait eu des revers, faire en six mois ce qu'il n'avait pu faire en sept ans, c'était un véritable prodige[4]. »

Même la campagne d'Italie n'est pas épargnée. En 1808, avait paru à Londres un *Examen de la campagne de Buonaparte en Italie dans les années 1796 et 1797 par un témoin oculaire*. L'ouvrage contestait l'importance des succès et fut largement répandu en France sous la Restauration. Chaque combat est analysé et le récit qu'en a donné Bonaparte dans ses relations, passé au crible. Ainsi Montenotte : « Cette bataille ne mérite aucune place dans l'histoire, c'est une action partielle, peu remarquable et non pas le choc de deux armées. » Lodi ? « Bonaparte dit que Beaulieu avec toute son armée était rangé en bataille et cela est faux. Beaulieu avait en tout dix mille hommes à opposer à l'armée entière de Buonaparte. » L'exploit du pont d'Arcole ? Alvinzi aurait cru qu'il s'agissait d'un offi-

---

4. *Mémoires d'outre-tombe*, livre cinquième de la troisième partie, *Dernier coup d'œil sur la guerre d'Espagne*.

cier parlementaire et donné l'ordre de cesser le feu. À Rivoli, au commencement de la bataille, Bonaparte a été tourné et enveloppé et n'a dû son succès qu'à la chance, au point que l'on crut qu'Alvinzi avait trahi la cause autrichienne[5].

Même Austerlitz est minimisé. Dans l'*Essai sur le système militaire de Bonaparte* par C.H.S., officier d'état-major moscovite, l'auteur montre que c'est l'armée de Napoléon qui triomphe et non Napoléon lui-même : « Il parcourt les différents bivouacs ; il parle aux soldats. Les tigres savent caresser. C'est un art que Bonaparte n'ignore pas. C'est la victoire qu'il mendie. Son armée la lui promet ; elle tiendra parole. » Car, explique le critique russe, la supériorité de l'armée française ne doit rien à Napoléon, mais tout aux généraux de la Révolution, dont Dumouriez. Le même Dumouriez qui, de Londres, avait lui aussi accablé son rival : « Si l'on juge Buonaparte par ses succès, c'est un grand homme. Si l'on dépouille de ses succès ce qui appartient à la fortune, c'est un aventurier heureux dont toute la conduite militaire est désordonnée, excentrique, téméraire, dont les combinaisons fausses et imprudentes auraient dû, dès ses premières entreprises, produire des résultats funestes[6]. »

Dans ses *Considérations sur l'art de la guerre* en 1816, Rogniat, qui a servi sous Napoléon, explique qu'il est possible d'envahir des territoires en Asie, mais pas en Europe,

---

5. Extraits dans J. Tulard, *L'Anti-Napoléon*, p. 190-192.
6. *L'Anti-Napoléon*, p. 200.

allusion à la Russie, s'attirant une réplique de l'empereur déchu. Napoléon n'est plus sous la Restauration le stratège de génie, le successeur d'Alexandre et de César, l'empereur invincible, finalement victime de la fatalité.

Buonaparte, comme on l'appelle, n'est qu'un médiocre général auquel la France a fourni un réservoir longtemps inépuisable de conscrits. De là, la légende de l'ogre qui exige chaque année un nombre sans cesse croissant de jeunes gens que l'on ne reverra plus. Ainsi ont péri en de lointaines expéditions plus d'un million de soldats. On a calculé, s'exclame Mouton Fontenille de Laclotte, que Bonaparte, en dix années de guerre, a causé la mort d'autant d'hommes qu'il a vécu de minutes dans ce même espace de temps.

Tant d'excès lasse. En deux ans, tout a été dit sur Napoléon. La légende noire s'épuise. Exilé à Sainte-Hélène, il sort des conversations. Sa mort, en 1821, suscite peu d'émotion.

Deux ans plus tard, la publication du *Mémorial de Sainte-Hélène* fait sensation. C'est une autre image qui est présentée à l'opinion. Dans le *Mémorial*, Napoléon se raconte devant Las Cases. Comment n'évoquerait-il pas ses victoires ? On ne l'a plus entendu depuis 1815. Un regain de curiosité entoure le livre, et le charme opère, d'autant que le malheur donne une certaine objectivité au récit. Et l'émotion s'en mêle, et aussi la nostalgie.

Toute une génération, celle des Romantiques, rêve sur l'histoire d'un homme qui, après les Tuileries, a couché à Schoenbrunn et à Postdam, à l'Escurial et au Kremlin

259

avant de finir dans une modeste demeure battue par les vents et les pluies, Longwood. C'est Prométhée sur son rocher que peint le *Mémorial*.

Victor Hugo comme Alexandre Dumas, tous deux fils de généraux, ne restent pas insensibles aux évocations de Las Cases qu'ils transposent en épopée. Le Romantisme suit et vient l'apothéose : le retour des Cendres en 1840. Le temps est venu d'écrire une histoire de Napoléon documentée et critique.

Jomini s'y attache. Il est juge et partie. Ce Vaudois incarne les deux qualités de son peuple : il débute dans la finance et finit dans l'armée. Il entre en effet au service de la France et devient aide de camp du maréchal Ney. Mais il est avant tout un cérébral qui préfère les cartes des états-majors à la boue des champs de bataille. Il publie en 1805 son *Traité des grandes opérations militaires* qui lui vaut le grade de colonel.

Un autre ouvrage suit, remarqué par Napoléon. Le voilà chef d'état-major et baron. Ascension rapide mais qui suscite des jalousies. Jomini quitte l'armée. Défection passagère puisque l'empereur en fait un général de brigade et que le Suisse reprend du service. Participant à la campagne de Russie, il découvre les failles du système de guerre napoléonien. Néanmoins, il reste auprès de Ney.

Après la bataille de Lützen, il voit son avancement bloqué par Berthier. Le 14 août 1813, il passe à l'ennemi et devient aide de camp du tsar. A-t-il révélé aux Alliés le plan de campagne de Napoléon ? C'est peu probable, car il ne le connaissait pas, mais il a pu le deviner. Dès lors, il se consacre à l'étude de l'art de la guerre et écrit une *Vie politique et militaire de Napoléon* en quatre volumes parus en 1827. Sa réputation grandit : il sera présenté comme le prophète du dieu de la Guerre Napoléon et assimilé à un devin. En fait, il s'efforce avant tout de dégager, à partir des campagnes de la Révolution et de l'Empire, des principes immuables, visant à faire de la guerre une science aussi exacte que la physique[7].

Jomini a eu un rival, Clausewitz, lui aussi exégète passionné des manœuvres napoléoniennes[8]. Aurait-il écrit son *De la guerre* sans Napoléon ? Né en Brandebourg dans un milieu d'officiers luthériens, il était, comme Jomini, plus doué pour la réflexion que pour l'action. Ce qui l'a intéressé c'est de comparer l'ordre oblique de Frédéric II et l'ordre serré de Napoléon, plutôt que de charger à la tête d'un régiment les lignes ennemies.

Il commence à écrire sur les campagnes de l'empereur après le désastre prussien d'Iéna qui le laisse désemparé. Ce seront ses *Memoiren zu 1806* où il exalte Blücher sans dénigrer Napoléon. Convaincu que le salut de l'Allemagne passe par la régénération de la Prusse, il assiste Scharnhorst dans les réformes entreprises par Berlin. Passé au service de la Russie, il participe à la campagne

---

7. La biographie de Jomini par Ferdinand Lecomte (1860) est restée classique, comme l'essai de Sainte-Beuve en 1869. Plus récemment : Jean-François Baqué, *L'Homme qui devinait Napoléon* (1994).

8. Un parallèle a été tenté par J.-J. Brégeon dans *1812*, chap. XII, « Clausewitz versus Jomini ».

de 1812. L'armée française, explique-t-il dans son récit de cette campagne qui sera traduit en français plus tard, a cessé d'être redoutable lorsque ses lignes de communication se sont allongées et qu'elle s'est dispersée. Belle occasion d'analyser le concept de la guerre défensive face à l'offensive napoléonienne.

Par la suite, il écrit sur les campagnes de 1813, 1814 et 1815, proposant des analyses détaillées qu'il situe dans une appréhension globale du conflit. Ce n'est que vers 1900 que ses ouvrages seront traduits et médités en France[9].

Dans son *Histoire du Consulat et de l'Empire* parue entre 1845 et 1862, Thiers donne un récit clair et objectif des batailles de Napoléon en utilisant le témoignage des survivants de ces guerres et en redressant les erreurs de ces prédécesseurs.

La gloire militaire de Napoléon, recouvrée grâce au *Mémorial de Sainte-Hélène*, connaît une nouvelle éclipse avec la chute du Second Empire. Le désastre de Sedan rejaillit sur le premier des Napoléonides. La guerre n'a plus ce caractère triomphal et épique qu'elle avait revêtu et que célébraient monuments et tableaux, sans parler des innombrables Mémoires de soldats.

Paul de Rémusat constate : « Les désastres que Napoléon III a attirés sur la France en 1870 ont rappelé que l'autre empereur avait commencé cette œuvre funeste, et peu s'en faut qu'une malédiction générale ne vienne sur

---

9. Emmanuel Terray, *Clausewitz* (1999).

les lèvres à ce nom de Bonaparte prononcé naguère avec un respectueux enthousiasme. »

Les romans d'Erckmann-Chatrian, avant même la défaite de 1870, avaient préparé les esprits à une autre vision de la guerre napoléonienne. Leur *Histoire d'un conscrit de 1813* est de 1864. Elle est suivie de *Waterloo*, l'année suivante. Lamartine en résume l'action :

> « Un pauvre jeune conscrit de 1813, cueilli avant vingt ans, quoique boiteux, par ce hasard barbare de la conscription, pour remplacer les cinq cent mille hommes que nous venions de perdre sans rime ni raison nationale dans les glaces de Moscou, part pour la campagne de Leipzig. Il est blessé, il revient à Phalsbourg. Voilà tout le roman, ou plutôt c'est l'histoire, une légende du bas peuple pour lui apprendre à détester la guerre et à aimer la justice, la paix, le travail et l'honnête contentement. Mais les détails de ce simple roman sont vrais comme l'histoire et mille fois plus vrais que les histoires de l'Empire dont des hommes de grand talent flattent la gloire pour grandir leur héros[10]. »

Erckmann s'est inspiré du carnet de route du capitaine Vidal pour décrire l'envers de l'épopée : la pluie, la boue, le froid, le bruit du canon, les balles qui sifflent, la mort qui rôde, etc. Et tout cela pour rien. Les propos que tient Zébédée dans le roman sont fort loin de ceux prêtés aux soldats dans les bulletins de la Grande Armée :

---

10. CXXV^e entretien du *Cours de littérature française*.

« Nous avons tout contre nous ; le pays, les pluies continuelles et nos propres généraux, las de tout cela. Les uns sont ducs, princes et s'ennuient d'être toujours dans la boue au lieu de s'asseoir dans de bons fauteuils, et les autres, comme Vandamme, veulent se dépêcher de devenir maréchal en faisant un grand coup. Nous autres, pauvres diables, qui n'avons rien à gagner que d'être estropiés pour le restant de nos jours et qui sommes les fils des paysans et des ouvriers qui se sont battus pour abolir la noblesse, il faut que nous périssions pour en faire une nouvelle. »

Voilà le vrai grognard.

Dans le récit de Waterloo, l'empereur est critiqué pour avoir fait donner la Garde trop tard car il souhaitait la ménager : « L'empereur tenait à sa garde comme à la chair de sa chair. Il espérait que la cavalerie enfoncerait tout avec Ney ou que les trente-deux mille hommes de Grouchy viendraient à la place de sa Garde parce qu'on peut toujours remplacer trente ou quarante mille hommes par la conscription, au lieu que, pour avoir une Garde pareille, il faut commencer à vingt-cinq ans et remporter cinquante victoires. »

Cette sombre version des campagnes napoléoniennes explique le succès des « romans nationaux » d'Erckmann-Chatrian lors des débuts de la IIIe République. D'autant qu'à travers eux c'est l'Alsace perdue qui était évoquée.

Les livres d'Erckmann-Chatrian ne peuvent être séparés d'une remise en cause par les historiens républicains, dès le Second Empire, du génie militaire de Napoléon Ier.

Le colonel Charras publie à Bruxelles, en 1857, une *Histoire de la campagne de 1815* où il fait porter la responsabilité de la défaite de Waterloo au seul Napoléon dont les facultés intellectuelles étaient amoindries. Il parle « d'une double maladie dont les crises se multipliaient en s'aggravant ». Charras affirme que l'empereur n'a pas fait le nécessaire pour donner à la France les moyens de vaincre ; qu'il a eu tort de s'offrir un moment de sommeil en plein jour à Charleroi ; qu'il n'a pas fait poursuivre les Prussiens après Ligny ; bref, qu'il est seul responsable de la déroute. L'idée est reprise par Edgar Quinet dans sa *Campagne de 1815* qu'il publie en 1862. Habilement, on retient une défaite pour contester les qualités de stratège de Napoléon.

Lanfrey, à son tour, de 1867 à 1875, se lance dans une *Histoire de Napoléon* restée inachevée mais qu'on trouve dans les bibliothèques des notables hostiles à l'empereur. Et n'oublions pas Barni dont le *Napoléon* de 1870 remet en cause les victoires de l'empereur. Il les a « volées », affirme pour sa part Iung dans *Bonaparte et son temps* en 1880.

C'est un véritable concert d'opposants qui culmine avec le renversement de la colonne Vendôme, symbole de la victoire d'Austerlitz.

Dans *Les Origines de la France contemporaine*, en 1887, Taine est d'une autre envergure. Il ne met pas en doute les talents militaires de Napoléon, mais ce sont ceux d'un « condottiere, faisant ses propres affaires, rapportant tout à soi, général à son compte et à son profit ». Condottiere, mais condottiere de la grande espèce, un condottiere aux vues grandioses qui, avant d'agir, a choisi son plan après examen, comparaison et préférence. L'œuvre de Napoléon c'est finalement « celle de l'égoïsme servi par le génie ».

Mais, peu à peu, le courant change d'orientation. De nouveaux Mémoires paraissent, dont les *Cahiers* du capitaine Coignet en 1883. La geste héroïque reprend le dessus. On s'enthousiasme au récit d'Austerlitz quand Coignet raconte l'assaut du plateau de Pratzen :

> « Au centre de ces belles colonnes, nous étions vingt-cinq mille bonnets à poil, et des gaillards qui avaient soif de gloire comme le grand capitaine qui les commandait. Nos bataillons montèrent cette côte l'arme au bras et arrivés à distance ; ils souhaitèrent le bonjour à la première ligne par des feux de bataillon et montèrent la côte, la baïonnette croisée sur la première ligne des Russes, et la chargèrent de toutes parts, et la musique se faisait entendre : *On va leur percer le flanc.*

> « Et les tambours répétaient :

> *Rantanplan, ran,*
> *On va leur percer le flanc,*
> *Que nous allons rire*[11] *! »*

Grâce à Coignet, l'image idéalisée du grognard ressuscite. Il y a aussi Marbot, le D'Artagnan de la Grande

11. *Cahiers du capitaine Coignet*, éd. Mistler, p. 114.

Armée, Thiébault, Puffeney et bien d'autres dont la littérature s'empare avec Rostand et son Flambeau dans *L'Aiglon* ou d'Esparbès et ses demi-solde. Ces vieilles ganaches héroïques émeuvent, bouleversent, enthousiasment. Elles redonnent vie au culte impérial.

Et puis il y a Barrès. À l'arrière-plan, sont les provinces perdues, l'Alsace et la Lorraine passées sous domination prussienne et donc l'idée de la « revanche » sur l'Allemagne. Pour vaincre l'arrogant Prussien, il faut faire appel aux leçons du passé et naturellement à Napoléon qui balaya l'armée prussienne à Iéna. En 1897, Maurice Barrès, descendant d'un officier de la Grande Armée dont il publiera les Souvenirs, écrit *Les Déracinés*. Sept jeunes Lorrains se retrouvent, le 5 mai 1884, devant le tombeau de l'empereur. À ses compagnons, Sturel conte l'ascension de Bonaparte. À travers lui, c'est l'apologie du chef de guerre qui est prononcée. « Camarades, s'exclame Sturel, nous sommes les capitaines ! Au tombeau de Napoléon, professeur d'énergie, jurons d'être des hommes ! » – comprenons des guerriers. Le mythe retrouve sa dimension héroïque et militaire. De son épée, Napoléon désigne les nouveaux objectifs : les provinces perdues. Les armes de la revanche sont dans les leçons du passé. C'est la stratégie napoléonienne qu'il faut étudier.

Une section historique est créée à l'état-major. Elle inspire *La Campagne de 1805 en Allemagne*, six volumes parus entre 1902 et 1908. Auparavant, Foucart, employé à l'état-major de la 2ᵉ division de cavalerie, avait édité *La Campagne de Pologne. 1806-1807* en 1882 et *La Campagne de Prusse. 1806* en 1887-1890. C'est cette dernière surtout qui retient surtout l'attention, pour des raisons évidentes. Foucart explique dans sa préface :

« Mon but principal est de dégager la figure du commandant en chef sur lequel tout repose. À la guerre, les hommes ne sont rien, c'est un homme qui est tout, disait Napoléon. Je veux le montrer organisant son armée, la rassemblant, la mettant en marche, la concentrant pour livrer bataille, la lançant à la poursuite de l'ennemi battu, tirant de la victoire tout le parti possible, enfin réparant ses pertes pour être prêt à de nouveaux événements, travail immense que lui seul peut diriger[12]. »

Le point de vue prussien est négligé. Ce qui compte, c'est la leçon à tirer de la victoire d'Iéna. Foucart écrit :

« On prétend que le Premier Empire est trop loin de nous, que les guerres de 1866 et de 1870 contiennent seules des enseignements pour les armées actuelles. C'est une opinion contre laquelle je m'inscris en faux. N'ai-je pas trouvé dans cette guerre de l'Empire matière à observation sur les sujets les plus à l'ordre du jour : service de la cavalerie en avant des armées et sur le champ de bataille, dispositions de combat des armées et des corps d'armée, formations à adopter, place de l'artillerie dans les colonnes et sur le champ de bataille, le service de l'état-major, etc. ? De l'observation de l'armée de l'empe-

---

12. Foucart, *La Campagne de Prusse*, p. 11.

reur, de l'organisation de ses colonnes d'armée, ne suis-je pas arrivé à conclure qu'il faut toujours marcher sur deux corps d'armée de profondeur, qu'il faut serrer les colonnes, qu'il faut réduire les convois, les rejeter en arrière, que l'organisation uniforme des corps d'armée à deux divisions ne répond pas à toutes les situations de la guerre, qu'il en faut à trois divisions[13] ? »

Foucart reste trop descriptif. Pascal Bressonnet écrit des études tactiques sur la campagne de 1806, publiées après sa mort en 1909. Pas d'exaltation des victoires, mais une analyse critique qui sera lue par les futurs maréchaux de la Grande Guerre.

Reste à expliquer la défaite de Leipzig en 1813 qui pourrait effacer la victoire d'Iéna. Clément s'en charge en 1904 dans sa *Campagne de 1813* : « Les dispositions stratégiques et tactiques prises par Napoléon, notamment dans la première partie des opérations et à la veille de la bataille de Dresde, caractérisent le génie du plus grand capitaine des temps modernes, et elles s'imposent pour l'étude de la conduite des armées. » Que faut-il en retenir ? « La division des masses en armées isolées, la reconstitution finale des groupes d'armées. » Malheureuse, la campagne de 1813, n'en fut pas moins « l'une des plus audacieuses et l'une des plus instructives de celles que Napoléon a dirigées ».

Jamais les guerres napoléoniennes n'ont été autant étudiées qu'à la veille du conflit de 1914. Napoléon est un

13. *Ibidem*, p. XIII.

modèle qu'on ne peut discuter dans la préparation de la revanche sur l'Allemagne. On essaie de codifier ses manœuvres pour en dégager des lois, sans tenir compte de l'évolution des techniques, ce qui explique les boucheries de 1914. On le suit au lieu de l'adapter. N'est-ce pas le général de Grandmaison qui prône l'offensive à outrance, affirmant que dans l'attaque l'imprudence est la meilleure des sûretés ?

Après la victoire, Foch et Joffre, les vainqueurs, expliquent qu'ils ont puisé leur inspiration chez Napoléon. Écoutons le premier, le 2 octobre 1920, préfaçant le *Napoléon* de Georges Lacour-Gayet :

> « Au lendemain de la terrible guerre dont nous sortons, il était juste que la pensée de tous les Français se tournât, pour lui rendre un tribut d'admiration, vers celui qui nous a valu tant de victoires, car les principes formulés par son génie sont éternellement vrais, et, malgré les apparences, c'est leur application qui vient encore de nous conduire au triomphe[14]. »

Même hommage chez Foch. Dès ses *Principes de la guerre* en 1903, ses idées viennent de Napoléon, principalement l'offensive. L'attaque est la clef de la victoire, c'est elle qui emporte la décision.

Un point de vue que ne partage pas Pétain. Lieutenant-colonel, il professe avant la guerre un cours de tactique d'infanterie à l'École supérieure de guerre où il donne les

---

14. Préface à Georges Lacour-Gayet, *Napoléon*.

raisons de la victoire des Français sur les Prussiens en 1806 : les manœuvres prussiennes sont lentes, routinières et prévisibles, sans la moindre place laissée à l'improvisation. Le corps d'armée de Davout à Auerstaedt est formé de soldats qui ont l'habitude de combattre ensemble, d'une grande mobilité et d'une souplesse exceptionnelle dans le passage de la ligne à la colonne ou dans la constitution des carrés. On le voit, à Auerstaedt qu'admire Pétain, l'infanterie est reine. En 1914, pour le futur maréchal, la puissance du feu condamne l'offensive à outrance. C'est le système défensif qu'il prône avec, on l'a vu, une excellente infanterie. Napoléon n'a pas, selon lui, assez fortifié la France, un reproche déjà formulé par Chateaubriand.

Porte-plume de Pétain, Charles de Gaulle s'est affranchi progressivement de l'influence du maréchal vieillissant. Dans *La France et son armée* (1938), un long chapitre est consacré à Napoléon. Ce qu'en retient de Gaulle, ce sont les liens de la Grande Armée avec son chef. Les maréchaux apportent chacun une expérience personnelle : Berthier c'est l'état-major, Murat la charge de cavalerie, Davout la sagesse qui sait devenir audace. À côté de Napoléon ils brillent, loin de lui ils s'éteignent. Le soldat, quant à lui, est résistant, motivé, ardent au combat. « Tels sont, conclut de Gaulle, les éléments de cette Grande Armée que Napoléon trouve toute faite mais qu'il transporte de dévouement pour sa personne et entraîne à sa suite vers les mirages éclatants de la gloire[15]. »

---

15. *La France et son armée*, éd. 10-18, p. 143 et suiv.

La Seconde Guerre mondiale provoque un déclin de l'intérêt porté aux guerres napoléoniennes. La technologie et l'arme atomique ont démodé les vieux principes, hérités de Guibert, de la guerre classique. Une autre forme se développe, à laquelle Napoléon n'a pas trouvé la parade en Espagne : la guerre révolutionnaire. C'est la « petite guerre » de Grandmaison mais avec des accents sociaux et nationaux devant lesquels les meilleures armées du monde, les Français en Algérie, les Américains au Viet-Nam, les Russes en Afghanistan, se trouvent désarmées.

Enfin, la « nouvelle histoire » d'abord, les programmes scolaires ensuite vouent Napoléon à l'oubli. L'histoire-batailles est condamnée et l'empereur avec elle.

Mais que l'on se rassure ! Napoléon est indémodable. Sa stratégie retrouve une nouvelle vigueur dans le monde des affaires cette fois, avec d'autres officiers, les capitaines d'industrie.

CONCLUSION

Les guerres napoléoniennes se ramènent en définitive à un affrontement franco-anglais.

Prussiens et Autrichiens, en retard au moins d'une guerre, n'ont jamais été en mesure d'inquiéter vraiment Napoléon, et celui-ci n'aurait pas échoué en 1812 dans les steppes de Russie si son souci de remporter une victoire décisive à la manière d'Austerlitz ou de Friedland ne l'avait conduit à s'enfoncer dans les plaines de Russie et à se retrouver à Moscou quand il aurait fallu prendre Saint-Pétersbourg.

L'Angleterre fut le véritable adversaire de Napoléon et le conflit opposa deux stratégies : l'attaque à outrance avec Napoléon et la stratégie défensive accompagnée de contre-attaques pour l'Angleterre.

Malgré l'audace d'un Nelson à Aboukir et à Trafalgar, le Cabinet de Londres a privilégié plutôt une stratégie défensive : il se met à l'abri derrière la Manche. Sur les champs de bataille, il utilise d'abord un système défensif sur lequel se brisent les assauts du général Reynier à

273

Maïda en Calabre, le 4 juillet 1806, puis il invente les lignes de Torres Vedras au Portugal protégeant Lisbonne de l'attaque de Masséna en 1811, et enfin il met en place les carrés de Waterloo que ne parvient pas à ébranler la furieuse charge de Ney.

La force de l'Angleterre réside dans sa maîtrise de la mer. Cette conquête a commencé au XVIᵉ siècle avec la victoire de la flotte anglaise d'Élisabeth Iʳᵉ sur l'Invincible Armada espagnole. Elle est confirmée par la victoire de Trafalgar, même si Londres doit compter en 1812 avec une puissance montante, les États-Unis.

Cette maîtrise de la mer permet d'assurer la défense du Portugal où les premières victoires françaises seront sans lendemain ; elle permet aussi le ravitaillement des forces anglaises en action dans la péninsule Ibérique. Les Anglais peuvent également débarquer à tout moment en Calabre en 1806, à Walcheren en 1809 ou en Provence pour des actions limitées. L'opération navale contre la flotte danoise à Copenhague ou la bataille de l'île d'Aix en avril 1809 visent, non sans efficacité, à empêcher la reconstitution d'une flotte au service de Napoléon.

Une stratégie purement défensive ne permettrait pas la victoire finale. Londres achète les services des grandes puissances continentales : l'or anglais est à l'origine des coalitions contre la France. La « cavalerie de Saint-Georges » alimente les trésoreries de l'Autriche, de la Prusse et de la Russie. Mais l'Angleterre ne participe pas directement avec ses propres troupes aux grandes batailles d'Austerlitz, d'Iéna, d'Eylau ou de Wagram. Ses alliés finissent par la critiquer. De là, le débarquement dans l'île de Walcheren, lors de l'été 1809, pour soulager les Autrichiens. Manœuvre de diversion mal préparée qui se transforme en désastre. La défense réussit mieux aux Anglais.

En face, Napoléon utilise aussi la méthode défensive, même s'il y est moins à l'aise : c'est le Blocus continental qui vise à fermer le continent européen aux marchandises anglaises. « Je veux conquérir la mer par la puissance de la terre », énonce-t-il.

Projet ambitieux. Après l'alliance franco-russe de Tilsit, il peut considérer qu'il a réussi. En effet, à la fin de 1806, il est en mesure de contraindre les ports allemands et italiens à refuser d'accueillir les navires anglais. L'Espagne et le Portugal ont une attitude équivoque, mais Napoléon se juge en mesure de leur imposer le blocus par la force. Reste l'Europe du Nord : le poids de la Russie y est considérable. Qu'elle entre dans le système de Napoléon et l'Europe sera presque entièrement fermée. Alexandre Ier s'y engage à Tilsit et rompt les relations avec Londres le 7 novembre 1807.

Comme on l'a vu plus haut, Napoléon peut alors s'exclamer : « Grand et puissant effet de l'alliance des deux premières puissances du globe ! À leur voix, un continent se lève tout entier et va au gré de leurs désirs se coaliser contre l'ennemi du continent. Cet état de guerre de tant de puissances contre les insulaires qui anéantissent leur commerce paralysera leur industrie, rendra stérile pour eux la mer, la plus fertile de leurs domaines, c'est une belle conception et le plan le plus vaste comme le plus difficile à exécuter. Il est exécuté[1] ».

Il a failli réussir. L'économie britannique a été ébranlée. Mais elle ne s'est pas écroulée. En réalité, le blocus ne touchait pas les propriétaires tout-puissants au Parlement ; au contraire, la montée du prix des grains, on l'a vu, les enrichissait. Par ailleurs, le crédit, que Napoléon récusait pour lui-même (« pas d'emprunts »), a sauvé Londres.

Et le Blocus s'est retourné contre lui. Il imposait au continent des privations en sucre, en café, en coton ; il obligeait la France à multiplier les annexions pour mieux assurer l'étanchéité du système. La manière dont fut appliqué le blocus réveilla les nationalités en Europe, de l'Espagne au Tyrol, de l'Allemagne à la Hollande et à l'Italie. Napoléon n'a plus alors à affronter des souverains mais des peuples : la guerre en dentelles du XVIIIe siècle est terminée, les guerres nationales commencent. Il ne le comprendra qu'à Sainte-Hélène.

L'Angleterre a gagné. Mais à quel prix ? Elle est endettée de façon dramatique et la révolution industrielle déjà en cours va aggraver la misère des classes laborieuses.

En revanche, si Napoléon laisse une France légèrement diminuée sur le plan territorial par rapport à 1789, si l'élan démographique du pays est ralenti en raison de la guerre, le pays ne sort pas ruiné de ces guerres. Malheureusement, le congrès de Vienne, par la faute de Talley-

---

1. Note du *Moniteur* cité par J. Tulard, *Napoléon*, p. 210.

CONCLUSION

rand contraint d'obéir aux instructions de Louis XVIII[2], a suscité à la France un nouvel ennemi. La Prusse, faute d'avoir obtenu la Saxe protégée par le roi des Français dont la mère était saxonne, s'installe sur la rive gauche du Rhin. De nouvelles guerres se préparent où Napoléon fera cruellement défaut.

---

2. *Correspondance inédite du prince de Talleyrand et du roi Louis XVIII pendant le Congrès de Vienne*, p. 33.

ANNEXES

LES BATAILLES DE NAPOLÉON

Sont recensées ici les batailles auxquelles Napoléon a personnellement participé.

MADDALENA, février 1793
Alors simple lieutenant en permission, Bonaparte, sous le commandement du colonel Colonna Cesari, monte une expédition contre l'îlot de la Maddalena, au large de la Corse. Cette manœuvre de diversion est un échec.

TOULON (siège de), septembre 1793
Bonaparte, alors capitaine, est nommé commandant de l'artillerie de l'armée de Carteaux devant Toulon, tenu par les Anglais, en remplacement de Dommartin, blessé. Il dispose de deux canons de 24, deux de 16 et deux mortiers. Le 18 septembre, il fait aménager la batterie de la Montagne, puis, le 19, la batterie des Sans-Culottes. Le 17 décembre, il attaque le fort Mulgrave. Le 18, les Anglais évacuent Toulon. Bonaparte est fait général de brigade le 22 décembre suivant.

PREMIÈRE CAMPAGNE D'ITALIE
Bonaparte est commandant en chef de l'armée d'Italie : 40 000 hommes opposés à l'armée autrichienne du feld-maréchal Wurmser et à l'armée sarde. Objectif : faire une manœuvre de diversion pour soulager le gros des forces françaises engagées en Allemagne.

Montenotte, 12 avril 1796.
Première victoire de Bonaparte sur les Autrichiens.

Millesimo, 13 avril 1796.
Deuxième victoire, cette fois sur les Sardes.

Dego, 15 avril 1796.
Les Autrichiens à nouveau battus.

Mondovi, 21 avril 1796.
Victoire décisive sur les Sardes qui sollicitent un armistice.

Fombio, 2 mai 1796.
Une division autrichienne est battue.

Lodi, 10 mai 1796.
Avec 12 000 hommes, Bonaparte bat le général autrichien Beaulieu qui en commande 16 000, après avoir franchi le pont de Lodi. Maître de la Lombardie, il entre à Milan le 14 mai.

Borghetto, 30 mai 1796.
Nouvelle victoire sur Beaulieu.

Lonato, 3 août 1796.
Avec l'appui de Masséna, Bonaparte défait le général autrichien Quasdanovitch.

Castiglione, 5 août 1796.
Bonaparte, avec 22 000 hommes, l'emporte sur l'Autrichien Wurmser, fort de 30 000 hommes.

Roveredo, 4 septembre 1796.
Bonaparte écrase l'Autrichien Davidowitch.

Primolano, 7 septembre 1796.
Bonaparte surprend l'arrière-garde de Wurmser.

Bassano, 8 septembre 1796.
Bonaparte défait cette fois le gros des forces de Wurmser.

Saint-Georges, 15 septembre 1796.
À nouveau battu, Wurmser s'enferme dans Mantoue.

Caldiero, 12 novembre 1796.
Bonaparte attaque Alvinzi mais est repoussé.

Arcole, 17 novembre 1796.
À la tête de 28 000 hommes, Bonaparte bat Alvinzi qui en commande 60 000. La bataille a été rude pour la possession du pont jeté sur l'Alpone.

Rivoli, 14 janvier 1797.
Appuyé par Masséna, Bonaparte remporte une brillante victoire sur Alvinczy qui aurait perdu 22 000 hommes.

Mantoue, 7 février 1797.
La citadelle de Mantoue capitule.

Friesach, 1ᵉʳ avril 1797.
Bonaparte culbute l'arrière-garde autrichienne dans les gorges de Friesach.

Unzmarkt, 3 avril 1797.
Il rattrape les Autrichiens et les défait.

CAMPAGNE D'ÉGYPTE
Bonaparte est commandant en chef de l'aile gauche de l'armée d'Angleterre. Il a sous ses ordres 54 000 hommes dont des généraux venus de l'armée d'Italie (Berthier, Murat, Lannes, Davout, etc.) mais aussi de l'armée du Rhin (Kléber et Desaix). Objectif (resté secret) : s'emparer de l'Égypte pour couper aux Anglais la route terrestre des Indes.

Malte, 11 juin 1798.
Bonaparte s'empare de Malte, verrou entre la Méditerranée occidentale et la Méditerranée orientale, avant d'aller débarquer à Alexandrie.

Chebrets, 13 juillet 1798.
Bonaparte refoule une attaque des Mamelouks.

Les Pyramides, 21 juillet 1798.
Les charges des Mamelouks se brisent sur les carrés français.
La route du Caire est ouverte.

Salayeh, 11 août 1798.
Simple combat de cavalerie. Ibrahim-bey a échappé à Bonaparte.

El-Arich, 26 février 1799.
Prise du port d'El-Arich.

Jaffa, 7 mars 1799.
Bonaparte s'empare de Jaffa après un siège commencé le 4.

Saint-Jean d'Acre, 28 mars 1799.
Échec de l'assaut contre Saint-Jean d'Acre ravitaillé par
les Anglais et défendu par Djazza Pacha et Phélippeaux.
Deuxième assaut et nouvel échec le 1er avril. Nouveaux
assauts le 25 avril, les 1er, 7 et 10 mai. En vain.

Mont-Thabor, 16 avril 1799.
Soutenant Kléber, Bonaparte bat une armée turque.

Aboukir, 25 juillet 1799.
Bonaparte défait les Turcs qui viennent de débarquer.

DEUXIÈME CAMPAGNE D'ITALIE
Premier consul, Bonaparte commande en chef l'armée de réserve, soit 50 000 hommes. À Moreau revient le commandement de l'armée principale qui opère en Allemagne.

Bard (fort de), 25 mai 1800.
Bonaparte échoue à s'emparer du fort de Bard qui barre la route d'Aoste à Ivrée.

La Chiusella, 26 mai 1800.
Bref combat. Bonaparte y assiste derrière la 40ᵉ demi-brigade.

Marengo, 14 juin 1800.
Bataille indécise contre les Autrichiens de Melas. Défaite à midi, victoire à 16 heures grâce à l'intervention de Desaix.

CAMPAGNE D'ALLEMAGNE DE 1805
Napoléon est à la tête de la Grande Armée qui comprend sept corps d'armée, la Garde et la réserve de cavalerie. Objectif : quitter le camp de Boulogne où se préparait le débarquement en Angleterre pour répondre à l'attaque de la Bavière par l'Autriche.

Elchingen, 14 octobre 1805.
Napoléon, s'appuyant sur les corps de Ney et de Lannes, oblige l'Autrichien Mack à s'enfermer dans Ulm.

Ulm, 19 octobre 1805.
Capitulation d'Ulm.

Austerlitz, 2 décembre 1805.
La plus belle des victoires de Napoléon remportée sur les Austro-Russes.

CAMPAGNE DE 1806-1807
Napoléon commande la Grande Armée formée de dix corps d'armée, de la Garde et de la réserve de cavalerie. Objectif : répondre à l'ultimatum prussien d'évacuer l'Allemagne. Les Russes sont alliés aux Prussiens mais n'interviendront qu'après Iéna.

Schleiz, 9 octobre 1806.
Premier combat de la campagne. Napoléon y assiste. Il n'est pas présent, en revanche, à Saalfeld.

Iéna, 14 octobre 1806.
La victoire décisive est en réalité remportée le même jour par Davout à Auerstaedt.

Czarnowo, 23 décembre 1806.
Napoléon, avec l'appui de Lannes, bat les Russes mais le dégel empêche la cavalerie de poursuivre l'ennemi.

Golymin, 26 décembre 1806.
Napoléon et Davout enfoncent le corps russe de Galitzine mais le mauvais temps empêche de faire donner la cavalerie.

Allenstein, 4 février 1807.
À la poursuite du Russe Bennigsen, Napoléon est vainqueur à Allenstein.

Eylau, 8 février 1807.
Victoire française sur les Russes, mais meurtrière et non décisive.

Friedland, 14 juin 1807.
Modèle de bataille offensive gagnée sur le coup d'œil de Napoléon.

GUERRE D'ESPAGNE
Napoléon est commandant en chef de la Grande Armée formée de sept corps d'armée et de la Garde, soit 200 000 hommes. Objectif : venger la défaite de Dupont à Bailen et rétablir Joseph sur le trône de Madrid.

Somo-Sierra, 30 novembre 1808.
Le passage forcé du défilé grâce aux lanciers polonais permet à Napoléon de s'emparer de Madrid.

GUERRE DE 1809
Napoléon commande la Grande Armée formée de dix corps d'armée, de la Garde et de la réserve de cavalerie. Il faut répondre à une triple attaque autrichienne en Italie, en Pologne et en Allemagne.

Abensberg, 20 avril 1809.
Napoléon, renforcé par Lannes et Lefebvre, attaque le flanc autrichien pour couper les Autrichiens en deux.

Landshut, 21 avril 1809.
Victoire due surtout à Lannes et à Masséna, mais l'archiduc Charles échappe à un encerclement.

Eckmühl, 22 avril 1809.
Napoléon combine avec Davout, Lannes et Masséna l'attaque contre l'archiduc Charles qui doit se retirer sur la Bohême.

Ratisbonne, 23 avril 1809.
Lors du siège de la ville, Napoléon est légèrement blessé au talon.

Vienne, 13 mai 1809.
Vienne capitule devant Napoléon.

Essling, 21-22 mai 1809.
Napoléon doit franchir le Danube, mais, à plusieurs reprises, le grand pont est rompu et Lannes doit se retirer. Il est mortellement blessé. C'est la victoire d'Essling pour les Français, mais les Autrichiens revendiquent, avec quelque raison, la victoire d'Aspern.

Wagram, 5-6 juillet 1809.
Napoléon l'emporte enfin sur l'archiduc Charles.

Znaïm, 11 juillet 1809.
Cette fois, les Autrichiens sont vraiment vaincus. Mais Napoléon refuse d'aller plus loin et de procéder au démantèlement de l'empire des Habsbourg : « Assez de sang versé ! »

CAMPAGNE DE RUSSIE
Napoléon est le commandant en chef de la Grande Armée répartie en trois masses et forte, selon François Houdecek (*La Grande Armée de 1812*), de 680 000 soldats, représentant vingt nations. En face : Barclay de Tolly avec 130 000 hommes et Bagration qui dispose de 60 000 hommes. Tormazov dispose de 40 000 hommes à Dubno.

Smolensk, 17 août 1812.
Premier affrontement sérieux avec l'armée russe qui évacue Smolensk.

Valoutinia, 19 août 1812.
Napoléon arrive pour la fin de la bataille. Junot, en mesure de se porter sur les arrières des Russes, les laisse s'échapper.

Moskowa-Borodino, 7 septembre 1812.
C'est enfin l'affrontement avec l'armée russe de Koutouzov. Victoire sanglante et non décisive puisque Koutouzov peut se replier en bon ordre au point que les Russes parlent de leur victoire à Borodino. En fait, ils abandonnent Moscou à Napoléon.

Malojaroslavetz, 24 octobre 1812.
Sur la route de la retraite, Napoléon bouscule les Russes. Mais il avoue : « Je bats toujours les Russes mais cela ne termine rien. »

Krasnoë, 16-19 novembre 1812.
Koutouzov veut attaquer de flanc la Grande Armée. Napoléon contre-attaque. Davout puis Ney vont à leur tour résister à Koutouzov avant d'évacuer Krasnoë.

Bérésina, 27-29 novembre 1812.
Napoléon échappe à la manœuvre d'encerclement russe grâce au travail des pontonniers d'Éblé.

CAMPAGNE D'ALLEMAGNE DE 1813
Napoléon commande à l'origine les armées du Main (140 000 hommes) et de l'Elbe (60 000), puis le tout est regroupé en quatorze corps d'armée qui opèrent souvent de façon autonome. Il a en face de lui les troupes russo-prussiennes de Barclay de Tolly, puis les troupes autrichiennes de Schwarzenberg et l'armée du Nord de Bernadotte qui donnent l'avantage numérique aux coalisés.

Weissenfels, 29 avril 1813.
Napoléon franchit la Saale et remporte sa première victoire.

Lützen, 2 mai 1813.
Blücher, qui a tenté une attaque de flanc, est battu par Napoléon, mais, faute de cavalerie, la poursuite ne peut se déve-

lopper. Toutefois, l'effet psychologique de cette victoire est énorme.

Bautzen, 20 mai 1813.
Nouvelle victoire de Napoléon conforme aux manœuvres envisagées.

Würschen, 21 mai 1813.
Ce succès complète celui de Bautzen. Déroute des coalisés, mais le corps de Blücher n'est pas anéanti. C'est au cours de la poursuite que Duroc est tué.

Liegnitz, 27 mai 1813.
La cavalerie russe veut barrer le passage. Napoléon fait donner l'artillerie.

Dresde, 27 août 1813.
Avec 120 000 hommes, Napoléon triomphe de 180 000 coalisés dans les rangs desquels Moreau est tué. La poursuite des vaincus est une nouvelle fois insuffisante faute de cavalerie.

Dohna, 8 septembre 1813.
Napoléon refoule une attaque de Schwarzenberg et prend Dohna.

Düben, 10 octobre 1813.
Napoléon bat Blücher et s'installe dans le château de Düben.

Leipzig, 16-19 octobre 1813.
Une bataille de trois jours, dite « bataille des nations », qui s'achève sur la retraite de Napoléon en infériorité numérique et victime de la défection des Saxons. La retraite est désastreuse.

Hanau, 30 octobre 1813.
Les Bavarois prétendent couper la retraite de Napoléon : ils sont écrasés.

CAMPAGNE DE FRANCE
L'armée principale est sous les ordres de Napoléon. En face, trois armées : l'armée de Silésie sous Blücher, l'armée de Bohême sous Schwarzenberg, et, en retrait, l'armée du Nord de Bernadotte.

Saint-Dizier, 27 janvier 1814.
Première victoire de Napoléon sur les avant-gardes de Blücher.

Brienne, 29 janvier 1814.
Victoire, cette fois, sur Blücher qui appelle Schwarzenberg au secours.

La Rothière, 1er février 1814.
Napoléon est battu face aux deux armées réunies de Blücher et de Schwarzenberg. Sa stratégie est désormais de les séparer.

Champaubert, 10 février 1814.
Napoléon écrase le corps d'Olsoufiev.

Montmirail, 11 février 1814.
Napoléon défait le corps de Sacken.

Château-Thierry, 12 février 1814.
Napoléon bat Yorck, mais Macdonald n'intervient pas à temps pour couper la retraite des Prussiens.

Vauchamps, 14 février 1814.
Cette fois, c'est Blücher lui-même qui est battu par Napoléon.

Guignes, 16 février 1814.
Napoléon, se tournant vers Schwarzenberg, arrête sa marche sur Paris.

Montereau, 18 février 1814.
Napoléon défait Schwarzenberg qui essuie de lourdes pertes et doit battre en retraite.

Méry-sur-Seine, 22 février 1814.
Napoléon écrase l'avant-garde de Blücher. Ses derniers succès créent l'inquiétude chez les coalisés.

Craonne, 7 mars 1814.
Blücher, qui a échappé à l'encerclement grâce à la capitulation prématurée de Soissons, est en définitive battu à Craonne et contraint de se replier sur Laon.

Laon, 10 mars 1814.
Défaite de Napoléon devant Blücher. Une partie du corps de Marmont est perdue, obligeant l'empereur à battre en retraite vers Soissons.

Reims, 13 mars 1814.
Napoléon, avec seulement 8 000 soldats, culbute les 15 000 Russes de Saint-Priest.

Arcis-sur-Aube, 20-21 mars 1814.
Avec 23 000 hommes, Napoléon se heurte aux 100 000 soldats de Schwarzenberg. Il doit se replier.

Wassy, 26 mars 1814.
Marmont et Mortier ont été battus la veille à Fère-Champenoise. Napoléon les venge en écrasant le corps de Winzingerode entre Wassy et Saint-Dizier. Mais il perd du temps, croyant au succès de sa manœuvre sur les arrières des coalisés au lieu de rejoindre Paris. C'est à Fontainebleau qu'il apprend la capitulation de sa capitale. Ses manœuvres ont été inutiles.

CAMPAGNE DE BELGIQUE EN 1815
Napoléon dispose de la Garde, de six corps d'armée et de la réserve de cavalerie. En face, l'armée des Pays-Bas commandée par Wellington et celle du Bas-Rhin sous Blücher.

Charleroi, 15 juin 1815.
Napoléon passe la Sambre à Charleroi, bousculant le corps prussien de Ziethen.

Ligny, 16 juin 1815.
Napoléon l'emporte sur Blücher, mais l'armée prussienne n'est pas anéantie.

Waterloo, 18 juin 1815.
Désastre de Waterloo.

Annexe II

L'ART DE LA GUERRE SELON NAPOLÉON

Napoléon n'a pas écrit un art de la guerre. Ses idées sont exprimées dans ses écrits de jeunesse, sa correspondance, ses proclamations et ses dictées de Sainte-Hélène.

Toutefois il développe une théorie de la guerre à partir des réflexions suscitées chez lui par la lecture de l'ouvrage du lieutenant général baron Joseph Rogniat, *Considération sur l'art de la guerre*, paru en 1816 et qui lui parvint à Sainte-Hélène.

Général du génie, Rogniat qui a inspiré à Bruno Colson une belle thèse, provoqua chez l'empereur déchu par son « dogmatisme tranchant » et ses critiques de certaines dispositions de Napoléon, une vive irritation du captif de Sainte-Hélène qui se traduisit par 18 notes dictées à Bertrand et reproduites dans le tome 31 de la correspondance.

De ces notes on peut extraire un ensemble de réflexions qui peuvent prendre place à côté du fameux *Art de la guerre* de Machiavel ou du *Vom Kriege* de Clausewitz.

1.

LE RECRUTEMENT

La conscription, explique Napoléon, a modifié le recrutement.

1° Les enrôlements forcés ont toujours été en usage dans les républiques comme dans les monarchies, chez les anciens comme chez les modernes. Les Russes et les Polonais lèvent des hommes comme dans les autres pays on lève des chevaux, parce que les paysans y sont esclaves. En Allemagne, chaque village a son seigneur, qui désigne les recrues, sans considérer ni les droits ni les convenances de celles-ci. En France, on a toujours pourvu au recrutement de l'armée par la voie du sort ; ce qui s'appelait tirer à la milice sous Louis XIV, Louis XV et Louis XVI, tirer à la conscription sous l'empereur Napoléon. Les classes privilégiées étaient exempt de tirer à la conscription. C'était la milice sans privilège, ce qui la rendait aussi désagréable aux classes privilégiées que la milice l'était à la masse du peuple. La conscription était le mode le plus juste, le plus doux, le plus avantageux au peuple. Ses lois ont été si perfectionnées sous l'Empire, qu'il n'y a rien à y changer, pas même le nom, de peur que ce ne soit un acheminement pour altérer la chose. Les départements qui, depuis 1814, ont été détachés de la France, ont sollicité et obtenu comme un bienfait ce continuer à être soumis aux lois de la conscription, afin d'éviter l'arbitraire, l'injustice et les vexations des lois autrichiennes ou prussiennes sur cette matière. Les provinces illyriennes, depuis longtemps accoutumées au recrutement autrichien, ne cessaient d'admirer les lois de la conscription française, et, depuis qu'elles sont rentrées sous le sceptre de leur ancien souverain, elles ont obtenu qu'elles continuassent à les régir.

2° Pendant les dix premières années de la révolution, les armées ont été recrutées par la réquisition, qui comprenait tous les citoyens de l'âge de dix-huit à vingt-cinq ans ; il n'y avait ni tirage ni remplacement. Les lois de la conscription n'appelaient que les jeunes gens qui entraient dans leur vingtième année ; ils n'étaient obligés à servir que cinq ans, ce qui avait l'avantage de former un plus grand nombre de soldats qui, dans des moments de crise, se trouvaient à portée de défendre le pays. Il serait à propos d'étendre la durée du service à dix ans, c'est-à-dire jusqu'à l'âge de trente ans, dont cinq ans dans l'armée active et cinq ans dans la réserve. C'est de vingt-cinq à cinquante ans que l'homme est dans toute sa force, c'est donc l'âge le plus favorable pour la guerre. Il faut encourager par tous les moyens les soldats à rester aux drapeaux ; ce que l'on obtiendra en faisant une grande estime des vieux soldats, en les distinguant en trois classes, en donnant cinq sous par jour à la troisième, sept sous six deniers à la deuxième, dix sous à la première. Il y a une grande injustice à ne pas mieux payer un vétéran qu'une recrue.

Un million d'âmes fournit tous les ans 7 000 ou 8 000 conscrits, à peu près un cent quarantième de la population ; la moitié est nécessaire pour satisfaire aux besoins de l'administration, de l'église et des arts. Une levée de 3 500 hommes par an, en dix ans, donnerait 30 000, en tenant compte des morts ; 15 000 hommes formeraient l'armée de ligne, 15 000 l'armée de réserve. Sur les 15 000 hommes de l'armée de ligne, on en tiendrait 6 000 sous les armes pendant douze mois, 4 000 de plus pendant trois mois, et 5 000 de plus pendant quinze jours ; cela équivaudra à 7 000 hommes pour toute l'année ; ce serait un cent quarantième de la population soustrait à l'agriculture. Les 15 000 hommes de l'armée de réserve ne seraient en rien distraits de leurs travaux ni éloignés de leurs foyers, qu'en cas de guerre.

3° Les institutions militaires des Anglais sont vicieuses : 1° ils n'opèrent leur recrutement qu'à prix d'argent, si ce n'est que fréquemment ils vident leurs prisons dans leurs régiments ; 2° leur discipline est cruelle ; 3° l'éducation, l'espèce de leurs soldats est telle, qu'ils ne peuvent en tirer que des sous-officiers médiocres, ce qui les oblige à multiplier les officiers hors de toute proportion ; 4° chacun de leurs bataillons traîne à sa suite des centaines de femmes et d'enfants ; aucune armée n'a autant de bagages ; 5° les places d'officiers sont vénales ; les lieutenances, les compagnies, les bataillons s'achètent ; 6° un officier est à la fois major dans l'armée et capitaine dans

301

son régiment, bizarrerie la plus contraire à tout esprit militaire.

Source : *Correspondance de Napoléon Ier publiée par ordre de l'empereur Napoléon III*, t. 31, « Œuvres de Napoléon Ier à Sainte-Hélène », Paris, Éditions Plon, 1870, p. 303-305.

2.

L'INFANTERIE

Napoléon insiste sur l'importance de l'infanterie.

1° Les Romains avaient deux sortes d'infanterie : celle armée à la légère, qui portait une arme de jet ; celle pesamment armée, qui avait une courte épée. Après l'invention de la poudre, on conserva encore deux espèces d'infanterie : les arquebusiers, qui étaient les armés à la légère, destinés à éclairer et inquiéter l'ennemi ; les piquiers, qui tenaient lieu des pesamment armés. Depuis cent cinquante ans que Vauban a fait disparaître de toutes les armées de l'Europe les lances et les piques, en y substituant le fusil avec la baïonnette, toute l'infanterie a été armée à la légère, toute a été destinée à tirailler, à éclairer, à contenir l'ennemi ; il n'y a plus eu qu'une seule espèce d'infanterie. S'il y eut par bataillon une compagnie de chasseurs, c'était par opposition à la compagnie de grenadiers. Le bataillon était composé de neuf compagnies ; une seule d'élite ne paraissait pas suffisante. Si l'empereur Napoléon créa des compagnies de voltigeurs armés de fusils de dragons, ce fut pour tenir lieu de ces compagnies de chasseurs. Il les composa d'hommes de moins de cinq pieds de haut, afin d'utiliser la classe de la conscription de quatre pieds dix pouces à cinq pieds, et qui jusqu'alors avait été exempte ; ce qui rendait le fardeau de la conscription plus lourd pour les autres classes. Cette création permit de récompenser un grand nombre de vieux soldats qui, ayant moins de cinq pieds de haut, ne pouvaient entrer dans les compagnies de grenadiers, et qui, par leur bravoure, méritaient d'entrer dans une compagnie d'élite. Ce fut une idée ingénieuse que de mettre en présence les pygmées et les géants. S'il eût composé dans ses armées des hommes de diverses couleurs, il eût composé des compagnies de noirs et de blancs ; dans un pays où les bossus seraient communs et nombreux, il serait convenable de former des compagnies de bossus ; excitant ainsi leur amour-propre, il est probable qu'elles seraient très braves et prodigueraient leur vie.

Avant les guerres de la Révolution, l'armée française se composait de régiments de ligne et de bataillons de chasseurs : les chasseurs des Cévennes, du Vivarais, des Alpes, de la Corse, des Pyrénées, qui, à la Révolution, formèrent des demi-brigades d'infanterie légère. Mais la prétention ne fut jamais de créer deux infanteries différentes, puisqu'elles étaient élevées, instruites et armées de même. Ces bataillons de chasseurs étaient recrutés par des hommes de pays de montagne ou par des fils de garde-chasse, ce qui les rendait plus propres à être employés sur les frontières des Alpes et des Pyrénées ; et, lorsqu'ils étaient aux armées du Nord, on les détachait de préférence pour grimper sur une hauteur ou fouiller une forêt. Ils n'en étaient que mieux disposés, lorsqu'ils se trouvaient en ligne un jour de bataille, à tenir la place d'un bataillon de ligne, puisqu'ils avaient la même instruction, le même armement, la même éducation. Les puissances lèvent souvent, en temps de guerre, des corps irréguliers, sous le titre de bataillons francs ou de légions, recrutés de déserteurs étrangers ou formés d'individus d'un esprit ou d'une opinion particulière ; mais cela ne constitue pas deux espèces d'infanterie, puisqu'il n'y en a et ne peut y avoir qu'une : le fusilier, parce que le fusil est l'arme la plus redoutable qu'aient inventée les hommes.

S'il était possible que l'infanterie n'allât jamais en tirailleurs et ne fît que le service de ligne, elle n'acquerrait pas ou même perdrait l'usage du feu ; il se passerait des campagnes entières sans qu'elle tirât un coup de fusil ; mais cela n'est pas possible. En effet, quand la compagnie de voltigeurs sera détachée à l'avant-garde, aux bagages, en flanqueurs, les autres compagnies du bataillon renonceront donc à s'éclairer ? Elles laisseront donc arriver les balles des tirailleurs ennemis jusqu'au milieu de leurs rangs ? Lorsqu'une compagnie du bataillon sera détachée, elle devra donc renoncer à se faire éclairer, ou bien elle devra être suivie par une escouade de la compagnie de voltigeurs ? Cette compagnie de voltigeurs n'est que le quart du bataillon ; elle ne pourrait pas suffire au besoin des tirailleurs un jour de bataille ; elle ne suffirait pas davantage si elle était la moitié de son effectif, pas même si elle était les trois quarts. Une ligne, dans une journée importante, passe tout entière aux tirailleurs, quelquefois même deux fois. Il faut relever les tirailleurs toutes les deux heures, parce qu'ils sont fatigués, parce que leurs fusils se dérangent et s'encrassent.

Mais, si les voltigeurs n'ont besoin d'aucun ordre, d'aucune tactique, pas même de savoir marcher en bataille, ils ne seront donc jamais obligés de faire un changement de front, de se ployer en colonne, de faire une retraite en échiquier. S'il suffit qu'ils « sachent courir, se servir de leurs jambes pour se soustraire aux charges de cavalerie », comment alors prétendre les réunir pour former l'avant-garde de l'armée ? Comment vouloir qu'ils s'éloignent à 300 toises de la ligne, entremêlés avec des pelotons de cavalerie légionnaire ? Il n'est pas nécessaire d'apprendre aux soldats à courir, à sauter, à se cacher derrière un arbre ; mais il faut les accoutumer, lorsqu'ils sont éloignés de leur chefs, à conserver leur sang-froid, à ne pas se laisser dominer par une vaine épouvante, à toujours se tenir à portée les uns des autres, de manière à se flanquer entre eux, à se réunir quatre à quatre avant que les tirailleurs de cavalerie aient pu les sabrer, à se pelotonner huit à huit, seize à seize, avant que l'escadron ait pu les charger, et à rejoindre ainsi, sans précipitation, faisant souvent volte-face, la réserve où se trouve le capitaine, qui doit rester à portée de fusil, avec le tiers de ses tirailleurs, rangés en bataille, former alors un carré, ou faire un changement de front, ou commencer sa retraite, se retournant, lorsqu'il sera trop pressé, en commandant *demi-tour à droite, commencez le feu* ; le cesser à un seul coup de baguette, recommencer sa retraite et regagner ainsi le chef de bataillon, qui lui-même doit être resté en réserve avec une partie de ses hommes ; alors se mettre en colonne, à distance de peloton, et marcher ainsi en retraite. Au commandement *halte, peloton à droite et à gauche en bataille feu de deux rangs*, former le bataillon carré, et repousser la charge de la cavalerie. Au commandement *continuez la retraite*, rompre le carré, former les divisions, etc., ou exécuter avec sang-froid une retraite en échiquier sur la position indiquée, soit en refusant la droite, soit en refusant la gauche.

306

Voilà ce qu'il faut que sachent les tirailleurs ; et, s'il pouvait y avoir deux espèces d'infanterie, l'une pour aller en tirailleurs, l'autre pour rester en ligne, il faudrait choisir les plus instruits pour aller en tirailleurs. En effet, les compagnies de voltigeurs, qui vont plus souvent en tirailleurs que les autres, sont celles qui manœuvrent le mieux de l'armée, parce que ce sont celles qui ont senti plus souvent le besoin. C'est avoir bien mal compris les auteurs grecs et latins que de faire de pareilles applications ; il aurait mieux valu passer son temps à conférer avec un caporal de voltigeurs ou un vieux sergent de grenadiers ; ils eussent donné des idées plus saines.

2° Jusqu'à cette heure un bataillon, composé de plus ou moins de compagnies, a été placé en bataille de manière à avoir un commandant à la droite, un ou plusieurs au centre et un à la gauche ; de manière qu'un capitaine ait toujours sous ses ordres ses mêmes officiers, ses mêmes sergents, et ceux-ci les mêmes caporaux, les mêmes soldats. Il n'était pas possible que l'on supposât qu'un jour on proposerait de sang-froid de ranger en bataille une compagnie sur un rang, de sorte qu'elle s'étendît sur un front de 60 toises, son capitaine à la droite, son lieutenant à la gauche ; de placer derrière cette première les troisième et deuxième compagnies, enfin en serre-files les six sous-lieutenants. Les trois capitaines, rangés l'un derrière l'autre, seront tués par un seul coup de canon ; les trois lieutenants le seront par le second. Comment le capitaine placé à la droite pourra-t-il se faire entendre à la gauche, lorsque le chef de bataillon, qui est placé au centre, le fait avec peine ? Comment les soldats reconnaîtront-ils la voix de leur capitaine, puisque les trois capitaines seront placés au même point ? Mais cela rendra plus faciles les feux de rang. Non ; ces feux se feront bien plus facilement (s'il était utile de les ouvrir) à la voix du chef de bataillon, puisqu'il est au centre. Il pourra arriver que le capitaine de la première compagnie commandera *en avant*, celui de la troisième *fixe*, celui de la deuxième *demi-tour à droite*. Au commandement de *division à droite*, le bataillon se divisera donc en trois lignes, qui chacune contiendra des officiers, des sous-officiers, des caporaux, des soldats des trois compagnies ? Au commandement de *peloton à droite*, on aura donc dans les six lignes des officiers, des sous-officiers, des soldats des trois compagnies ; ce sera une plaisante colonne que celle dont chaque peloton sera composé d'hommes, d'officiers de toutes les compagnies. Si une compagnie est détachée, elle se mettra donc en bataille sur une ligne, et le reste du bataillon sur deux lignes ? Quelle cacophonie ! Quelle ignorance de l'école du peloton ! Et c'est un officier général français qui prostitue ainsi son uniforme à la risée de l'Europe ! Comment le prote qui a imprimé son ouvrage ne le lui a-t-il pas fait observer ? Car enfin ce prote avait fait probablement la guerre, ou du moins avait servi dans la garde nationale.

3° 3 000 voltigeurs seront à l'avant-garde, sans être organisés en bataillon ; chaque peloton pour son compte ; chaque capitaine général en chef. Mais, en effet ! Comment pourraient-ils être organisés en bataillon, puisqu'ils ne doivent ni savoir manœuvrer ni connaître la tactique, que chaque compagnie doit être rattachée à la compagnie de cavalerie légère qui doit la prendre en croupe ? Oh ! Vraiment, on a raison de vouloir leur apprendre à courir ; ils en auront besoin, s'ils ne sont pas pris ou tués dès le premier jour. Si un peloton de 50 hommes ne peut pas faire la guerre avec avantage sans être instruit, cette nécessité est bien plus grande pour un bataillon, et elle s'accroît encore pour une brigade de 3 000 hommes. Mais supposez-les instruits, bons manœuvriers, organisés en bataillon, ce mélange avec la cavalerie ne produira aucun bon résultat ; il entraînera la ruine de la cavalerie et de l'infanterie. Comment la cavalerie légère pourrait-elle manœuvrer ayant en croupe un voltigeur ? Comment pourrait-elle faire une résistance sérieuse n'étant pas soutenue par de la cavalerie en ligne ? Les arrière-gardes et les avant-gardes à la guerre manœuvrent des journées entières. La cavalerie pourrait sans doute, en se sacrifiant, transporter un homme en croupe dans une position intérieure, afin que le fantassin arrivât plus vite ; mais vouloir la faire marcher ainsi à l'avant-garde ou à l'arrière-garde dans les marches et les manœuvres, c'est n'avoir pas la plus légère notion du service de ces armes, c'est n'avoir jamais passé une journée à l'avant-garde. Si cela était avantageux et faisable, toutes les nations, tous les grands capitaines l'eussent fait.

4° Le tambour imite le bruit du canon ; c'est le meilleur de tous les instruments ; il ne détonne jamais.

Les armes défensives sont insuffisantes pour parer le boulet, la mitraille et les balles ; non seulement elles sont inutiles, mais elles ont l'inconvénient de rendre les blessures plus dangereuses. Les arcs de Parthes, qui étaient les plus forts et étaient maniés par des hommes très exercés et très robustes, lançaient les flèches avec une telle force qu'ils perçaient les boucliers des Romains. Les vieilles légions en furent déconcertées. Ce fut une des causes de la défaite de Crassus.

Les tirailleurs auraient plus besoin d'armes défensives que tous les hommes de ligne, parce qu'ils s'approchent plus souvent de l'ennemi et sont plus exposés à être sabrés par la cavalerie. Mais il ne faut pas, dit-on, les surcharger ; ils ne sauraient être trop mobiles. Ainsi, quand même les armes défensives seraient utiles à l'infanterie en ligne, on ne pourrait pas lui en donner, puisque tous les fusiliers font nécessairement le service de tirailleurs, et dès lors sont de l'infanterie légère.

Il n'est pas un cadet sortant de l'école qui n'ait eu l'idée d'armer les tirailleurs avec des fusils à deux coups ; il ne leur a fallu que l'expérience d'une campagne pour sentir tous les inconvénients qui en résulteraient pour l'usage de la guerre.

Il est cinq choses qu'il ne faut jamais séparer du soldat ; son fusil, ses cartouches, son sac, ses vivres pour au moins quatre jours, et son outil de pionnier. Qu'on réduise ce sac au moindre volume possible ; qu'il n'y ait qu'une chemise, une paire de souliers, un col, un mouchoir, un briquet, fort bien ; mais qu'il l'ait toujours avec lui, car, s'il s'en sépare une fois, il ne le reverra plus. La théorie n'est pas la pratique de la guerre. C'était un usage dans l'armée russe qu'au moment de se battre le soldat mettait son sac à terre. On sent les avantages attachés à cette méthode ; les rangs pouvaient se serrer davantage ; les feux du troisième rang pouvaient devenir utiles ; les hommes étaient plus lestes, plus libres, moins fatigués ; la crainte de perdre son sac, où le soldat à l'habitude de mettre tout son avoir, était propre à l'attacher à sa position. À Austerlitz, tous les sacs de l'armée russe furent trouvés rangés en bataille sur la hauteur de Posoritz ; ils y avaient été abandonnés lors de la déroute. Malgré toutes les raisons spécieuses qu'on pouvait alléguer pour cet usage, l'expérience l'a fait abandonner par les Russes.

Les neuf chevaux de bât par bataillon seraient mieux employés à porter des caisses d'ambulance, des cartouches et des vivres.

Les officiers des compagnies se compromettaient s'ils se mêlaient des détails du décompte du soldat ; ils deviendraient des sous-officiers. Le sergent-major est propre à ce service. Est-il donc impossible de trouver un sergent-major honnête homme ? Car, si l'officier abusait, à qui le soldat aurait-il recours ? Quelle ne serait pas la répugnance d'un capitaine de recevoir des réclamations d'un soldat contre son sous-lieutenant, qui fait sa société, avec qui il mange et dont il est l'égal ! Nous voulons croire qu'aucun officier ne serait assez vil pour abuser de l'ignorance du soldat ; mais celui-ci, qui, de sa nature, est soupçonneux, n'en aura-t-il pas de la défiance ? Et l'opinion de profond respect que la discipline militaire exige qu'il ait pour son officier n'en sera-t-elle pas altérée ?

Les tentes ne sont point saines ; il vaut mieux que le soldat bivouaque, parce qu'il dort les pieds au feu, qu'il s'abrite du vent avec quelques planches ou un peu de paille, que le voisinage du feu sèche promptement le terrain sur lequel il se couche. La tente est nécessaire pour les chefs, qui ont besoin d'écrire, de lire, de consulter la carte. Une tente pour le chef de bataillon, une pour le général, seraient utiles ; cela permettrait de leur imposer l'obligation de ne jamais coucher dans une maison, abus si funeste et auquel sont dues tant de catastrophes. À l'exemple des Français, toutes les nations de l'Europe ont abandonné les tentes ; et, si elles sont encore en usage dans les camps de plaisance, c'est qu'elles sont économiques, ménagent les forêts, les toits de chaume et les villages. L'ombre d'un arbre contre le soleil et la chaleur, le plus chétif abri contre la pluie, sont préférables à une tente. Le transport des tentes emploierait cinq chevaux par bataillon, qui sont mieux employés à porter des vivres. Les tentes sont un objet d'observation pour les affidés et pour les officiers s'état-major ennemis ; elles donnent des renseignements sur votre nombre et la position que vous occupez ; cet inconvénient est de tous les jours, de tous les instants. Une armée rangée sur deux ou trois lignes de bivouacs ne laisse apercevoir au loin qu'une fumée que l'ennemi confond avec les brouillards de l'atmosphère. Il est impossible de compte le nombre de feux ; il est très facile de compter les tentes.

Source : *Correspondance de Napoléon Ier publiée par ordre de l'empereur Napoléon III*, t. 31, « Œuvres de Napoléon Ier à Sainte-Hélène », Paris, Éditions Plon, 1870, p. 309-315.

3.

LA CAVALERIE

La cavalerie a joué un rôle important dans les batailles napoléoniennes.

1° L'administration des corps de cavalerie légère doit-elle dépendre de celle des corps d'infanterie ? 2° La cavalerie légère doit-elle être instruite à la tactique comme la cavalerie de ligne, ou doit-elle ne servir que comme l'insurrection hongroise, les Mameluks, les Cosaques ? 3° Doit-elle être employée aux avant-gardes, aux arrière-gardes, sur les ailes d'une armée, sans être soutenue par la cavalerie de ligne ? 4° Doit-on supprimer les dragons ? 5° La grosse cavalerie doit-elle être toute en réserve ? 6° Combien faut-il de cavaleries différentes dans une armée ? En quelle proportion ? 7° Doit-il y avoir des éclaireurs aux ordres des officiers supérieurs d'infanterie, et toujours attachés aux bataillons, et placés près d'eux ?

La cavalerie légère doit éclairer l'armée fort au loin ; elle n'appartient donc point à l'infanterie. Elle doit être soutenue, protégée, spécialement par la cavalerie de ligne. De tout temps il y eut rivalité et émulation utile entre l'infanterie et

313

la cavalerie. La cavalerie légère est nécessaire à l'avant-garde, à l'arrière-garde, sur les ailes de l'armée ; elle ne peut donc pas être attachée à un corps particulier d'infanterie pour en suivre les mouvements. Il serait plus naturel de réunir son administration à celle de la cavalerie de ligne que de la faire dépendre de celle de l'infanterie, avec laquelle elle a bien moins d'analogie ; elle doit avoir son administration particulière.

La cavalerie a besoin de plus d'officiers que l'infanterie ; elle doit être plus instruite. Ce n'est pas seulement la vélocité qui assure son succès ; c'est l'ordre, l'ensemble, le bon emploi de ses réserves. Si la cavalerie légère doit former les avant-gardes, il faut donc qu'elle soit organisée en escadrons, en brigades, en divisions, pour qu'elle puisse manœuvrer ; car les avant-gardes, les arrière-gardes ne font pas autre chose. Elles poursuivent ou se retirent en échiquier, se forment en plusieurs lignes ou se plient en colonne, opèrent un changement de front avec rapidité pour déborder toute une aile et toute une armée ennemie. C'est par la combinaison de toutes ces évolutions qu'une avant-garde ou une arrière-garde inférieur en nombre évite des actions trop vives, un engagement général, et cependant retarde assez l'ennemi pour donner le temps à l'armée d'arriver, à l'infanterie de se déployer, au général en chef de faire ses dispositions, aux bagages, au parc, de filer. L'art d'un général d'avant-garde ou d'arrière-garde est, sans se compromettre, de poursuivre l'ennemi ou de l'éloigner, de le contenir, de le retarder, de l'obliger à mettre trois ou quatre heures à faire une lieue. La tactique seule donne les moyens d'arriver à ces grands résultats ; elle est plus nécessaire à la cavalerie qu'à l'infanterie, à l'avant-garde ou à l'arrière-garde qu'en toute autre position.

L'insurrection hongroise, que nous avons vue en 1917, 1805 et 1809, était pitoyable. Si les troupes légères du temps de Marie-Thérèse se sont rendues redoutables, c'était par leur bonne organisation et surtout par leur grand nombre. Supposer que de pareilles troupes fussent supérieures aux hussards de Wurmser, aux dragons de Latour ou de l'archiduc Jean, c'est se former d'étranges idées des choses. Mais ni l'insurrection hongroise ni les Cosaques n'ont jamais formé les avant-gardes des armées autrichiennes et russes, parce que qui dit avant-garde dit troupes qui manœuvrent. Les Russes estiment autant un régiment de Cosaques instruit que trois régiments de Cosaques non instruits. Tout est méprisable dans ces troupes, si ce n'est le Cosaque lui-même, qui est bel homme, fort, adroit, fin, bon cavalier, infatigable. Il est né à cheval, est nourri dans les guerres civiles ; il est pour la plaine ce qu'est le Bédouin dans le désert, le Barbet dans les Alpes ; il n'entre jamais dans une maison, ne couche jamais dans un lit, change toujours son bivouac au coucher du soleil pour ne pas passer la nuit dans un lieu où l'ennemi aurait pu l'observer.

Deux Mameluks tenaient tête à trois Français, parce qu'ils étaient mieux armés, mieux montés, mieux exercés, avaient deux paires de pistolets, un tromblon, une carabine, une casque avec visière, une cotte de mailles, plusieurs chevaux, plusieurs hommes de pied pour les servir. Mais 100 cavaliers français ne craignaient pas 100 Mameluks ; 300 n'en craignaient pas 400 ; 600 n'en craignaient pas 900, et dix escadrons mettaient 2 000 Mameluks en déroute, tant est grand l'influence de la tactique, de l'ordre des évolutions ! Les généraux de cavalerie Murat, Lasalle, Leclerc, se présentaient aux Mameluks sur trois lignes et une réserve : au moment où la première était sur le point d'être débordée, la seconde se portait en avant par escadron à droite et à gauche en bataille ; les Mameluks s'arrêtaient court pour déborder cette seconde ligne, qui, aussitôt qu'elle était prolongée par la troisième, les chargeait ; ils ne pouvaient soutenir ce choc et se dispersaient.

Il y a contradiction à vouloir réunir la cavalerie légère au nombre de plusieurs milliers, à vouloir la destiner à faire l'avant-garde ou l'arrière-garde d'une armée, et à ne pas vouloir qu'elle soit instruite aux manœuvres de ligne. Les mouvements d'une avant-garde ou d'une arrière-garde ne consistent pas à s'avancer ou à reculer au galop, mais à manœuvrer, et pour cela il faut de bonne cavalerie légère, de bonnes réserves de cavalerie de ligne, d'excellents bataillons d'infanterie, de bonnes batteries légères. Il faut que ces troupes soient bien instruites, que les généraux, les officiers et les soldats connaissent également bien leur tactique, chacun selon le besoin de son grade et de son arme.

Il est reconnu que, pour la facilité des manœuvres, l'escadron doit être d'une centaine d'hommes, et que trois ou quatre escadrons doivent avoir un chef.

Toute la cavalerie de ligne ne doit pas être cuirassée. Les dragons, montés sur des chevaux de quatre pieds neuf pouces, armés d'un sabre droit, sans cuirasse, doivent faire partie de la grosse cavalerie ; ils doivent être armés d'un fusil d'infanterie avec baïonnette, avoir le shako de l'infanterie, le pantalon recouvrant la demi-botte-brodequin, des manteaux à manches et des portemanteaux si petits qu'ils puissent les porter en sautoir ; mais toute la cavalerie légère, toute la grosse cavalerie doivent être munies d'une arme à feu et savoir l'école de peloton et de bataillon. 3 000 hommes de

316

cavalerie légère d'infanterie postés dans un bois ou dans un terrain impraticable aux chevaux ; 3 000 dragons ne doivent point l'être par 2 500 hommes d'infanterie.

Turenne, le prince Eugène de Savoie, Vendôme, faisaient grand cas et grand usage des dragons. Cette arme s'est couverte de gloire en Italie en 1795, 1796 et 1797, en Égypte, en Espagne. Dans les campagnes de 1806 et 1807, un préjugé s'est élevé contre elle ; il est injuste. Des divisions de dragons avaient été réunies à Compiègne et à Amiens pour être embarqués sans chevaux pour l'expédition d'Angleterre et y servir à pied jusqu'à ce que l'on pût les monter dans le pays ; le général Baraguey d'Hilliers, leur premier inspecteur, les commandait ; il leur fit faire des guêtres et incorpora une grande quantité de recrues, qu'il ne fit exercer qu'aux manœuvres de l'infanterie. Ce ne furent plus des régiments de cavalerie. Ils firent la campagne de 1806 à pied jusqu'à la bataille d'Iena, qu'on les monta sur des chevaux de prise de la cavalerie prussienne, les trois quarts hors de service. Ces circonstances réunies leur nuisirent.

Les dragons sont nécessaires pour appuyer la cavalerie légère à l'avant-garde, à l'arrière-garde et sur les ailes d'une armée. Les cuirassiers sont moins propres qu'eux à ce service à cause de leurs cuirasses ; cependant il en faut avoir à l'avant-garde, mais seulement pour les accoutumer à la guerre et les tenir en haleine. Une division de 1 600 dragons se porte rapidement sur un point avec 1 500 chevaux de cavalerie légère, met pied à terre pour y défendre un pont, la tête d'un défilé, une hauteur, y attend l'arrivée de l'infanterie : de quel avantage cette arme n'est-elle pas dans un retraite ?

Sur le Rhin, la cavalerie d'une armée doit être le quart de l'infanterie : un vingt-quatrième en éclaireur, trois vingt-quatrièmes en chasseurs et chevau-légers, deux vingt-quatrièmes en cavalerie de ligne et cuirassiers. Les éclaireurs seront des voltigeurs sur des chevaux de quatre pieds six pouces, armés de lances ; la cavalerie légère sera montée de chevaux de quatre pieds sept à huit pouces ; les dragons, de chevaux de quatre pieds neuf pouces ; les cuirassiers, de chevaux de quatre pieds dix ou onze pouces : ce qui emploiera pour la remonte toute espèce de chevaux.

Les éclaireurs feront partie du bataillon ; la petitesse de leurs chevaux les rendra peu propres aux charges de cavalerie. Leur nombre sera en raison d'un vingt-quatrième de l'infanterie. Ils fourniront les ordonnances aux généraux, des escortes aux convois, des hommes choisis pour remplacer la gendarmerie dans l'escorte des prisonniers, et les garnisaires. Il restera encore un peloton pour éclairer le bataillon et occuper une position importante où il serait avantageux de prévenir l'ennemi. Rangés en bataille à dix toises derrières les serre-files, ils manœuvreront avec les bataillons, ils saisiront le moment favorable pour charger l'infanterie ennemie à la lance, tomber sur les fuyards et faire des prisonniers. La petitesse de leurs chevaux ne tentera point les généraux de cavalerie, ne diminuera point les ressources de cette arme si difficiles dans nos pays de remonte.

Au moment d'entrer en campagne, les escadrons d'éclaireurs fourniront des hommes montés à la grosse cavalerie en raison du dixième ou du cinquième de l'effectif du régiment dans lequel ces détachements seraient incorporés. Ils seront employés à fournir les ordonnances aux généraux, les

escortes aux bagages. Ce seraient ces éclaireurs qui tien-
draient les chevaux lorsque les dragons combattraient à pied.

Pour une armée de 30 000 hommes d'infanterie, il faudra
donc 7 600 hommes de cavalerie, savoir : 1 200 éclaireurs
attachés à l'infanterie et sous les ordres des officiers supérieurs de cette arme, 2 200 chasseurs ou hussards, 1 800 dragons, 2 400 cuirassiers.

Source : *Correspondance de Napoléon Ier publiée par ordre de
l'empereur Napoléon III*, t. 31, « Œuvres de Napoléon Ier à Sainte-
Hélène », Paris, Éditions Plon, 1870, p. 320-324.

4.

L'ORDRE DE BATAILLE

Ordre mince ou ordre profond ?

Une armée romaine se campait et se rangeait en bataille toujours dans le même ordre ; elle campait dans un carré de 3 à 400 toises de côté. Elle passait quelques heures à s'y fortifier ; alors elle s'y croyait inattaquable. S'agissait-il de donner bataille, elle se rangeait sur trois lignes éloignées de 50 toises entre elles, la cavalerie sur les ailes. L'officier de l'état-major chargé de tracer un camp ou de ranger une armée en bataille ne faisait qu'une opération mécanique ; il n'avait besoin ni de coup d'œil, ni de génie, ni d'expérience. Chez les modernes, au contraire, l'art d'occuper une position pour y camper ou pour s'y battre est soumis à tant de considérations qu'il exige de l'expérience, du coup d'œil et du génie. C'est l'affaire principale du général en chef lui-même, parce qu'il y a plusieurs manières d'asseoir un camp ou de prendre un ordre de bataille dans une même position.

Une armée moderne doit-elle occuper un camp continu, ou doit-elle camper par corps d'armée ou par division ? À quelle distance doit-on camper l'avant-garde et les flanqueurs ? Quel fond et quelle profondeur doit-on donner au camp ? Où doit-on placer la cavalerie, l'artillerie et les chariots ? L'armée doit-elle se ranger en bataille sur plusieurs lignes, et quelle distance doit-on mettre entre elles ? La cavalerie doit-elle être en réserve derrière l'infanterie ou placée sur les ailes ? Doit-on mettre en action dès le commencement de la bataille toute son artillerie, puisque chaque pièce a de quoi nourrir son feu pendant vingt-quatre heures, ou doit-on en tenir la moitié en réserve ? La solution de toutes ces questions dépend de bien des circonstances : 1° du nombre de troupes qui composent l'armée, de la proportion qui existe entre l'infanterie, la cavalerie et l'artillerie ; 2° du rapport qui existe entre les deux armées ; 3° de leur moral ; 4° du but qu'on se propose ; 5° de la nature du champ de bataille ; 6° de la position qu'occupe l'armée ennemie et du caractère du chef qui la commande. On ne peut et on ne doit prescrire rien d'absolu. Il n'y a point d'ordre naturel de bataille. Tout ce que l'on prescrirait là-dessus serait plus nuisible qu'utile. Chez les anciens mêmes, cela eut souvent des inconvénients. Sempronius fut battu à la Trebbia et Varron à Cannes, quoiqu'ils commandassent à des armées plus nombreuses que celles de leur ennemi, parce que, conformément à l'usage établi parmi les Romains, ils rangèrent leur armée en bataille sur trois lignes, tandis qu'Annibal rangea la sienne sur une seule ligne. La cavalerie carthaginoise était supérieure en nombre et en qualité. Les armées romaines furent à la fois attaquées de front, prises en flanc et à dos ; elles furent défaites. Si les deux consuls romains eussent pris l'ordre de bataille le plus convenable aux circonstances, ils n'eussent point été débordés et eussent peut-être été vainqueurs. Leur infanterie était plus du double de celle des Carthaginois.

La tâche qu'a à remplir le commandant d'une armée est plus difficile dans les armées modernes qu'elle ne l'était dans les armées anciennes. Il est vrai aussi que son influence est plus efficace sur le résultat des batailles. Dans les armées anciennes, le général en chef, à 80 ou 100 toises de l'ennemi, ne courait aucun danger, et cependant il était convenablement placé pour bien diriger tous les mouvements de son armée. Dans les armées modernes, un général en chef, placé à 400 ou 500 toises, se trouve au milieu du feu des batteries ennemies et fort exposé ; et cependant il est déjà tellement éloigné que plusieurs mouvements de l'ennemi lui échappent. Il n'est pas d'action où il ne soit obligé de s'approcher à la portée des petites armes. Les armes modernes ont d'autant plus d'effet qu'elles sont plus convenablement placées ; une batterie de canou qui prolonge, domine, bat l'ennemi en écharpe, peut décider d'une victoire. Les champs de bataille modernes sont beaucoup plus étendus ; ce qui exige un coup d'œil plus exercé et plus pénétrant. Il faut beaucoup plus d'expérience et de génie militaire pour diriger une armée moderne qu'il n'en fallait pour diriger une armée ancienne.

Source : *Correspondance de Napoléon Ier publiée par ordre de l'empereur napoléon III*, t. 31, « Œuvres de Napoléon Ier à Sainte-Hélène », Paris, Éditions Plon, 1870, pp. 330-331.

5.

LA GUERRE OFFENSIVE

C'est la guerre offensive qui doit primer.

Napoléon a fait quatorze campagnes : deux en Italie, cinq en Allemagne, deux en Afrique et en Asie, deux en Pologne et en Russie, une en Espagne, deux en France. Dans sa première campagne d'Italie, en 1796, il partit de Savonne comme place de dépôt, traversa les montagnes au défaut de la cuirasse, au point où finissent les Alpes et où commencent les Apennins, sépara l'armée autrichienne de l'armée sarde, s'empara de Cherasco, place forte au confluent du Tanaro et de la Stura, à vingt lieues de Savone, et y établit ses magasins ; il se fit céder, par le roi de Sardaigne, la place forte de Tortone, située à vingt lieues à l'est de Cherasco, dans la direction de Milan, s'y établit, passa le Pô à Plaisance, se saisit de Pizzighettone, place forte sur l'Adda, à vingt-cinq lieues de Tortone, se porta sur le Mincio, s'empara de Peschiera, à trente lieues de Pizzighettone, et prit la ligne de l'Adige, occupant sur la rive gauche l'enceinte et les forts de Vérone qui lui assuraient les trois ponts de pierre, et Porto-Legnago qui lui donnait un autre pont sur ce fleuve. Il resta dans cette position jusqu'à la prise de Mantoue, qu'il fit investir et assiéger. De son camp sous Vérone à Chambéry, premier dépôt de la frontière de France, il avait quatre places fortes en échelons, qui renfermaient ses hôpitaux, ses magasins, et n'exigeaient que 4 000 hommes de garnison ; les convalescents, les conscrits étaient suffisants ; il avait ainsi, sur cette ligne de cent lieues, une place forte de dépôt toutes les quatre marches. Après la prise de Mantoue, lorsqu'il se porta dans les États du Saint-Siège, Ferrare fut sa place de dépôt sur le Pô, et Ancône, à sept ou huit marches plus loin, sa deuxième place au pied de l'Apennin.

Dans la campagne de 1797, il passa la Piave et Tagliamento, fortifia Palmanova et Osoppo, situés à huit marches de Mantoue, passa les Alpes juliennes, releva les anciennes fortifications de Klagenfurt, à cinq marches d'Osoppo, et prit position sur le Sœmmering. Il s'y trouvait à quatre-vingts lieues de Mantoue ; il avait sur cette ligne d'opération trois places en échelons et un point d'appui toutes les cinq ou six marches.

En 1798, il commença ses opérations en Orient par la prise d'Alexandrie, fortifia cette grande ville et en fit le centre de ses magasins et de son organisation ; marchant sur le Caire, il fit établir un fort à El-Rahmânyeh, sur le Nil, à vingt lieues d'Alexandrie et trente du Caire ; au Caire il fit construire une citadelle et plusieurs forts, et en fit élever un à trente lieues de cette capitale, à Sâlheyeh, au débouché du désert, sur la route de Gaza. L'armée, capée à ce village, se trouvait à quinze jours de marche d'Alexandrie, mais elle avait sur cette ligne d'opération trois points d'appui fortifiés.

Pendant la campagne de 1799, il traversa quatre-vingts lieues de désert, mit le siège devant Saint-Jean-d'Acre et porta son corps d'observation sur le Jourdain, à deux cent cinquante lieues d'Alexandrie, sa grande place de dépôt. Mais il avait fait élever un fort à Qatyeh, dans le désert, à vingt lieues de Sâlheyeh ; un à El-A'rych, à trente lieues de Qatyeh ; un à Gaza, à vingt lieues d'El-A'rych. Il avait donc sur cette ligne d'opération de deux cent cinquante lieues six places assez fortes pour assurer ses communications et résister aux ennemis qu'il avait à redouter ; effectivement, dans ces quatre campagnes, il n'eut jamais un convoi, un courrier d'intercepté. En 1796, quelques hommes isolés furent massacrés dans les environs de Tortone ; en Égypte, quelques djermes furent arrêtés sur le Nil, de Rosette au Caire, mais ce fut dans les premiers moments du début des opérations. Les régiments de dromadaires qu'il avait organisés en Égypte étaient tellement accoutumés au désert, qu'ils maintinrent toujours libres les communications entre le Caire et Saint-Jean-d'Acre, tout comme dans la haute et la basse Égypte. Avec une armée de 25 000 hommes, il occupait alors l'Égypte, la Palestine, la Galilée, ce qui était une étendue de près de trente mille lieues carrées renfermée dans un triangle. De son quartier général devant Saint-Jean-d'Acre au quartier général de Desaix, dans la haute Égypte, il y avait plus de trois cents lieues.

La campagne de 1800 fut dirigée sur les mêmes principes. L'armée d'Allemagne, lorsqu'elle arriva sur l'Inn, était maîtresse des places d'Ulm et d'Ingolstadt, ce qui, sur un tel espace, lui donnait deux grandes places de dépôt. On avait négligé dans l'armistice de Parsdorf d'exiger la remise de ces places ; il les jugea tellement importantes pour assurer les opérations de son armée d'Allemagne, qu'elle fut la condition *sine qua non* de la nouvelle prolongation de la suspension d'armes, signée le 19 septembre 1800.

L'armée gallo-batave, à Nuremberg, assurait l'aile gauche sur le Danube, et l'armée des Grisons, l'aile droite, dans la vallée de l'Inn. Lorsque l'armée de réserve descendit du Saint-Bernard, il établit sa première place de dépôt à Ivrée ; et même, après Marengo, il ne considéra l'Italie reconquise que lorsque toutes les places en deçà du Mincio seraient occupées par ses troupes, et il accorda à Melas la liberté de se reporter sur Mantoue à la condition qu'il les lui remettrait toutes.

En 1805, ayant enlevé à Ulm toute l'armée autrichienne, forte de 80 000 hommes, il se porta sur le Lech, fit relever les anciens remparts d'Augsburg, les fit armer, construire une forte tête de pont sur le Lech, et fit de cette grande ville, qui lui offrait tant de ressources, sa place de dépôt. Il voulut rétablir Ulm, mais les fortifications étaient rasées, et les localités trop mauvaises. D'Augsburg il se porta sur l'Inn et s'empara de Braunau. Cette place forte lui assura un pont sur cette rivière : elle fut une deuxième place de dépôt qui lui permit d'aller jusqu'à Vienne ; cette capitale elle-même fut mise à l'abri d'un coup de main. Après quoi il se porta en Moravie, s'empara de la citadelle de Brünn, qui fut aussitôt armée et approvisionnée ; située à quarante lieues de Vienne, elle devint sont point d'appui pour manœuvrer en Moravie. À une marche de cette place il livra la bataille d'Austerlitz. De ce champ de bataille il pouvait se retirer sur Vienne, y repasser le Danube, ou se diriger par la rive gauche pour Linz, pour y passer ce fleuve sur le pont de cette ville et gagner Braunau.

En 1806, il porta son quartier général à Bamberg, et réunit toute son armée sur la Regnitz. Le roi de Prusse crut, en se portant sur le Main, couper sa ligne d'opération sur Mayence et arrêter son mouvement. Il dirigea à cet effet les corps de Blücher et du duc de Weimar ; mais la ligne de communication de l'armée française n'était plus sur Mayence ; elle allait du fort de Kronach, situé au débouché des montagnes de la Saxe, à Forchheim, place forte sur la Regnitz, et de là à Strasbourg. N'ayant ainsi rien à craindre de la marche offensive des Prussiens, Napoléon déboucha sur trois colonnes, sa gauche par Coburg, sous les ordres des ducs de Montobello et Castiglione, composée des 5ᵉ et 7ᵉ corps d'armée ; son centre, par Kronach et Schleiz (il s'y trouvait en personne), était formé des 1ᵉʳ et 3ᵉ corps, commandés par le maréchal Bernadotte et le prince d'Eckmühl, de la Garde et des réserves de cavalerie ; la droite marcha par le pays de Baireuth ; elle déboucha sur Hof, et était composée des 4ᵉ et 6ᵉ corps, commandés par le duc de Dalmatie et le prince de la Moskova. L'armée prussienne, entre Weimar et Auerstædt, déjà en mouvement sur le Main pour appuyer son avant-garde, s'arrêta. Coupée de l'Elbe et de Berlin, tous ses magasins furent pris, et servirent à nourrir l'armée française. Avant la bataille, elle aperçut son danger, quand déjà sa position était désespérée ; et, quoique si près de Magdeburg, au cœur de son pays, à deux marches de l'Elbe, elle fut battue, coupée, ne put opérer aucune retraite. Pas un homme de cette vieille armée de Frédéric n'échappa, si ce n'est le roi et quelques escadrons, qui gagnèrent avec peine la rive droite de l'Oder : plus de 100 000 hommes, des centaines de canons, de drapeaux, Berlin, toutes les places fortes, la monarchie tout entière, furent les trophées de cette journée.

En 1807, étant maître de Küstrin, de Glogau, de Stettin, il s'empara de Varsovie, coupa par cette manœuvre la Silésie et ses forteresses, qui, abandonnées à elles-mêmes, tombèrent successivement, fit fortifier Praga, créa Modlin, mit Thorn en état de défense, battit l'armée russe à Eylau, prit position sur la Passarge pour couvrir le siège de Danzig, qui devint sa place de dépôt et son point d'appui pour les opérations qui précédèrent la bataille de Friedland, qui décida le czar à demander la paix de Tilsit.

En 1808, toutes les places du nord de l'Espagne étaient au pouvoir de l'armée française quand elle marcha sur Madrid, Saint-Sébastien, Pampelune, Figuières, Barcelone, la citadelle de Burgos ; et depuis Girone, Lerida, Mequinenza, Tarragone, Tortose, Sagonte étaient au pouvoir de Suchet lorsqu'il marcha sur Valence.

En 1809, les premiers coups de canon se tirèrent près de Ratisbonne ; Augsburg fut son centre d'opération. Les Autrichiens ayant rasé Braunau, il choisit la place de Passau, située au confluent de l'Inn et du Danube, et beaucoup plus avantageuse, parce qu'elle lui assurait à la fois un pont sur ces deux fleuves ; il la fit fortifier et s'assura du pont de Linz par des ouvrages de première force. Son armée, arrivée à Vienne, avait, indépendamment de cette communication sur la Bavière, une communication assurée sur l'Italie par le château de Grætz et la place forte de Klagenfurt. Ses manœuvres d'Eckmühl et de Landshut sont ses plus belles. Les travaux qu'il ordonna pour assurer le passage du Danube près de Wagram n'ont rien de pareil dans l'histoire ; le pont de César sur le Rhin ne peut leur être comparé.

En 1812, Danzig, Thorn, Modlin, Praga étaient ses places sur la Vistule ; Pillau, Kovno, Bialystock, Grodno, sur le Nieman ; Vilna, Minsk, sur le Dniepr ; Smolensk, sa grande place de dépôt pour son mouvement sur Moscou. Dans cette opération, il avait tous les huit ou dix jours de marche un point d'appui fortifié. Toutes les maisons de poste étaient crénelées et retranchées : elles n'étaient occupées que par une compagnie et une pièce de canon ; ce qui assurait tellement le service, que, pendant toute la campagne, pas une estafette (il y en avait tous les jours), pas un convoi ne furent interceptés ; que, dans la retraite même, hormis les quatre jours où l'amiral Tchitchakof fut rejeté au-delà de la Brezina, l'armée eut constamment ses communications libres avec ses places de dépôt.

En 1813, Koenigstein, Dresde, Torgau, Wittenberg, Magdeburg, Hambourg étaient ses places sur l'Elbe ; Merseburg, Erfurt, Würzburg, ses échelons pour arriver au Rhin.

Dans la campagne de 1814, il avait partout des places, et l'on eût vu toute l'importance de celles de Flandre, si Paris ne fût pas tombé par l'effet de la trahison. Si même, après être tombé, la défection à l'ennemi du 6ᵉ corps d'armée n'eût empêché l'Empereur de marcher sur Paris, les alliés eussent été forcés d'abandonner la capitale ; car leurs généraux n'eussent jamais risqué une bataille sur la rive gauche de la Seine, ayant derrière eux cette grande ville, qu'ils n'occupaient que depuis trois jours. La trahison de plusieurs ministres et agents civils favorisa l'entrée de l'ennemi dans Paris ; mais ce fut celle d'un maréchal qui empêcha que cette occupation momentanée de la capitale ne devînt funeste aux alliés.

Tous les plans des quatorze campagnes de Napoléon furent conformes aux vrais principes de la guerre ; ses guerres furent audacieuses, mais méthodiques : rien n'est mieux entendu que la défensive de l'Adige en 1796, où la Maison d'Autriche perdit plusieurs armées ; que celle de la Passarge en 1807, pour protéger le siège de Danzig.

Mais veut-on un exemple d'une guerre offensive menée sur de faux principes contraires à toute méthode ? C'est celle de 1796 en Allemagne. L'armée française de Sambre-et-Meuse passa le Rhin à Düsseldorf et Neuwied, se porta sur le Main, s'empara de la citadelle de Würzburg et arriva sur la Regnitz, forte de 50 000 hommes, dans le temps que l'armée de Rhin-et-Moselle passait le Rhin à Strasbourg, se portait avec sa droit et son centre sur le Neckar et arrivait avec 50 000 hommes sur Neresheim, et que la droite, forte de 20 000 hommes, passait les montagnes Noires et marchait sur le Vorarlberg, au pied des montagnes du Tyrol. Ces trois corps d'armée, dont celle dite de Sambre-et-Meuse formait la gauche, le général de celle du Rhin le centre, et Ferino la droite, séparés entre eux par des montagnes, de grandes rivières, des forêts, avaient chacun une ligne de communication particulière avec le France ; de sorte que la défaite de l'un d'eux compromettait le salut des deux autres. Les flancs sont les parties faibles d'une armée envahissante ; on doit s'efforcer de les appuyer, si ce n'est tous les deux, au moins un, à un pays neutre ou à un grand obstacle naturel. Au mépris de ce premier principe de guerre, l'armée française, en se divisant en trois corps séparés, se créa six flancs ; tandis qu'en manœuvrant bien il lui était facile de marcher réunie en appuyant l'une ou l'autre aile. Le centre combattit à Neresheim, à quatre-vingts lieues du Rhin, sans avoir aucun point d'appui, aucune place de dépôt intermédiaire, les deux flancs en l'air. L'archiduc avait fait disparaître ses principales forces de devant l'armée de Sambre-et-Meuse et de devant le corps de Ferino, pour se renforcer sous Neresheim. Il échoua contre l'intrépidité française ; il repassa le Danube et le Lech, s'affaiblit de 25 000 hommes devant le centre de l'armée de Rhin-et-Moselle, qu'il n'avait pu battre, et alla accabler et chasser au-delà du Rhin l'armée de Sambre-et-Meuse, dans le temps que le faible corps du général Latour en imposait sur l'Isar à 70 000 Français. Non seulement les Français se disséminèrent, laissèrent leurs flancs et leurs derrières sans appui sur une ligne de plus de cent lieues ; ils firent pis encore, ils eurent l'imprudence de laisser sur leurs derrières, sans les bloquer, les grandes places fortes, Philippsburg et Manheim, ne les faisant observer que par un corps de 4 000 hommes, lorsqu'il eût fallu les faire étroitement investir pour leur ôter toute communication avec l'archiduc, toute connaissance des événements de la guerre, toute intelligence avec les campagnes ; ces blocus eussent été un acheminement vers la chute de ces places. On fut sévèrement puni de cette imprudence : les garnisons de ces deux places chassèrent au-delà du Rhin le faible corps d'observation, insurgèrent les paysans et coupèrent toutes les communications dès qu'elles apprirent les succès de l'archiduc ; elles faillirent même surprendre Kehl et le pont de Strasbourg. Jamais les principes de la guerre et de la prudence ne furent plus violés que dans cette campagne. Le plan du cabinet était vicieux ; l'exécution en fut plus vicieuse encore. Que fallait-il donc faire ? 1° Les corps d'armée devaient être sous un même général en chef ; un médiocre vaut mieux que deux bons ; 2° marcher réunis, de manière à n'avoir que deux ailes et en appuyer constamment une au Danube ; 3° s'emparer au préalable des quatre places de l'ennemi sur le Rhin, au moins ouvrir la tranchée devant eux ; s'assurer d'Ulm pour en faire sa grande place de dépôt sur le Danube, au débouché des montagnes Noires.

Une campagne offensive qui a violé également les règles les plus importantes de l'art de la guerre, ce fut celle du Portugal. L'armée anglo-portugaise était de 80 000 hommes, dont 15 000 de milice. L'armée française, après avoir pris Ciudad-Rodrigo et Almeida, entra en Portugal, forte de 72 000 hommes ; elle attaqua l'ennemi en position sur les hauteurs de Busaco ; les deux armées étaient d'égale force, mais les positions de Busaco étaient très fortes : elle échoua, et le lendemain tourna ces lignes en se portant sur Coimbre. L'ennemi fit alors sa retraite sur Lisbonne, en brûlant et dévastant le pays. Jusque-là tout était bien.

De Coimbre, le général français se porta sur Lisbonne, à la suite de l'armée ennemie ; il laissa à Coimbre ses hôpitaux, 5 000 blessés et malades, et seulement deux bataillons de garnison ; mais un corps de 11 000 hommes de milices portugaises était organisé, son quartier général était à Oporto ; le général français n'avait pas le droit de le négliger ; il eût dû laisser 6 000 hommes, mais ce nombre était suffisant, si le général anglais avait le projet de s'embarquer ; si, au contraire, comme tout devait le lui faire penser, les Anglais voulaient se maintenir en Portugal, le général français ne devait pas dépasser Coimbre ; il devait prendre une bonne position en avant de cette ville, même à plusieurs lieues, s'y fortifier, soumettre Oporto par un détachement, organiser ses derrières et ses communications avec Almeida, et attendre que Badajoz fût pris et que l'armée française d'Andalousie se fût avancée sur le Tage. Il arriva que le corps de milices d'Oporto marcha sur Coimbre, s'empara de mille voitures sans résistance, prit les hôpitaux et coupa l'armée française d'Almeida et de l'Espagne.

Arrivé au pied des retranchements de Lisbonne, le général français manqua de résolution ; cependant il connaissait l'existence de ces lignes, puisque l'ennemi y faisait travailler depuis trois mois. Mais enfin, dans aucun cas, soit qu'il marchât sérieusement sur Lisbonne, résolu à enlever les lignes ennemies, soit qu'il ne voulût faire qu'une reconnaissance pour décider les Anglais à s'embarquer, les Français ne devaient pas se porter en avant sans avoir mis Coimbre à l'abri d'un coup de main et sans laisser un corps d'observation contre la division portugaise d'Oporto. Cette campagne n'était pas raisonnée, elle n'était donc pas méthodique.

Une campagne offensive qui fut également conduite contre tous les principes de la guerre fut celle de Charles XII en 1708 et 1709. Ce principe partit de son camp d'Alt Rannstædt, près de Leipzig, en septembre 1707, à la tête de 45 000 hommes, traversa la Pologne ; 20 000 hommes, sous les ordres du comte de Lewenhaupt, débarquèrent à Riga ; 15 000 hommes étaient en Finlande ; il pouvait donc réunir 80 000 hommes des meilleures troupes du monde. Il laissa 10 000 hommes à Varsovie pour la garde du roi Stanislas, et arriva en janvier 1708 à Grodno, où il hiverna. En juin il traversa la forêt de Minsk et se présenta devant Borisof ; l'armée russe occupait la rive gauche de la Berezina ; il la passa à un gué à trois lieues sur sa gauche, battit 20 000 Russes qui s'étaient retranchés derrière des marais, et passa le Borysthène à Mohilef. Il défit, le 22 septembre, près de Smolensk, un corps de 16 000 Moscovites. Il était sur les confins de la Lithuanie ; il allait entrer sur le territoire propre de la Russie :

le czar, alarmé, lui fit des propositions de paix. Jusqu'alors sa marche était conforme aux règles, ses communications étaient assurées ; il était maître de la Pologne et de Riga ; il n'était plus qu'à dix marches de Moscou, et il est probable qu'il y fût entré, lorsqu'il quitta la grande route de cette capitale, descendit le Borysthène et se dirigea sur l'Ukraine, à quatre cent lieues de Smolensk, pour faire sa jonction avec Mazeppa. Par ce mouvement, sa ligne d'opération, partant de la Suède, prêtait pendant quatre cents lieues, depuis Smolensk, le flanc à la Russie ; il ne la put conserver ; il lui devint impossible de recevoir aucun secours. Le général Lewenhaupt passa le Borysthène à Mohilef, douze jours après lui ; il eut à peine fait quatre marches dans la direction de l'Ukraine qu'il fut attaqué par le czar. Son corps de 16 000 Suédois escortait 8 000 chariots chargés de munitions d'artillerie, d'effets d'habillement et de vivres. Il se défendit vaillamment les 7, 8, 9 et 10 octobre ; mais il perdit tout son convoi et 11 000 hommes, et ne rejoignit son armée dans l'Ukraine qu'avec 5 000 hommes, manquant de tout. En mai 1709, de grands magasins ayant été réunis à Pultawa, Charles XII mit le siège devant cette place ; mais, en juin, le czar se présenta avec 60 000 hommes pour le faire lever. Le roi n'avait plus que 30 000 hommes, dont une partie Cosaques de l'Ukraine ; il attaqua l'armée russe et fut battu. Il fit sa retraite sur la Turquie. La ruine de son armée fut complète ; il gagna avec peine de sa personne la Turquie avec un millier d'hommes.

Si Charles XII voulait aller sur Moscou, il avait convenablement dirigé sa marche jusqu'à son arrivée près de Smolensk ; sa ligne d'opération avec la Suède par Riga était couverte par la Dvina, elle passait le Borysthène à Mohilef ;

mais, si son projet était d'hiverner dans l'Ukraine pour y lever des Cosaques, il manœuvra mal, il ne devait pas passer par le Niemen à Grodno et entrer en Lithuanie. Il eût dû passer la Vistule à Cracovie, se porter sur le bas Dniestr et faire venir ses convois de Suède derrière l'Oder et la Vistule, par le chemin de Cracovie ; car il lui était impossible de maintenir ses communications avec ses États par une ligne qui, pendant quatre cents lieues, longeait les frontières russes en lui prêtant le flanc ; tandis qu'il lui était facile de la conserver par Cracovie, couverte par la Lithuanie, le Niemen et la Vistule. Cependant il n'organisa pas sa guerre comme Annibal, de manière à se passer de toutes communications avec la Suède, puisque le général Lewenhaupt, qui commandait un détachement si considérable et escortait un convoi si important, le suivait à douze jours de distance et qu'il calculait sur son arrivée.

À cette première faute contre l'art, il en joignit une seconde, celle d'attaquer l'armée russe à Pultawa. Il n'était qu'à douze lieues du Borysthène, il pouvait donc en deux marches mettre cette grande rivière entre le czar et lui et arriver en Volhynie et en Podolie. D'abord, pourquoi donner bataille ? Vainqueur à Pultawa, que pouvait-il prétendre avec une armée où il ne comptait plus que 18 000 Suédois, à quatre cents lieues de Moscou ? Il ne pouvait pas avoir l'espérance de frapper un coup décisif contre son ennemi ; tout donc lui faisait une loi de profiter de la belle saison et de la crainte qu'il inspirait encore aux Moscovites, pour passer le Dniestr et rentrer en Pologne. Et, s'il voulait courir les risques d'une bataille, pourquoi n'avait-il pas préparé une tête de pont et un pont de bateaux sur le Borysthène du côté de la Pologne, et n'y fit-il pas sa retraite ? Il eût rallié

16 000 hommes sur la rive droite de ce fleuve et eût regagné Varsovie.

Aussitôt qu'il eut quitté la grande route de Moscou, Charles XII perdit sa ligne de communications, il ne reçut plus de nouvelles de Suède : il n'apprit la catastrophe du général Lewenhaupt que par l'arrivée de ce général lui-même. On assure que le vice de son opération n'échappa pas à bon nombre d'officiers de son état-major, qui, désespérant de le faire renoncer au projet de marcher sur l'Ukraine, insistèrent longtemps pour qu'il attendît à Smolensk l'arrivée du corps de Lewenhaupt et de son convoi si précieux, pour marcher réuni, contremander tous les autres convois de Suède et organiser la guerre dans l'Ukraine.

Après ce court exposé des campagnes des plus grands capitaines, nous ne croyons devoir faire aucune observation sur de prétendus systèmes de l'art de la guerre. On a construit un grand nombre de place dans la guerre de Hanovre pour servir de bases d'opération aux armées françaises, qu'on a ainsi affaiblies par un grand nombre de garnisons ; ce qui n'a fait que rendre plus faciles et plus éclatants les succès du prince Ferdinand de Brunswick. Il vaut mieux fortifier les capitales, ce qui met à la disposition de l'armée toutes leurs ressources, toutes leurs richesses, toute leur influence ; on y trouve des caves, des édifices publics, qui servent à contenir les magasins. Ces villes, ayant eu anciennement des fortifications, ont encore des remparts en maçonnerie, des écluses, etc., ce qui est fort utile ; tandis que des places en terre ne sont pas à l'abri d'un coup de main, à moins que l'on n'y mette une garnison comme dans un camp retranché. Quel travail immense ne faudrait-il pas pour élever des blockhaus qui missent à l'abri des injures de l'air, des bombes et des obus, les magasins de l'armée !

Si l'armée de réserve est composée de vieilles troupes, alors elle manquera sur le champ de bataille ; si elle est composée de recrues non exercées, elle ne sera d'aucune utilité, ni pour rallier l'armée et l'arrêter dans sa défaite, ni pour contenir le pays. Ce serait d'ailleurs un système funeste, car les recrues ne peuvent s'habiller, s'instruire lorsqu'elles sont exposées tous les jours à des échauffourées ; elles périssent misérablement.

Les provinces conquises doivent être contenues dans l'obéissance au vainqueur par des moyens moraux, la responsabilité des communes, le mode d'organisation de l'administration. Les otages sont un des moyens les plus puissants, lorsque les peuples sont persuadés que la mort de ces otages est l'effet immédiat de la violation de leur foi.

La tactique, les évolutions, la science de l'ingénieur et de l'artilleur peuvent s'apprendre dans des traités, à peu près comme la géométrie ; mais la connaissance des hautes parties de la guerre ne s'acquiert que par l'étude de l'histoire des guerres et des batailles des grands capitaines et par l'expérience. Il n'y a point de règles précises, déterminées ; tout dépend du caractère que la nature a donné au général, de ses qualités, de ses défauts, de la nature des troupes, de la portée des armes, de la saison et de mille circonstances qui font que les choses ne se ressemblent jamais.

Source : *Correspondance de Napoléon Ier publiée par ordre de l'empereur Napoléon III*, t. 31, « Œuvres de Napoléon Ier à Sainte-Hélène », Paris, Éditions Plon, 1870, pp. 355-365.

6.

LA RETRAITE DE RUSSIE

Napoléon se justifie sur la retraite en Russie.

L'espace de quatre cents lieues entre le Rhin et le Borys-thène était occupé par des peuples amis et alliés : du Rhin à l'Elbe, par les Saxons ; de là au Niemen, par les Polonais ; de là au Borysthène, par les Lithuaniens. L'armée avait quatre lignes de places : celles du Rhin, de l'Elbe, de la Vistule, du Niemen, savoir : Pillau, Kovno, Vilna, Grodno, Minsk, sur la droite du Borysthène, en pays ami. De Smolensk à Moscou il y a cent lieues de pays ennemi : c'est la Moscovie. On prit et on arma Smolensk, qui fut le pivot de la marche sur Moscou. On y organisa des hôpitaux pour 8 000 hommes, des magasins de munitions de guerre qui contenaient plus de 250 000 cartouches à canon et des magasins considérables d'habillement et de vivres. 250 000 hommes furent laissés entre la Vistule et le Borysthène ; 150 000 seulement passèrent le pont de Smolensk pour marcher sur Moscou, dont 30 000 restèrent pour garder les magasins, les hôpitaux et les dépôts de Dorogo-bouje, Viazma, Ghjatsk, Mojaïsk ; 100 000 hommes entrèrent à Moscou ; 20 000 avaient été tués ou blessés dans la marche et à la grande bataille de la Moskova, où périrent 50 000 Russes.

Il n'est pas vrai que les Russes aient battu volontairement en retraite jusqu'à Moscou pour attirer l'armée française dans l'intérieur de leur pays. Ils ont abandonné Vilna, parce qu'il leur fut impossible de réunir leurs armées en avant de cette place. Ils voulurent se rallier sur le camp retranché qu'ils avaient construit à cheval sur la Dvina ; mais Bagration, avec la moitié de l'armée, ne put pas y arriver. La marche du prince d'Eckmuhl sur Minsk, Borisof et Mohilef, sépara l'armée de Barclay de Tolly de celle de Bagration ; ce qui obligea le premier à se porter sur Vitebsk, et de là sur Smolensk, pour se réunir avec Bagration. La jonction faite, il remarcha avec 180 000 hommes sur Vitebsk pour livrer bataille à l'armée française ; mais Napoléon exécuta alors cette belle manœuvre, qui est le pendant de celle de Landshut en 1809 : il se couvrit par la forêt de Bieski, tourna la gauche de l'armée russe, passa le Borysthène et se porta sur Smolensk, où il arriva vingt-quatre heures avant l'armée russe, qui rétrograda en toute hâte. Une division de 15 000 hommes, qui s'y trouvait par hasard, eut le bonheur de défendre cette ville un jour ; ce qui donna le temps à Barclay de Tolly d'arriver le lendemain. Si l'armée française eût surpris Smolensk, elle y eût passé le Borysthène, attaqué par derrière l'armée russe en désordre et non réunie. Ce grand coup manqué, il tira un grand avantage de sa manœuvre ; elle donna lieu à la bataille de Smolensk, où Poniatowski et les Polonais se couvrirent de gloire.

On ne saura jamais bien l'histoire de la campagne de Russie, parce que les Russes n'écrivent pas, ou écrivent sans aucun respect pour la vérité, et que les Français se sont pris d'une belle passion pour déshonorer et discréditer eux-mêmes leur gloire. Peut-être quelque Allemand, quelque Anglais qui étaient dans les armées russes écriront-ils : on y verra alors que cette campagne est la plus belle, la plus habile, la mieux conduite et la plus méthodique de toutes celles que Napoléon a commmandées.

La bataille de la Moskova est l'action de guerre la plus glorieuse, la plus difficile et la plus honorable pour les Gaulois, dont l'histoire ancienne et moderne fasse mention. Les Russes sont de très braves troupes. Toute leur armée était réunie ; ils avaient 170 000 hommes, y compris les troupes de Moscou. Koutouzof avait pris une très belle position et l'avait occupée avec intelligence ; il avait tous les avantages pour lui, supériorité d'infanterie, de cavalerie, d'artillerie, position excellente, un grand nombre de redoutes ; il fut vaincu !

Intrépides héros, Murât, Ney, Poniatouski, c'est vous à qui la gloire en est due ! Que de grandes, que de belles actions l'histoire aurait à recueillir ! Elle dirait comment ces intrépides cuirassiers forcèrent et sabrèrent les canonniers sur leurs pièces ; elle raconterait le dévouement héroïque de Montbrun, de Caulaincourt, qui trouvèrent la mort au milieu de leur gloire ; elle dirait ce que nos canonniers, découverts, en pleine campagne, firent contre des batteries plus nombreuses et couvertes par de bons épaulements ; et ces intrépides fantassins qui, au moment le plus critique, au lieu d'avoir besoin d'être rassurés par leur général, lui criaient : « Sois tranquille ; tes soldats ont tous juré aujourd'hui de vaincre, et ils vaincront ! » Hélas ! Cette armée n'a plus de patrie, ses faits héroïques sont calomniés par des libelles soldés par le gouvernement même ! Quelque parcelle de sa gloire parviendra-t-elle aux siècles à venir ? Le mensonge, la calomnie, le crime prévaudront-ils donc ?

Pas un malade, pas un homme isolé, pas une estafette, pas un convoi n'ont été enlevés pendant la campagne, depuis Mayence jusqu'à Moscou ; on n'a pas été un jour sans recevoir des nouvelles de France ; Paris n'a pas été un jour sans recevoir des lettres de l'armée. On a tiré, à la bataille de Smolensk, plus de 60 000 coups de canon, le double à la bataille de la Moskova ; la consommation a été considérable dans les petits combats, et cependant, en partant de Moscou, chaque pièce était approvisionnée à 350 coups. On eut une telle surabondance de munitions et de caissons, qu'on en brûla 500 dans le Kremlin, où l'on détruisit plusieurs centaines de milliers de poudre et 60 000 fusils. Les munitions n'ont jamais manqué. Cela fait l'éloge des généraux la Riboisière et Eblé, commandant l'artillerie. Jamais les officiers de ce corps n'ont servi avec plus de distinction et n'ont montré plus d'habileté que dans cette campagne. Il y a autant de faussetés que d'assertions dans ce passage que nous transcrivons.

C'est bien mal connaître la Russie que de supposer que les habitants prenaient part à la guerre. Les paysans sont esclaves ; les seigneurs, craignant leur révolte, les conduisirent dans leurs terres de l'intérieur de l'empire, à peu près comme on conduit des chevaux ou des troupeaux de bœufs.

Les esclaves étaient très favorables aux Français, ils en attendaient la liberté ; les bourgeois ou esclaves qui avaient été affranchis et habitaient les petites villes étaient fort disposés à se mettre à la tête de l'insurrection contre la noblesse ; c'est ce qui fit prendre le parti aux Russes de mettre le feu à toutes les villes situées sur la route de l'armée, perte immense, indépendamment de celle de Moscou. Ils mirent aussi le feu aux villages, malgré l'opposition des habitants, au moyen des Cosaques, qui, ennemis des Moscovites, éprouvaient une grande joie de leur faire du mal.

On n'a pas besoin de dire que les généraux de l'armée française ne firent aucune remontrance à Napoléon ; cette assertion est si absurde, qu'elle ne mérite aucune réfutation sérieuse ; ce sont des dires de libelles.

La marche de Smolensk à Moscou était fondée sur la pensée que l'ennemi, pour sauver cette capitale, livrerait une bataille ; qu'il serait battu ; que Moscou serait pris, et que le czar, pour sauver cette capitale ou pour la délivrer, ferait la paix, et que, s'il ne la faisait pas, on trouverait dans le matériel immense de cette ville, dans les 40 000 bourgeois affranchis, fils d'affranchis ou négociants fort riches, qui s'y trouvaient, de quoi former un noyau national pour soulever tous les esclaves de la Russie et porter un coup funeste à cet empire. L'idée d'incendier une ville de 300 000 âmes, presque aussi étendue que Paris, n'était pas considérée comme une chose possible. En effet, il était plus raisonnable de faire la paix que de se porter à une telle barbarie. L'armée russe livra bataille à trois journées avant d'arriver à Moscou ; elle fut battue. L'armée française entra dans la ville : pendant quarante-huit heures, elle fut maîtresse de toutes ses richesses ; les ressources qu'elle y trouva étaient immenses. Les habitants étaient restés ; les cinq cents palais de la noblesse étaient meublés ; les officiers et les domestiques des maisons étaient à la porte ; il y avait jusqu'à des diamants, les garde-robes des dames : rien n'avait été évacué. La plus grande partie des riches propriétaires, en quittant la ville, avaient laissé des billets de recommandation pour le général qui occuperait leur maison, et la déclaration que sous peu de jours, aussitôt que le premier moment de trouble serait passé, ils rentreraient chez eux. Ce fut alors que 8 ou 900 personnes, préposées à la police, chargées de la garde de la ville et des pompes, profitèrent d'un vent violent qui s'éleva et mirent à la fois le feu dans tous les quartiers. Une bonne partie de la ville, construite en bois, renfermait une grande quantité de magasins d'eau-de-vie, d'huile et autres matières combustibles. Rostopchine avait enlevé toutes les pompes ; il y en avait plusieurs centaines, car ce service était organisé avec beaucoup de soin ; on n'en trouva qu'une. L'armée lutta quelques jours inutilement contre le feu ; tout fut brûlé. Les habitants qui étaient restés dans la ville se sauvèrent dans les bois ou dans les maisons de campagne ; il ne resta que la dernière canaille pour se livrer au pillage. Cette grande et superbe ville devint un cloaque, un séjour de désolation et de crime. On pouvait alors prendre le parti de marcher sur Saint-Pétersbourg ; la cour le craignait et avait fait évacuer sur Londres les archives et les trésors les plus précieux ; elle avait appelé de la Podolie l'amiral Tchitchakof pour couvrir cette capitale. Considérant qu'il y avait aussi loin de Moscou à Saint-Pétersbourg que de Smolensk à Saint-Pétersbourg, l'Empereur préféra aller passer l'hiver à Smolensk, sur les confins de la Lithuanie, sauf au printemps à marcher sur Saint-Pétersbourg. Il commença par attaquer et battre de nouveau l'armée de Koutouzof à Malo-Yaroslavetz, et de là fit sa retraite, sans aucun obstacle, lorsque les neiges, les glaces et le froid tuèrent dans une nuit 30 000 chevaux, ce qui obligea d'abandonner les charrois et fut la cause du désastre de la marche sur Smolensk, car elle ne doit pas s'appeler une retraite, puisque l'armée était victorieuse et qu'elle eût pu également marcher sur Saint-Pétersbourg, sur Kalouga, sur Toula, que l'armée de Koutouzof eût en vain essayé de couvrir. L'armée eût hiverné à Smolensk, si le prince de Schwarzenberg n'eût abandonné l'armée et manœuvré sur Varsovie, ce qui permit à l'amiral Tchitchakof de se porter sur la Berezina et de menacer les grands magasins et dépôts de Vilna, où il y avait des vivres pour l'armée pendant quatre mois, des habillements pour 50 000 hommes, des chevaux et des munitions, et une division de 10 000 hommes pour les garder.

Le général Dombrowski, qui occupait le fort de Borisof et le pont de la Berezina, ne put les défendre ; il avait 9 000 hommes ; sa division fut repoussée. L'amiral Tchitchakof passa la Berezina pour se porter sur la Dvina, il ne tenta rien sur Vilna. Il fut rencontré par le duc de Reggio, qui le battit et le rejeta sur la Berezina, après lui avoir pris tous ses bagages. Dans sa frayeur, l'amiral brûla le pont de Borisof.

Si au lieu d'être en novembre on eût été au mois d'août, l'armée eût marché sur Saint-Pétersbourg ; elle ne se retirait pas sur Smolensk parce qu'elle était battue, mais pour hiverner en Pologne. Si l'on eût été en été, ni l'armée de l'amiral Tchitchakof ni celle de Koutouzof n'eussent osé approcher de l'armée française de dix journées, sous peine d'être entièrement détruites.

1° Les magasins de l'armée n'étaient pas à trois cents lieues, car elle ne manqua jamais de munitions. 2° Elle ne fut pas harcelée sur ses derrières, et l'ennemi était partout battu. On a vu les Romains à Trasimène et à Cannes, Annibal à Zama, Pompée à Pharsale, Metellus Scipion à Thapsus, Sex-

347

tus à Munda, Melas à Marengo, Mack à Ulm, le duc de Brunswick à Iena, perdre leurs armées et ne pas pouvoir se rallier, quoique au milieu de leurs places fortes et près de leurs capitales.

1° Charles XII parcourut cinq cents lieues dans le pays ennemi ; 2° il perdit sa ligne d'opération le lendemain de son départ de Smolensk ; 3° il resta une année sans recevoir de nouvelles de Stockholm ; 4° il n'eut aucune armée de réserve. 1° Napoléon ne fit que cent lieues en pays ennemi ; 2° il conserva toujours sa ligne d'opération ; 3° il reçut tous les jours des nouvelles et des convois de la France ; 4° il tint en réserve, de la Vistule à son camp de Moscou, les trois quarts de son armée ; enfin le premier agissait avec 40 000 hommes, le second avec 400 000. Ces deux opérations sont l'opposé l'une de l'autre : autant l'une est conforme aux règles, raisonne le but proportionné aux moyens, autant l'autre a mal raisonné son but et ses moyens.

Afin de donner au général Koutouzof, à l'empereur Alexandre, au général Bennigsen, au prince Charles et à l'armée autrichienne de Vienne, le temps de se réunir sur l'Inn, de rendre inutile la victoire éclatante d'Ulm et de remettre en balance ce qu'elle avait décidé : ah ! Vraiment, c'eût été un bon conseil à suivre ! Pour résultat, les armées françaises eussent été rejetées sur le Rhin, les Alpes, avant le mois de décembre. Mais la base d'opération existait puisque la Bavière était amie, que les places fortes de Passau et de Braunau sur l'Inn étaient dans nos mains.

L'archiduc Charles, qui avait eu des avantages sur le prince d'Essling et était arrivé jusqu'à l'Adige, fut obligé de battre en retraite ou toute hâte pour arriver au secours de Vienne, après la bataille d'Ulm. Il laissa une forte garnison dans Venise et dans Palmanova, un corps d'observation dans la Carniole, et il arriva sur les confins de la Hongrie avec 40 000 hommes ; le prince d'Essling, avec l'armée française d'Italie, le suivait à la piste avec 35 000 hommes. Le général Saint-Cyr était accouru d'Otrante et bloquait Venise ; le duc de Raguse avait marché de Vienne sur le Sœmmering avec 20 000 hommes pour se réunir au prince d'Essling. Le duc de Trévise était resté dans Vienne avec 15 000 hommes, et le prince d'Eckmühl était Presburg, sur le Danube, avec 30 000 hommes. Si deux de 383 divisions accoururent sur le champ de bataille d'Austerlitz, elles n'y vinrent qu'à marches forcées, lorsque la bataille était décidée et lorsqu'il, n'y avait rien à craindre du prince Charles, qui était harassé de fatigue et cherchait un refuge au milieu de la Hongrie.

Le prince de la Moskova, avec son corps d'armée, avait été dirigé sur le Tyrol ; il était plus que suffisant pour le soumettre. Effectivement, il en était maître au moment de la bataille d'Austerlitz.

Le roi de Prusse avait été ébranlé par le séjour de l'empereur Alexandre à Potsdam ; mais, malgré le fameux serment sur le tombeau de Frédéric, ce prince avait donné à la France les plus vives assurances qu'il ne commencerait aucune hostilité sans qu'au préalable il n'eût fait des propositions, et il ne s'était engagé avec la Russie que par un traité éventuel. Mais, en supposant que les choses fussent ainsi, il était évident qu'il fallait profiter des six semaines qu'on avait devant soi, avant que la Prusse pût achever ses armements, pour défaire les armées russe et autrichienne, dégager l'Italie, ou bien repasser le Rhin et les Alpes ; car, certainement, en prenant position sur l'Inn, on ne pouvait pas tenir tête à l'Autriche, à la Russie et à la Prusse, puisque ces puissances auraient eu le temps de réunir et de combiner leurs forces.

On n'a pas poursuivi, et on n'avait pas besoin de poursuivre les Russes ; l'empereur Alexandre avait pris l'engagement de se retirer avec son armée sans artillerie, désarmé, par la Hongrie, au-delà du Niemen, et c'est ce qu'il a fait. Après la bataille d'Austerlitz, on se moquait de la Prusse ; et même, si elle n'eût pas dès lors baissé le ton, elle s'en fût repentie. L'empereur d'Autriche, sans armée, sans alliés, sa capitale prise, désirait et devait désirer la paix.

Quelle raison ? Celle d'Alexandre, d'Annibal, de Gustave-Adolphe, de Turenne, d'Eugène, de Frédéric, ou celle des princes de Clermont et de Soubise, qui, avec des armées de 80 000 hommes, se laissèrent persuader qu'ils devaient se retirer sans se battre, tout abandonner, tout laisser, et repasser le Rhin ?

Source : *Correspondance de Napoléon Ier publiée par ordre de l'empereur Napoléon III*, t. 31, « Œuvres de Napoléon Ier à Sainte-Hélène », Paris, Éditions Plon, 1870, pp. 381-392.

BIBLIOGRAPHIE

On consultera pour replacer la guerre dans son contexte :

Jean TULARD, *Dictionnaire Napoléon*, nouv. éd., 2 volumes, 1999.

Jacques-Olivier BOUDON, *La France et l'Europe de Napoléon*, Paris, 2006.

Thierry LENTZ, *Nouvelle histoire du Premier Empire*, 4 volumes, 2002-2012.

On se méfiera des Mémoires : voir J. TULARD, *Bibliographie critique des mémoires sur l'époque napoléonienne*, Genève, 1991, classement à la fin des mémoires, par campagnes et batailles.

LA CONCEPTION NAPOLÉONIENNE DE LA GUERRE

Colonel comte YORCK DE WARTENBURG, *Napoléon chef d'armée*, trad. fr., Paris, 1899.

Jean-Lambert COLIN, *L'Éducation militaire de Napoléon*, Paris, 1900.

Raymond VACHÉE, *Napoléon en campagne*, Paris, 1913.

Hubert CAMON, *Le Système de guerre de Napoléon*, Paris, 1923.

Hubert CAMON, *Quand et comment Napoléon a conçu son système de bataille*, Paris, 1935.

Gunther E. ROTHENBERG, *The Art of Warfare in the Age of Napoleon*, Londres, 1977.

Jean-Yves GUIOMAR, *L'Invention de la guerre totale*, Paris, 2004.

Stéphane BÉRAUD, *La Révolution militaire napoléonienne*, t. I : *Les manœuvres*, Paris, 2007.

Martin MOTTE, *Les Marches de l'empereur*, Paris, 2007.

David A. BELL, *La Première Guerre totale. L'Europe de Napoléon et la naissance de la guerre moderne*, Paris, 2010.

Napoléon, De la guerre, présenté et annoté par Bruno COLSON, Paris, 2011.

Lars WEDIN, *Marianne et Athéna. La pensée militaire française*, trad. fr., Paris, 2011.

L'HISTOIRE GÉNÉRALE DES CAMPAGNES

Hubert CAMON, *La Guerre napoléonienne. Précis des campagnes*, Paris, 1903.

Henry LACHOUQUE, *Napoléon, 20 ans de campagne*, Paris, 1964.

Jean-Claude QUENNEVAT, *Atlas de la Grande Armée. Napoléon et ses campagnes*, Paris, 1966.

David CHANDLER, *The Campaigns of Napoleon*, Londres, 1967.

Alain PIGEARD, *Les Campagnes napoléoniennes*, Entremont-le-Vieux, 1998, 2 volumes.

Digby SMITH, *The Napoleonic Wars Data Book*, Londres, 1998.

Vincent ESPOSITO et John EITING, *A Military History and Atlas of the Napoleonic Wars*, Londres, 1999.

Steven POPE, *Dictionnary of Napoleonic Wars*, Londres, 1999.

Gunther E. ROTHENBERG, *Atlas des guerres napoléoniennes*, Paris, 2000.

Laurent JOFFRIN, *Les Batailles de Napoléon*, Paris, 2000.

Alain PIGEARD, *Dictionnaire des batailles de Napoléon*, Paris, 2004.

L'ARMÉE

Louis-Auguste PICARD, La *Cavalerie dans les guerres de la Révolution et de l'Empire*, Paris, 1895-1896, 2 volumes.

PHILIP, *Études sur le service d'état-major pendant les guerres du Premier Empire*, Paris, 1900.

Jean MORVAN, *Le Soldat impérial*, Paris, 1904, 2 volumes.

Georges LECHARTIER, *Les Services de l'arrière à la Grande Armée en 1806-1807*, Paris, 1910.

Charles-Pierre ESCALLE, *Des marches dans les armées de Napoléon*, Paris, 1912.

Georges SIX, *Dictionnaire biographique des généraux et amiraux français de la Révolution et de l'Empire*, Paris, 1934, 2 volumes.

Georges SIX, *Les Généraux de la Révolution et de l'Empire*, Paris, 1942.

Matti LAUERMA, *L'Artillerie de campagne française pendant les guerres de la Révolution*, Paris, 1956.

Henry LACHOUQUE, *Napoléon et la Garde impériale*, Paris, 1957.

Marcel BALDET, *La Vie quotidienne dans les armées de Napoléon*, Paris, 1964.

André SOUBIRAN, *Le Baron Larrey, chirurgien de Napoléon*, Paris, 1966.

Hugues de LABARRE DE NANTEUIL, *Le Comte Daru ou l'administration militaire sous la Révolution et l'Empire*, Paris, 1966.

Jean-Claude QUENNEVAT, *Les Vrais Soldats de Napoléon*, Paris-Bruxelles, 1968.

Georges BLOND, *La Grande Armée*, Paris, 1979.

Jean-Paul BERTAUD, *La Révolution armée*, Paris, 1979.

Pierre CHARRIÉ, *Drapeaux et étendards de la Révolution et de l'Empire*, Paris, 1982.

Jacques JOURQUIN, *Dictionnaire analytique, statistique et comparé des vingt-six maréchaux du Premier Empire*, Paris, 1986.

Paul WILLING, *Napoléon et ses soldats*, Paris, 1986-1987, 7 volumes.

Jean-Luc QUOY-BODIN, *L'Armée et la Franc-Maçonnerie... sous la Révolution et l'Empire*, Paris, 1987.

Alan FORREST, *Déserteurs et insoumis sous la Révolution et l'Empire*, Paris, 1988.

Philippe PROST, *Les Forteresses de l'Empire*, Paris, 1991.

Alain PIGEARD, *L'Armée napoléonienne*, Paris, 1993.

Jean-François LEMAIRE, *Coste, premier médecin des armées de Napoléon*, Paris, 1998.

Léon de JAQUIER, *La Cavalerie française de 1800 à 1815*, Paris, 1998.

Danielle et Bernard QUINTIN, *Dictionnaire des colonels de Napoléon*, Paris, 1996.

Jean-Claude DAMAMME, *Les Soldats de la grande armée*, Paris, 1998.

Jean-François LEMAIRE, *Les Blessés dans les armées napoléoniennes*, Paris, 1999.

Abel DOUAY et Gérard HERTAULD, *Schulmeister dans les coulisses de la grande Armée*, Paris, 2002.

Alain PIGEARD, *Dictionnaire de la Grande Armée*, Paris, 2002.

Oleg SOKOLOV, *L'Armée de Napoléon*, Saint-Germain-en-Laye, 2003.

Alain PIGEARD, *La Conscription au temps de Napoléon, 1798-1815*, Paris, 2003.

Vincent BOUGEOT et Alain PIGEARD, *Encyclopédie des uniformes napoléoniens*, Entremont-le-Vieux, 2003.

Danielle et Bernard QUINTIN, *Dictionnaire des chefs de brigade, colonels et capitaines de vaisseau de Bonaparte*, Paris, 2012.

LA CAMPAGNE DE SARDAIGNE

E. J. PEYROU, *L'Expédition de Sardaigne : le lieutenant Bonaparte à La Maddalena*, 1912.

Bruno COLSON et Hervé COUTAU-BÉGARIE, *Armées et marines au temps d'Austerlitz et de Trafalgar*, Paris, 2007.

Guy GODLEWSKI, « Bonaparte et l'affaire de La Maddalena », *Revue de l'Institut Napoléon*, 1964, p. 1-12.

TOULON

Paul COTTIN, *Toulon et les Anglais en 1793*, Paris, 1898.
Arthur CHUQUET, *La Jeunesse de Napoléon*, t. III : *Toulon*, Paris, 1899.

LA PREMIÈRE CAMPAGNE D'ITALIE

Karl VON CLAUSEWITZ, *La Campagne de 1796 en Italie*, trad. fr., 1899.
Félix BOUVIER, *Bonaparte en Italie*, Paris, 1899.
Gabriel FABRY, *Histoire de l'armée d'Italie*, Paris, 1900-1914, 4 volumes.
Édouard GACHOT, *Histoire militaire de Masséna. La première campagne d'Italie*, Paris, 1901.
Édouard DRIAULT, *Napoléon en Italie*, Paris, 1906.
Guglielmo FERRERO, *Aventure. Bonaparte en Italie 1796-1797*, Paris, 1936.
Jacques GODECHOT, *L'Armée d'Italie, 1796-1799*, Paris, 1936.
Marcel REINHARD, *Avec Bonaparte en Italie*, Paris, 1946.
André FUGIER, *Napoléon et l'Italie*, Paris, 1947.
Jean THIRY, *Bonaparte en Italie*, Paris, 1956.
Jean TRANIÉ et Juan Carlos CARMIGNIANI, *La Première Campagne d'Italie*, Paris, 1990.
Yves AMIOT, *La Fureur de vaincre. Campagne d'Italie 1796-1797*, Paris, 1996.
Stéphane BÉRAUD, *Bonaparte en Italie. Naissance d'un stratège*, Paris, 1996.

Michel DE JAEGHERE et Jérôme GRASELLI, *Atlas Napoléon. La gloire en Italie*, Paris, 2001.

L'EXPÉDITION D'ÉGYPTE

Louis REYBAUD, *Histoire scientifique et militaire de l'expédition française en Égypte*, Paris, 1830-1836, 10 volumes.

Alfred BOULAY DE LA MEURTHE, *Le Directoire et l'expédition d'Égypte*, Paris, 1885.

Clément-Lucien DE LA JONQUIÈRE, *L'Expédition d'Égypte*, Paris, 1900-1907, 5 volumes.

Jacques BAINVILLE, *Bonaparte en Égypte*, Paris, 1936.

François CHARLES-ROUX, *Bonaparte gouverneur d'Égypte*, Paris, 1936.

Pierre VENDRYÈS, *De la probabilité en histoire : l'exemple de l'expédition d'Égypte*, Paris, 1952.

Christopher HEROLD, *Bonaparte et l'expédition d'Égypte*, Paris, trad. fr., 1962.

Jacques BENOIST-MÉCHIN, *Bonaparte en Égypte ou le rêve inassouvi*, Paris, 1966.

Jean THIRY, *Bonaparte en Égypte*, Paris, 1973.

Ghislain DE DIESBACH et Robert GROUVEL, *Échec à Bonaparte, Louis-Edmond de Phélippeaux*, Paris, 1980.

Jean TRANIÉ et Juan-Carlos CARMIGNIANI, *Bonaparte et la campagne d'Égypte*, Paris, 1988.

Henry LAURENS, *L'Expédition d'Égypte*, Paris, 1989.

Jacques DEROGY et Hesi CARMEL, *Bonaparte en Terre sainte*, Paris, 1992.

Jean-Marie MILLERI, *Médecins et soldats pendant l'expédition d'Égypte*, Paris, 1998.

Michèle BATTESTI, *La Bataille d'Aboukir*, Paris, 1998.

Jean-Joël BREGEON, *L'Égypte de Bonaparte*, Paris, 1998.
Laure MURAT et Nicolas WEILL, *L'Expédition d'Égypte*, Paris, 1998.
Robert SOLÉ, *Bonaparte à la conquête de l'Égypte*, Paris, 2006.
François HUTIN, *La Campagne d'Égypte. Une affaire de santé*, Paris, 2011.

LA DEUXIÈME CAMPAGNE D'ITALIE

Louis-Alexandre BERTHIER, *Relation de la bataille de Marengo*, Paris, 1805.
Gaspard-René DE CUGNAC, *Campagne de l'armée de réserve en 1800*, Paris, 1900-1901, 2 volumes.
Jean LALUBIN, *Considérations stratégiques sur la campagne de 1800 en Italie*, Paris, s.d.
Édouard GACHOT, *Histoire militaire de Masséna. La deuxième campagne d'Italie*, Paris, 1908.
Jean THIRY, *Marengo*, Paris, 1948.
Jérémie BENOÎT et Bernard CHEVALLIER, *Marengo, une victoire politique*, Paris, 2000.
Renaud FAGET, *14 juin 1800. La bataille de Marengo, une victoire inattendue*, Saint-Cloud, 2005.

LA CAMPAGNE D'ALLEMAGNE DE 1805

Paul-Claude ALOMBERT et Jean COLIN, *La Campagne de 1805 en Allemagne*, Paris, 1902-1908, 4 volumes.
Alvis SLAVAK, *La Bataille d'Austerlitz*, Paris, 1908.

Henry LACHOUQUE, *Napoléon à Austerlitz*, Paris, 1961.
Jean THIRY, *Ulm, Trafalgar et Austerlitz*, Paris, 1962.
Jean TRANIÉ et Juan-Carlos CARMIGNIANI, *Napoléon et la Russie : les années victorieuses*, Paris, 1980.
Scott BOWDEN, *Napoléon and Austerlitz*, Chicago, 1997.
François-Guy HOURTOULLE, *Austerlitz. Le soleil de l'aigle*, Paris, 2003.
Danielle et Bernard QUINTIN, *Austerlitz. Dictionnaire biographique des officiers, sous-officiers et soldats tués ou mortellement blessés à Austerlitz*, Paris, 2004.
Pierre MIQUEL, *Austerlitz, la bataille des trois empereurs*, Paris, 2005.
Frédéric BEY, *2 décembre 1805 : Austerlitz*, Paris, 2005.
Oleg SOKOLOV, *Austerlitz*, Paris, 2005.
Jacques GARNIER, *Austerlitz*, Paris, 2005.
Jean TULARD, *Nous étions à Austerlitz*, Paris, 2005.

LA CAMPAGNE DE PRUSSE

Paul-Jean FOUCART, *Campagne de Prusse : Iéna*, Paris, 1887.
Paul-Jean FOUCART, *Campagne de Prusse : Prenzlow, Lübeck*, Paris, 1890.
Henri BONNAL, *La Manœuvre d'Iéna*, Paris, 1904.
Henri HOUSSAYE, *Iéna et la campagne de 1806*, Paris, 1912.
Henry LACHOUQUE, *Iéna*, Paris, 1961.
Jean THIRY, *Iéna*, Paris, 1964.
Jean TRANIÉ et Juan-Carlos CARMIGNIANI, *Napoléon et l'Allemagne. Prusse, 1806*, Paris, 1984.
François-Guy HOURTOULLE, *Iéna, Auerstaedt et le triomphe de l'Aigle*, Paris, 1998.
Frédéric BEY, *Iéna et Auerstaedt*, Paris, 2006.
Michel MOLIÈRES, *1806, Auerstaedt*, Paris, 2010.

LA CAMPAGNE DE POLOGNE

Paul-Jean FOUCART, *Campagne de Pologne : Pultusk et Golymin*, Paris, 1882.

Pierre GRENIER, *Études sur 1807. Manœuvres d'Eylau et Friedland*, Paris, 1901.

Jean THIRY, *Eylau, Friedland, Tilsit*, Paris, 1964.

Yves AMIOT, *La Victoire : juin 1807*, Paris, 1980.

Jean TRANIÉ et Juan-Carlos CARMIGNIANI, *Napoléon et la Russie. Les années victorieuses*, Paris, 1980.

Jean TRAMSON, *Friedland*, Paris, 1991.

Danielle et Bernard QUINTIN, *La Tragédie d'Eylau. Dictionnaire biographique des officiers, sous-officiers et soldats tués ou blessés mortellement au combat*, Paris, 2006.

Frédéric NAULET, *Friedland*, Paris, 2007.

François-Guy HOURTOULLE, *Eylau, Friedland. La campagne de 1807*, Paris, 2007.

Frédéric NAULET, *Eylau*, Paris, 2008.

Frédéric BEY, *La Campagne de Pologne. Eylau et Friedland*, Paris, 2008.

Natalia GRIFFON DE PEINEVILLE et Vladimir CHIKANOV, *Napoléon en Pologne*, Paris, 2008.

Jacques GARNIER, *14 juin 1807. Friedland*, Paris, 2009.

LA GUERRE D'ESPAGNE

Sébastien-Maximilien FOY, *Histoire de la guerre de la Péninsule sous Napoléon*, Paris, 1827, 4 volumes.

William-Francis-Patrick NAPIER, *Histoire de la guerre dans la Péninsule et dans le midi de la France depuis 1807 jusqu'à l'année*, Paris, trad. fr., 1828-1844, 13 volumes.

Antoine-Henri JOMINI, *La Guerre d'Espagne,* éd. Leconte, Paris, 1902.

Édouard GUILLON, *Les Guerres d'Espagne sous Napoléon*, Paris, 1902.

Charles-William OMAN, *History of the Peninsula War*, Oxford, 1902-1930, 7 volumes.

Dominique-Paul BALAGNY, *Campagne de l'empereur Napoléon en Espagne 1808-1809*, Paris, 1902-1907, 5 volumes.

Charles-Auguste CLERC, *Guerre d'Espagne. Capitulation de Baylen*, Paris, 1903.

G. BAGÈS, *Étude sur les guerres d'Espagne*, Paris, 1906.

Geoffroy de GRANDMAISON, *L'Espagne et Napoléon*, Paris, 1908-1931, 3 volumes.

Joseph VIDAL DE LA BLACHE, *L'Évacuation de l'Espagne et l'invasion dans le Midi*, Paris, 1914, 2 volumes.

Alphonse-Louis GRASSET, *La Guerre d'Espagne*, Paris, 1914-1932, 3 volumes.

J. LUCAS-DUBRETON, *Napoléon devant l'Espagne*, Paris, 1947.

Gabriel LOVETT, *Napoleon and the Birth of Modern Spain*, Londres, 1965.

Jean THIRY, *La Guerre d'Espagne*, Paris, 1966.

François CHARLES-ROUX, *Le Guêpier espagnol*, Paris, 1970.

Jean-René AYMES, *La Guerre d'indépendance espagnole*, Paris, 1973.

Michael GLOVER, *The Peninsula War*, Paris, 1974.

Jean TRANIÉ et Juan-Carlos CARMIGNIANI, *La Guerre d'Espagne*, Paris, 1978.

Jean SARRAMON, *La Bataille des Arapiles*, Toulouse, 1978.

Jean SARRAMON, *La Bataille de Vittoria*, Paris, 1985.

Jean-Louis REYNAUD, *Contre-guérilla en Espagne, 1808-1814*, Paris, 1992.

Jean-Paul ESCALETTES, *10 avril 1814. La bataille de Toulouse*, Portet-sur-Garonne, 1999.

Richard HOCQUELET, *Résistance et révolution durant l'occupation napoléonienne en Espagne, 1808-1812*, Paris, 2001.

Jean-René AYMES, *L'Espagne contre Napoléon*, Paris, 2003.

Jean-Joël BRÉGEON, *Napoléon et la guerre d'Espagne*, Paris, 2006.

Jean-Claude LORBLANCHÈS, *Les Soldats de Napoléon en Espagne et au Portugal, 1807-1814*, Paris, 2007.

Jean-Marc LAFON, *L'Andalousie et Napoléon*, Paris, 2007.

Jean-Claude LORBLANCHÈS, *Napoléon, le faux pas espagnol*, Paris, 2009.

Alain PIGEARD, *Saragosse*, Gloire et Empire, 2009.

Jean TABEUR, *Saragosse*, Paris, 2011.

LA CAMPAGNE D'ALLEMAGNE DE 1809

Charles-Louis SASKI, *Campagne de 1809 en Allemagne et en Autriche*, Paris, 1899-1902, 3 volumes.

Henri BONNAL, *La Manœuvre de Landshut*, Paris, 1905.

Edmond BUAT, *1809, de Ratisbonne à Znaïm*, Paris, 1909, 2 volumes.

Édouard GACHOT, *Histoire militaire de Masséna, 1809, Napoléon en Allemagne*, Paris, 1913.

Hubert CAMON, *La Manœuvre de Wagram*, Paris, 1926.

Jean THIRY, *Wagram*, Paris, 1966.

Jean TRANIÉ et Juan-Carlos CARMIGNIANI, *Napoléon et l'Autriche. La campagne de 1809*, Paris, 1979.

Jean TRAMSON, *Wagram*, Paris, 1992.

François-Guy HOURTOULLE, *L'Apogée de l'Empire, Wagram*, Paris, 2002.

Michel MOLIÈRES, *La Campagne de 1809. Les mouvements du 20 au 23 avril*, Paris, 2003.

Michel MOLIÈRES, *Napoléon en Autriche. La campagne de 1809*, Paris, 2004.

Robert OUVRARD, *1809 Napoléon en Autriche. Abensberg-Eckmühl ; Ratisbonne*, Gloire et Empire, 2009.

Robert OUVRARD, *1809. Napoléon en Autriche. Wagram, Znaïm, Schoënbrunn*, Gloire et Empire, 2009.

Frédéric NAULET, *Wagram*, Paris, 2009.

Arnaud BLIN, *Wagram*, Paris, 2010.

LA CAMPAGNE DE RUSSIE

Eugène LABAUME, *Relation complète de la campagne de Russie en 1812*, Paris, 1814.

Georges BERTIN, *La Campagne de 1812 d'après des témoins oculaires*, Paris, 1895.

Louis-Joseph MARGUERON, *Campagne de Russie. Préliminaires, 1810-1812*, Paris, 1898-1906, 4 volumes.

Karl VON CLAUSEWITZ, *La Campagne de 1812 en Russie*, Paris, trad. fr., 1900.

Gabriel FABRY, *Campagne de Russie*, Paris, 1900-1903, 5 volumes.

Henri BONNAL, *La Manœuvre de Vilna*, Paris, 1905.

Frans van VLIJMEN, *Vers la Bérésina*, Paris, 1908.

Joseph de BAYE, *Smolensk*, Paris, 1912.

Arthur CHUQUET, *1812. La guerre de Russie*, Paris, 1912.

Jean JACOBY, *Napoléon en Russie*, Paris, 1938.

Eugène TARLÉ, *La Campagne de Russie*, Paris, trad. fr., 1938.

Constantin DE GRUNWALD, *La Campagne de Russie*, Paris, 1963.

Daria OLIVIER, *L'Incendie de Moscou*, Paris, 1964.

Alan PALMER, *Napoleon in Russia*, Londres, 1967.

Jean THIRY, *La Campagne de Russie*, Paris, 1969.

Jean TULARD, « Le dépôt de la guerre et la préparation de la campagne de Russie », *Revue historique de l'armée*, 1969.

Otto VON PIVKA, *Armies in 1812*, Londres, 1976.

Marcel LERECOUVREUX, *1812. Napoléon et la campagne de Russie*, Paris, 1981.

Jean TRANIÉ et Juan-Carlos CARMIGNIANI, *La Campagne de Russie*, Paris, 1981.

Michael JOSSELSON et Diana JOSSELSON, *Le Général Hiver, Barclay de Tolly*, Paris, 1986.

Serge NABOKOV et Sophie DE LESTOURS, *Koutousov*, Paris, 1990.

André CASTELOT, *La Campagne de Russie*, Paris, 1991.

André RATCHINSKI, *Napoléon et Alexandre Ier. La guerre des idées*, Paris, 2002.

Alain FILLION, *La Bérésina*, Paris, 2005.

Fernand BEAUCOUR, Jean TABEUR et Lidia LVTCHENKO, *La Bérésina, une victoire militaire*, Paris, 2006.

Anka MUHLSTEIN, *Napoléon à Moscou*, Paris, 2007.

Jean-Claude DAMAMME, *Les Aigles en hiver, Russie, 1812*, Paris, 2009.

Curtis CATE, *La Campagne de Russie, 1812. Le duel des empereurs*, Paris, trad. fr., 1987, 2012.

D. LIEVEN, *La Russie contre Napoléon*, Paris, trad. fr., 2012.

Marie-Pierre REY, *L'Effroyable Tragédie. Une nouvelle histoire de la campagne de Russie*, Paris, 2012.

Jean-Joël BRÉGEON, *1812*, Paris, 2012.

Jacques-Olivier BOUDON, *Napoléon et la campagne de Russie*, Paris, 2012.

1812. La campagne de Russie. Regards croisés sur une guerre européenne, Colloque de la fondation Napoléon, 2012.

Charles ZORGBIBE, *Le Choc des empires*, Paris, 2012.

Andrei POPOV, *Polotsk*, trad. fr., Paris, 2012.

Vitali BESSONOV, *Taroutino*, trad. fr., Paris, 2012.

Oleg SOKOLOV, *Le Combat des deux empires*, trad. fr., Paris, 2012.

Alexandre OROBAN, *1812, année de la gloire de la Russie*, trad. fr., Paris, 2012.

LA CAMPAGNE D'ALLEMAGNE DE 1813

Jean-Baptiste Adolphe CHARRAS, *Histoire de la guerre de 1813 en Allemagne*, Leipzig, 1866.
Camille ROUSSET, *La Grande Armée de 1813*, Paris, 1871.
Paul-Jean FOUCART, *Bautzen, une bataille de deux jours*, Paris, 1897.
Paul-Jean FOUCART, *Bautzen. La poursuite jusqu'à l'armistice*, Paris, 1901.
Karl von CLAUSEWITZ, *La Campagne de 1813 et 1814*, trad. fr., Paris, 1900.
Auguste-Gérôme CLÉMENT, *La Campagne de 1813*, Paris, 1904.
Frédéric REBOUL, *La Campagne de 1813*, Paris, 1910-1912, 2 volumes.
Gabriel FABRY, *Étude sur les opérations du maréchal Macdonald. La Katzbach*, Paris, 1910.
Gabriel FABRY, *Étude sur les opérations du maréchal Oudinot. Gross-Beeren*, Paris, 1910.
Gabriel FABRY, *Étude sur les opérations de l'empereur : 28 août-4 septembre 1813*, Paris, 1911.
Gabriel FABRY, *Étude sur les opérations de l'empereur : du 5 septembre au 21 septembre 1813*, Paris, 1813.
Gabriel FABRY, *Étude sur les opérations de l'empereur : du 22 septembre au 30 octobre 1813*, Paris, 1913.
Jean d'USSEL, *Études sur l'année 1813. La défection de la Prusse*, Paris, 1907.
Jean d'USSEL, *Études sur l'année 1813. L'intervention de l'Autriche*, Paris, 1912.
René TOURNÈS, *La Campagne de printemps en 1813 : Lützen*, Paris, 1931.
Jean THIRY, *Lützen et Bautzen*, Paris, 1971.
Jean THIRY, *Leipzig*, Paris, 1972.
Jean TRANIÉ et Juan-Carlos CARMIGNIANI, *Napoléon, 1813. La campagne d'Allemagne*, Paris, 1987.
Jean TRAMSON, *Hanau, 1813*, Paris, 1990.
Jean-Pierre PATRIAT, *1813*, 2010.

LA CAMPAGNE DE FRANCE

Alphonse de BEAUCHAMP, *Histoire de la campagne de 1814*, Paris, 1815.
Henry HOUSSAYE, *1814*, Paris, 1888.
Maurice-Henri WEIL, *La Campagne de France*, Paris, 1891-1896, 2 volumes.
François-Édouard LEFEBVRE DE BÉHAINE, *La Campagne de France. Napoléon et les Alliés sur le Rhin*, Paris, 1913.
Arthur CHUQUET, *L'Année 1814*, Paris, 1914.
François-Édouard LEFEBVRE DE BÉHAINE, *La Campagne de France. La défense de la ligne du Rhin. Novembre 1813 à janvier 1814*, Paris, 1933.
Jean THIRY, *La Campagne de France*, Paris, 1946.
Marguerite-Robert MATHIEU, *Dernières victoires, 1814. La campagne de France aux alentours de Montmirail*, Paris, 1964.
Jacques BIENVENU, *La Bataille de Montereau*, Montereau, 1964.
Jean TRANIÉ et Juan-Carlos CARMIGNIANI, *Napoléon, 1814. La campagne de France*, Paris, 1989.
Pierre MIQUEL, *La Campagne de France*, Paris, 1991.
Ronald ZINS, *L'Armée de Lyon, ultime espoir de Napoléon*, Marsieux, 1998.
Jean-Marie THIÉBAUD et Gérard TISSOT-ROBBE, *Les Corps francs de 1814 et 1815*, Paris, 2011.

LA CAMPAGNE DE BELGIQUE

Antoine-Henri DE JOMINI, *Précis politique et militaire de la campagne de 1815*, Paris, 1839.
Jean-Baptiste-Adolphe CHARRAS, *Histoire de la campagne de 1815. Waterloo*, Leipzig, 1857.

Henry HOUSSAYE, *1815. Waterloo*, Paris, 1898.
Karl von CLAUSEWITZ, *La Campagne de 1815 en France*, Paris, 1900.
Louis NAVEZ, *Introduction à l'histoire de la campagne de 1815*, Bruxelles, 1910-1912, 2 volumes.
Émile LENIENT, *La Solution des énigmes de Waterloo*, Paris, 1915.
Jean THIRY, *Waterloo*, Paris, 1947.
Hector-Jean COUVREUR, *Le Drame belge de Waterloo*, Paris, 1959.
Robert MARGERIT, *Waterloo*, Paris, 1964.
Henry LACHOUQUE, *Waterloo*, Paris, 1972.
Ronald ZINS, *1815. L'Armée des Alpes et les Cents Jours à Lyon*, Reyrieux, 2003.
Jacques LOGIE, *Waterloo. La campagne de 1815*, Bruxelles, 2003.
Philippe DE MEULENAERE, *Bibliographie analytique des témoignages oculaires imprimés sur la campagne de Waterloo en 1815*, Paris, 2004.
Alessandro BARBERO, *Waterloo*, trad. fr., 2005.
Bernard COPPENS, *Waterloo. Les mensonges*, Bruxelles, 2009.

LES CAMPAGNES MARITIMES

Paul CHACK, *Trafalgar*, Paris, 1938.
René MAINE, *Trafalgar*, Paris, 1955.
Ulane BONNEL, *La France, les États-Unis et la guerre de course, 1797-1815*, Paris, 1961.
Philippe MASSON et Jean-François MURACCIOLE, *Napoléon et la marine*, Paris, 1968.
Jean TRANIÉ et Juan-Carlos CARMIGNIANI, *Napoléon et l'Angleterre*, Paris, 1994.
Maurice DUPONT, *Les Guerres navales françaises*, Paris, 1995.
Michèle BATTESTI, *La Bataille d'Aboukir*, Paris, 1998.
Danielle et Bernard QUINTIN, *Dictionnaire des capitaines de vaisseau de Napoléon*, Paris, 2003.

BIBLIOGRAPHIE

Michèle BATTESTI, *Trafalgar. Les aléas de la stratégie navale*, Paris, 2004.
Rémi MONAQUE, *Trafalgar*, Paris, 2005.
Jean-Claude GILLET, *La Marine impériale*, Paris, 2010.

L'APRÈS-GUERRE

Jean VIDALENC, *Les Demi-solde*, Paris, 1955.
J. LUCAS-DUBRETON, *Le Culte de Napoléon*, Paris, 1960.
Jean TULARD, *Le Mythe de Napoléon*, Paris, 1971.
Gérard GENGEMBRE, *Napoléon, la vie, la légende*, Paris, 1999.
Natalie PETITEAU, *Les Lendemains d'Empire. Les soldats de Napoléon dans la France du XIXᵉ siècle*, Paris, 2003.
Sudhir HAZAREESINGH, *La Saint-Napoléon*, Paris, 2007.
Jean-Paul BERTAUD, *Quand les enfants parlaient de gloire. L'armée au cœur de la France de Napoléon*, Paris, 2006.
Jean-Marc LARGEAUD, *Napoléon et Waterloo. La défaite glorieuse de 1815 à nos jours*, Paris, 2006.
Robert MORRISSEY, *Napoléon et l'héritage de la gloire*, trad. fr., Paris, 2010.
Natalie PETITEAU, *Écrire la mémoire. Les mémorialistes de la Révolution et de l'Empire*, Paris, 2012.

INDEX DES NOMS DE PERSONNES

A

ABBÉ, général : 243
ABOVILLE, général d' : 80
ACKERMAN, libraire anglais : 208
ALEXANDRE Ier : 26, 63, 92, 142, 192, 195, 259, 275
ALLEMAGNE, général d' : 167
ALLEMAND, amiral : 220
ALQUIER (diplomate) : 92
ALVINCZY, général : 257, 283-284
ANDRÉOSSY, aide-major général : 41, 225
ANGOULÊME, duc d' : 257
ANNIBAL ou HANNIBAL : 26
ARCAMBAL, inspecteur aux revues : 30
ARÇON, ingénieur : 212
AUBERT-DUBAYET, ministre : 29
AUGEREAU, maréchal : 43-46, 70-71, 124, 126, 129, 167, 200
AYMES, J.-R., historien : 178

B

BACHLER, Theobald : 86

BACLER D'ALBE, général : 96, 98
BAGRATION, général russe : 141-144, 290
BALZAC, Honoré de : 65
BARCLAY DE TOLLY, général russe : 141-144, 147, 290-291
BARÈRE, Bertrand : 206-207
BARNI, historien : 265
BARRÈS, Maurice, écrivain : 267
BARZONI, journaliste italien : 209
BAUDUS, F. de, historienne : 86
BEAULIEU, général autrichien : 257, 282-283
BELL, David A., historien : 12
BENNIGSEN, général russe : 137, 139, 288
BÉRAUD, Stéphane, historien : 12, 151
BERCHENY, officier : 24
BERGERET, peintre : 202
BERNADOTTE, maréchal puis roi de Suède : 29, 43-47, 70, 72-73, 75, 110, 126-127, 129, 291, 293

BERTHIER, maréchal : 29-30, 38-41, 43-48, 82, 106, 144, 150, 156, 200, 260, 271, 284

BERTHOLLET, Claude, chimiste : 81

BERTHOUD, ingénieur : 212

BERTILLON, Adolphe : 186

BERTRAND, général : 40, 98, 129

BESSIÈRES, maréchal : 39, 43, 45-48, 70, 124

BESSON, chef de la police militaire : 31

BEY, historien : 12

BIGNON, espion français : 91

BILLON, vélite : 167

BLÜCHER, général prussien : 75, 139-140, 147-148, 165-166, 253, 261, 291-296

BOILLY, Léopold, peintre : 172

BOUDET, général : 48, 124

BOUGAINVILLE, Louis-Antoine de : 211

BOULANGER, inspecteur : 168

BOURCET, Pierre de : 23-24

BOURGEOIS-PICHAT, J. : 184

BOURMONT, général : 148

BOURRIENNE, Louis-Antoine : 110

BOUTET, industriel : 112

BRAYER, général : 49

BREIDT, entrepreneur : 35

BRESSONNET, Pascal, historien : 269

BRICE, Nicolas, chef d'escadron : 253

BRUGUIÈRE, Michel, historien : 108

BRUNE, maréchal : 43-45, 70, 110

BRUNSWICK, duc de : 140

BUGEAUD, capitaine puis maréchal : 248

BÜLOW, F. von, général prussien : 129

C

CAFFARELLI DU FALGA, M.F.A. : 39, 124, 225

CALDER, amiral anglais : 220

CAMBACÉRÈS, général de : 49

CAMBRONNE, général : 116

CAMON, historien : 143

CAMPILLO, guérillero : 247

CAMUS DE RICHEMONT, colonel : 50

CAPET, officier : 180

CARMIGNIANI, J.-C. : 12

CARNOT, Lazare : 29-30, 49, 95

CARTEAUX, général : 281

CASABIANCA, colonel : 50

CASTANERA, guérillero : 247

CAULAINCOURT, ambassadeur en Russie : 83, 89, 250

CÉSAR : 25-26, 77, 198, 211, 259

CHALGRIN, architecte : 202

CHAMPAGNY, ministre des Relations extérieures : 88-89, 91, 191

CHAMPY, administrateur général des poudres et salpêtres : 31

CHAPPE, Claude : 82

CHAPTAL, J.-A. : 205

CHARLEMAGNE : 200
CHARLES, archiduc, général autrichien : 45, 127, 289
CHARRAS, colonel : 265
CHATEAUBRIAND, F.-R. de : 65, 255-257, 271
CHAUCHARD, cartographe : 99
CHEVALIER : 109
CHEVILLET, général : 110, 162
CLAPARÈDE : 48
CLAR, Jean-Frédéric : 209
CLARKE, général, ministre : 75
CLAUSEL, général : 48
CLAUSEWITZ, Karl von : 21, 67, 75, 131-132, 139, 146, 153, 261
CLÉMENT : 269
CLÉOPÂTRE : 198
COIGNET, capitaine : 62, 114, 162, 266
COLBERT, général : 161, 212, 229
COLIN, historien : 23-24
COLLIGNON, secrétaire : 30
COLLINGWOOD, général anglais : 221
COLONNA, Cesari, colonel : 281
COLSON, Bruno, historien : 12
CONDÉ, prince de : 256
CONGREVE, William : 81
COPPENS, Bernard, historien : 149
CORDOVA, amiral espagnol : 212-213
COSSERON, historien : 12
COSTE, médecin : 31, 169
COUIN, général : 49
COURSON, corsaire : 225

CRETET, Emmanuel, ministre : 236
CROUZET, François, historien : 215
CRUIKSHANK, caricaturiste : 208
CZERNITCHEF, aide de camp d'Alexandre Ier : 92

D

DABADIE, directeur des fortifications : 31
DAENDELS, général : 101
DAHAB, Abou : 177
DARU, ministre : 29-30, 33, 105, 126, 157
DAVID, Jacques-Louis, peintre : 200, 202
DAVIDOWITCH, général autrichien : 283
DAVOUT, maréchal : 39, 43-46, 48, 70-71, 87, 110, 116, 124-129, 135, 137, 140, 142-144, 154, 156-157, 190, 192, 223, 271, 284, 287, 289, 291
DAVYDOV, lieutenant-colonel : 251
DECRÈS, amiral : 223-224
DEFERMON, J.-J., intendant général du Domaine extraordinaire : 108
DEFOE, Daniel : 229
DEJEAN, général : 29, 35
DELBRET, peintre : 62
DENNIÉE, inspecteur en chef aux revues : 30, 40
DENON, Vivant, directeur du Louvre : 201, 203-204

DESAIX, général : 245-246, 284, 286

DESGENETTES, médecin : 31

DIAZ, Juan Martin, guérillero : 245

DJAZZA PACHA : 285

DOGUEREAU, colonel : 50

DOMBROWSKI, général polonais : 70

DOMMARTIN, capitaine : 281

DONZELOT, général : 48

DROUET D'ERLON, général : 124, 129, 148, 165

DUBOIS-CRANCÉ, ministre : 29

DUBOUCHOT, agent secret : 88

DUFRESNE, sous-inspecteur aux revues : 41

DUMANOIR, amiral : 222

DUMAS, Alexandre : 260

DUMAS, Mathieu, général : 41, 158

DUMONCEAU, général : 70, 124

DUMOURIEZ, général : 258

DUPONT, général : 44, 124, 288

DUROC, général : 44, 167, 209, 292

DUROSNEL, général : 48

DURUTTE, général : 75

DU TEIL, Jean, général : 24

DUTERTRE, corsaire : 225

E

ÉBLÉ, général d' : 80, 291

EL CAPUCHINO, guérillero : 245

EL EMPECINADO, guérillero : 243, 245

EL PASTOR, guérillero : 241

ÉLISABETH Ire, reine d'Angleterre : 274

ENGHIEN, duc d' : 87

ERCKMANN-CHATRIAN, écrivain : 263-264

ESPARBÈS, Georges d' : 267

ESPOZ Y MINA, Francisco, guérillero : 245

ESTAING, amiral d' : 211

EUGÈNE DE BEAUHARNAIS, vice-roi d'Italie : 71, 127-129, 143

EUGÈNE DE SAVOIE : 26

F

FAIN, baron : 27-28

FÉLIX, Dominique-Xavier, général : 40

FERDINAND VII, roi d'Espagne : 191, 241, 257

FEUQUIÈRES : 25

FIÉVÉE, Joseph : 238

FLEURIEU, ingénieur : 212

FOCH, Ferdinand, maréchal : 270

FOLARD, chevalier de : 25, 158

FORFAIT, ingénieur : 212, 217

FOUCART, historien : 267-269

FOUCHÉ, Joseph : 66-67, 146, 254

FOY, historien : 148

FRA DIAVOLO : 240, 243

FRANÇOIS II, empereur : 187, 201

FRÉDÉRIC II, roi de Prusse : 18-21, 26, 261
FRÉDÉRIC-GUILLAUME III, roi de Prusse : 75
FRIANT, général : 48, 124, 126-127
FRIRION, inspecteur aux revues : 30
FULTON, Robert : 82

G

GALITZINE, général russe : 287
GANTEAUME, amiral : 211, 218-220, 222, 224
GARDANNE, Charles-Mathieu, aide-camp de Napoléon : 40
GARNIER, Jacques, historien : 12
GARROS, Louis, historien : 146
GASSENDI, général : 31
GAULLE, Charles de : 271
GAZAN, général : 48
GÉRARD, maréchal : 129, 148
GILLRAY, caricaturiste : 208
GIROD DE L'AIN, général : 248
GIVRAY : 189
GNEISENAU, général prussien : 75
GOLDSMITH, publiciste anglais : 207
GONDOIN, architecte : 202
GOURGAUD, général : 26, 150
GOUVION SAINT-CYR : 42, 44, 46-48, 70-71, 128-129
GOYA, peintre : 66, 246
GRANDMAISON : 24-25, 239, 243, 250, 254, 270, 272

GRASELLI, Jérôme, historien : 12
GRASSE, amiral de : 213
GRATIEN, général : 70
GRAVINA, amiral espagnol : 219
GRENIER, général : 48
GRIBEAUVAL, général et ingénieur : 24, 79-80, 212
GROS, baron, peintre : 187, 201
GROUCHY, maréchal : 44, 48, 124, 129, 148-149, 161, 264
GUDIN, général : 48, 124, 126-127
GUIBERT, comte de : 21-23, 249, 272
GUIOMAR, Jean-Yves, historien : 12
GUSTAVE-ADOLPHE, roi de Suède : 26

H

HARGENVILLIERS, directeur adjoint de la conscription : 182
HARRANT, général : 70
HASTREL, Étienne, aide-major général : 41
HATZFELD, prince de : 201
HAUTPOUL, général d' : 48, 50, 167
HEUDELET, général : 167
HEURTELOUP, médecin : 31
HOCHE, Lazare, général : 214
HOFER, Andreas, révolté tyrolien : 249
HOUDAILLE, Jacques, démographe : 184

HOUDECEK, François, historien : 290

HOURTOULLE, F.-G., historien : 12

HUGO, général : 240, 243

HUGO, Victor : 117, 248

HULLIN, général : 48

I

IBRAHIM BEY : 285

INGRES, J.-D., peintre : 201

IUNG, historien : 265

J

JAEGHERE, Michel de, historien : 12

JÉRÔME, roi de Westphalie : 70, 126-128, 142-143, 149

JOFFRE, maréchal : 270

JOFFRIN, Laurent : 12

JOMINI : 132, 146, 260-261

JOSEPH, roi de Naples puis d'Espagne : 34, 107, 190, 241, 244, 288

JOSÉPHINE, impératrice des Français : 154, 198, 208

JOUBERT, général : 153

JOURDAN, maréchal : 43-45, 53

JULLIEN, Marc-Antoine, journaliste : 197

JUMEL, général : 49

JUNCKER, Charles, major : 253

JUNOT, général : 44, 48, 71, 144, 290

K

KAMIENICKI, général polonais : 70

KELLERMANN, maréchal : 43-44, 124

KLÉBER, général : 200, 284-285

KOUTOUZOV, général : 116, 132, 252, 290-291

KOZIETULSKI, capitaine polonais : 115

KRILOV, fabuliste russe : 209

KRUSTHOFFEN, espion allemand : 87

L

LA BÉDOYÈRE, colonel : 50

LA BOUILLERIE, trésorier général du Domaine extraordinaire : 108

LA FAYETTE, général : 212

LA MORLIÈRE, officier du XVIIIe s. : 24

LA ROCHEFOUCAULD, Alexandre-François, diplomate à Vienne : 85

LA ROMANA, général espagnol : 70

LACOUR-GAYET, Georges, historien : 270

LACUÉE, ministre : 29

LAFOREST, diplomate : 86

LAMARQUE, général : 48

LAMARTINE, Alphonse de : 200, 263

LAMARTINIÈRE, général : 49

LANFREY, historien : 265

374

LANNES, maréchal : 34, 43-48, 70, 111, 124-127, 137, 139, 190, 284, 286-287, 289

LANUS, général : 49

LARIBOISIÈRE, général de : 80

LARREY, baron, médecin : 31, 34, 166, 169

LAS CASES, Emmanuel de : 23, 206, 259-260

LASALLE, économiste : 231

LASALLE, général : 44, 48, 161, 165

LATOUCHE-TRÉVILLE, amiral : 218

LAURISTON, général russe : 39, 99, 128-129

LAUZUN, général : 212

LAVERGNE, Léonce de : 183

LAZAREV, général russe : 63

LE LORGNE D'IDEVILLE : 88, 90

LEBRUN, général : 40

LECCHI, général italien : 70

LECLERC, général : 100, 140

LEDOULX, diplomate : 92

LEDUC, amiral : 225

LEFEBVRE, maréchal : 43, 45-47, 70, 126-127, 249, 289

LEGRAND, général : 48, 124

LEISSEGUES, amiral : 225

LEJEUNE : 168

LEMAIRE, Jean-François, historien : 168

LEMAROIS, Jean-Léonor-François : 39

LEPÈRE, architecte : 202

LEPIC, général : 49

LERMONTOV, écrivain russe : 180

LESPERUT, député : 30

LEVASSEUR, général : 167

LHERMITTE, général : 224

LICHTENSTEIN : 187

LIECHTENSTEIN : 189-190

LOBANOV, général russe : 190

LOISON, général : 124

LOUIS XVI, roi de France : 211-212

LOUIS XVIII, roi de France : 48, 277

Louis XVIII : 48

LUCAS : 221

M

MACDONALD, maréchal : 44, 46-47, 71, 129, 158, 294

MACHIAVEL, Nicola : 25

MACK, général autrichien : 87, 134, 286

MAISON, général : 49

MALHER, général : 124

MARBOT, général : 181, 266

MARET, ministre : 35

MARMONT, maréchal : 44-48, 70, 72, 80, 126, 128-129, 160, 243, 295

MARTINIEN, fonctionnaire : 183

MASSÉNA, maréchal : 43, 45-47, 70, 110, 127, 155, 274, 283-284, 289

MEHLISS, historien : 182

MELAS, général autrichien : 286

MERINO, Jeronimo, prêtre espagnol : 241

MERLIN, général : 50

METTERNICH, Clemens von : 191

MEYNIER, Albert, historien : 183

MICHEL, fonctionnaire : 92

MILHAUD, général : 48

MINA, guérillero : 243

MIOT DE MELITO, conseiller d'État : 176

MISSIESSY, amiral : 218-220

MOLIÈRES, historien : 12

MOLITOR, général : 49

MONCEY, maréchal : 43-45

MONGE, Gaspard : 81, 203

MONNET DE LORBEAU, général : 50

MONNIER, général : 158

MONTARRAS, Alain, historien : 87-88

MONTBRION, économiste : 238

MONTBRUN, général : 161

MONTECUCCOLI, condottiere : 25

MONTGAILLARD, comte de, publiciste : 232

MONTGOLFIER, frères : 81

MONTHYON, de, aide-major général : 41

MORAND, général : 49, 126-127

MOREAU, général : 44, 49, 286, 292

MORTIER, maréchal : 39, 43, 45-47, 70, 126, 139, 295

MOTTE, Martin, historien : 12, 67

MOUTON-LOBAU, général : 40, 129, 148

MURACCIOLE, J., historien : 83

MURALT, Albert de : 252

MURAT, Joachim, maréchal, roi de Naples : 43-46, 48, 70, 76, 97-98, 111, 116, 124, 135, 142, 161, 165, 187, 222, 271, 284

N

NANSOUTY, général : 49, 161

NAPOLÉON III, empereur des Français : 262

NARBONNE, général de : 91

NAULET, historien : 12

NELSON, amiral : 214-215, 219-221, 273

NEY, maréchal : 43-44, 46-48, 70-71, 124, 126, 128-129, 142, 147-148, 150, 161, 165, 260, 264, 274, 286, 291

O

O'CONNOR, général : 49

O'FARILL, général : 70

OLSOUFIEV, général russe : 294

ORVILLIERS, amiral d' : 212

OTTO, diplomate français : 89

OUDINOT, général : 44-47, 70-71, 75, 93, 127-129, 142

P

PAJOL, général : 49, 161

Parein du Mesnil, général : 50
Parmentier, pharmacien : 31
Passy : 182
Paul Ier, tsar : 205
Pauly, ingénieur : 82
Pelet de la Lozère, Jean : 11
Percy, médecin : 31, 34, 166, 169
Pérignon, maréchal : 43-44
Pétain, Philippe : 270-271
Phélippeaux, Antoine de, officier royaliste : 285
Pico, Ange, espion italien : 87
Pigeard, Alain : 12
Pitt, William dit le second : 205
Platon : 172
Pleineville, Griffon de, historien : 12
Pommereul, général : 199
Poniatowski, maréchal : 44, 46, 70-71, 128-129
Pouget, général : 49
Préval, général : 158
Prevost, Claude : 50
Puffeney, général : 267
Pujol, guérillero : 248
Pully, général : 49
Puthaud, général : 49

Q

Quasdanovitch, général autrichien : 283
Quinet, Edgar, historien : 265
Quintin, Bernard et Danielle, historiens : 12, 50, 184

R

Raphaël, peintre : 203
Rapp, général : 39, 49, 129, 225
Ratchinski, André, historien : 141
Raynal, abbé : 18
Reille, général : 40, 129, 148
Rémusat, Paul de : 262
Renaudin, capitaine : 213
Reynaud, Jean-Louis, historien : 242, 246
Reynier, général : 44, 49, 71, 128-129, 273
Riviaud, général : 124
Rocca, général : 242
Rogniat, général : 49, 258
Roguet, général : 49
Roguin, payeur général de la Grande Armée : 32
Rosily, amiral : 220
Rostand, Edmond : 267
Rousseau, Jean-Jacques : 18
Rowlandson, caricaturiste anglais : 208
Rubens, peintre : 203
Ruffo, cardinal : 240

S

Sack, conseiller prussien : 105
Sacken, général prussien : 294
Saint-Hilaire, général : 49, 124
Saint-Jean-d'Angély, Regnaud de : 198
Saint-Priest, général russe : 295

SALADIN, économiste : 238
SALAMON, capitaine : 41
SANÉ, ingénieur : 212, 217
SANIS, général : 34
SANSON, aide-major général : 41, 96, 98-99
SARRUT, général : 49
SAVAN, agent français : 91
SAVARY, ministre : 39, 87
SAXE, Maurice de : 23-25, 48
SCHARNHORST, général : 261
SCHERER, ministre : 29
SCHRÖTER, cartographe : 99
SCHULMEISTER, espion : 87-88
SCHWARZENBERG, général : 71, 147, 253, 291-295
SÉBASTIANI, général : 49
SEEGER, général wurtembergeois : 70
SÉGUR, Philippe de, général : 17
SÉGUR, Philippe-Henri de, général : 212
SÉNOT, major : 162
SÉRURIER : 43-44
SOKOLOV, Oleg : 12
SONGIS, inspecteur général de l'artillerie : 80
SORBIER, inspecteur général de l'artillerie : 80
SOULT, maréchal : 38-39, 42-48, 70, 110, 124, 126, 137, 147, 150, 225
SPRUNGLIN : 146
STAPS, Friedrich : 254
STENDHAL [Henry Beyle] : 33

SUCHET, maréchal : 44-47, 76, 246
SUFFREN, bailli de : 213
SURCOUF, corsaire : 225-226
SURIREY DE SAINT-RÉMY, Pierre : 18

T

TABEUR, historien : 12
TACITE : 172
TAINE, Hippolyte : 182-183, 265
TALLEYRAND, Charles-Maurice de : 86, 92, 146, 188-192, 207-208, 254, 276
TCHOUIKEVITCH, colonel : 250-251
TEREBENEV, Ivan-Ivanovitch, graveur russe : 209
TESTOT-FERRY, colonel : 50
THEVENIN, inspecteur général : 35
THIARD DE BISSY, espion français : 90-91
THIBAUDEAU, Antoine : 11
THIÉBAULT, général : 38, 242, 247, 267
THIERS, Adolphe : 62, 226, 262
THOUIN, André, botaniste : 203
TILLY, général : 49
TOLIN, cartographe : 99
TOLSTOÏ, Léon : 63
TORMAZOV, général russe : 290
TRANIÉ : 12
TURENNE, général : 26, 48, 77, 256

U

ULXKULL : 180

INDEX DES NOMS DE PERSONNES

V

VACHER DE LAPOUGE, Georges : 183

VALLIÈRE, marquis de : 18, 79

VANDAMME, général : 44, 49, 71, 124, 127-129, 148, 264

VANLERBERGHE, munitionnaire : 35

VAUBAN : 256

VERGENNES : 230

VIAZMITINOV, ministre russe : 180

VICTOR, maréchal : 44, 46, 48, 71, 129, 248

VIDAL, capitaine : 263

VIEILLOT, Rodolphe : 180

VIGNON, architecte : 202

VILLARET-JOYEUSE, amiral : 213

VILLARS : 48

VILLEMANZY, intendant général de la Grande Armée : 33

VILLENEUVE, amiral : 218-221

W

WALTHER, général : 49

WELLINGTON, duc de : 47, 147-151, 157, 165, 191, 195, 222, 295

WEND, capitaine autrichien : 87

WENDEL, sidérurgiste : 83

WICAR, J.-B., peintre : 203

WILLAUMEZ, amiral : 224

WILLING, colonel : 42

WINZINGERODE, général russe : 295

WOODWARD, caricaturiste : 208

WREDE, général de : 70

WURMSER, général autrichien : 282-283

Y

YORCK DE WARTENBURG, général prussien : 71, 75, 294

Z

ZAYONCEK, général polonais : 70

ZIETHEN, général prussien : 149, 296

ZINS, Ronald : 12

OUVRAGES DU MÊME AUTEUR

Chez le même éditeur

Napoléon et la noblesse d'Empire (éd. 1979 ; rééd. 1986 et 2001).
Itinéraire de Napoléon au jour le jour (avec L. Garros, 1992).

Sur la Révolution et l'Empire

L'Anti-Napoléon (Julliard, 1964 ; rééd. Gallimard, 1973).
L'Amérique espagnole en 1800 vue par un savant allemand, Humboldt (Calmann-Lévy, 1965).
Œuvres littéraires et écrits militaires de Napoléon (Société encyclopédique, 3 volumes, 1969, rééd. Club français du livre, 1977 ; rééd. Tchou, 2000).
Nouvelle histoire de Paris. Le Consulat et l'Empire (Hachette, 1970).
Le Mythe de Napoléon (Armand Colin, 1971).
Bibliographie critique des mémoires sur le Consulat et l'Empire (Droz, 1971 ; rééd., 1991).
Lettres inédites de Napoléon à Cambacérès (Klincksieck, 1972).
Atlas administratif du Premier Empire (avec le P. de Dainville, Droz, 1973).
La Révolution française (avec P. Gaxotte, Fayard, 1975).
Paris et son administration, 1800-1830 (Ville de Paris, 1976).
Napoléon ou le mythe du sauveur (Fayard, 1977, plusieurs rééditions).
La Vie quotidienne des Français sous Napoléon (Hachette, 1978, plusieurs rééditions).
Napoléon à Sainte-Hélène (Bouquins, 1981, réédition 2012).

Lettres d'amour de Napoléon à Joséphine (Fayard, 1981).

Le Grand Empire (Albin Michel, 1982 ; rééd. 2009).

Murat (Fayard, 1999).

Les Révolutions, 1789-1851 (Fayard, 1985) (Histoire de France sous la direction de Jean Favier).

Joseph Fiévée (Fayard, 1985).

Histoire et dictionnaire de la Révolution (avec Jean-François Fayard et Alfred Fierro, Bouquins, 1987, plusieurs rééditions).

Dictionnaire Napoléon (Direction, Fayard, 1988 ; rééd. en 2 volumes, 1997).

La Révolution française (avec Frédéric Bluche et Stéphane Rials, PUF, 1989).

Nouvelle histoire de Paris. La Révolution (Hachette, 1989).

L'Europe de Napoléon (Horvath, 1989).

La Contre-Révolution (Direction, Perrin, 1990).

Le Directoire et le Consulat (PUF, 1991).

L'Histoire de Napoléon par la peinture (avec Leris et Alfred Fierro, Belfond, 1991 ; rééd. Archipel, 2000).

Le Premier Empire (PUF, 1992).

Napoléon II (Fayard, 1992).

Vendée, le livre de la mémoire (Direction, Valmonde, 1993).

Procès-verbal du sacre de Napoléon (éd. Critique, Imprimerie nationale, 1993).

Une journée particulière de Napoléon (J.-C. Lattès, 1994).

Le Temps des passions (Bartillat, 1995).

Histoire et dictionnaire du Consulat et de l'Empire (avec Alfred Fierro et Palluel, Bouquins, 1995).

Dictionnaire du Second Empire (Direction, Fayard, 1995).

La France de la Révolution et de l'Empire (PUF, 1995 ; rééd. 2004).

Mémoires de Talleyrand (éd. Critique, Imprimerie nationale, 1996).

Napoléon, le pouvoir, la nation, la légende (Hachette, 1997).
Jeanne d'Arc-Napoléon. Le paradoxe du biographe (avec Régine Pernoud, Le Rocher, 1997).
Fouché (Fayard, 1998).
Petite histoire de Napoléon (Valmonde, 1998).
Le 18 brumaire (Perrin, 1999).
Napoléon et Rouget de L'Isle (Hermann, 2000).
Les Vingt Jours, 1er-20 mars 1815 (Fayard, 2001).
Napoléon et les mystères de Sainte-Hélène (Archipel, 2002).
La Province au temps de Napoléon (SPM, 2003).
Le Sacre de l'empereur Napoléon (Fayard-RMN, 2004).
Dictionnaire biographique des membres du Conseil d'État (avec Jean Imbert et Roland Drago, Fayard, 2004).
Les Thermidoriens (Fayard, 2005).
Napoléon, homme d'État (Bayard, 2005).
Napoléon. Les grands moments d'un destin (Fayard, 2006).
Talleyrand ou la douceur de vivre (Bibliothèque des introuvables, 2010).
Dictionnaire amoureux de Napoléon (Plon, 2012).
La Berline de Napoléon (Direction, Albin Michel, 2012).

Composé par Nord Compo Multimédia
7, rue de Fives, 59650 Villeneuve-d'Ascq
et achevé d'imprimer sur Roto-Page
par l'Imprimerie Floch à Mayenne
en décembre 2012

Dépôt légal : novembre 2012
ISBN : 978-2-84734-992-4
Numéro d'impression : 83805
Numéro d'édition : 3560
Imprimé en France